मुंशी प्रेमचंद
की उत्कृष्ट कहानियाँ

(खण्ड-2)

संकलन एवं संपादन
डॉ. आशु फुल्ल
(प्रवक्ता हिन्दी, राजकीय स्नातकोत्तर महाविद्यालय, धर्मशाला, हिमाचल)

यूनीकॉर्न बुक्स

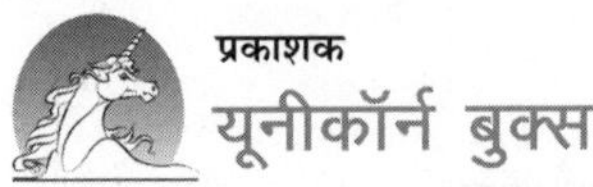

प्रकाशक

यूनीकॉर्न बुक्स

F-2/16, अंसारी रोड, दरियागंज, नई दिल्ली-110002
☎ 011- 23262683, 23250704, 23275434
ई-मेल: info@unicornbooks.in • वेबसाइट: www.unicornbooks.in

ISBN: 978-81-7806-587-8

नवीन संस्करण

मुद्रकः परम ऑफसेटर्स, ओखला, नई दिल्ली-110020

विषय-सूची

प्रेमचंद की कहानी-कला के विविध आयाम

भारतीय इतिहास के संधिकाल में कथा सम्राट प्रेमचंद का आविर्भाव हुआ। उस समय गुलाम भारत के राजनैतिक, सामाजिक, आर्थिक विसंगतमयी अस्त—व्यस्त परिदृश्य का मानचित्र अंग्रेजी साम्राज्यवादी शोषण-नीतियों से और ज्यादा दयनीय हो बिखर चुका था। यही कारण है कि 1905 ई. में रूसी क्रांति के पश्चात् समस्त एशिया के साथ-साथ भारतीय जन आन्दोलन भी जागरूकता व विद्रोह की नई लहरों से उद्वेलित हो उठा। उसी समय उत्तर प्रदेश के दक्षिणी हिस्से में 'देशप्रेम ' नामक छोटी-छोटी कहानियों का संग्रह प्रकाशित हुआ जिसमें पांच छोटी कहानियां संग्रहित थीं। देश प्रेम की भावना इन पृष्ठों में सांसे ले रही थी, लेखक थे प्रेमचंद। प्रेमचंद के साहित्यिक जीवन का सूत्रपात इसी तरह हुआ। जिसका वास्तविक विकास प्रथम महायुद्ध के पश्चात् सन् 1919 से 1959 के बीच हुआ। साम्राज्यवादी शोषण के साथ-साथ जमींदारों व महाजनों की क्रूर नीतियों से जनसाधारण की चेतना कुंद हो चुकी थी, क्रांति के शोले भड़कने को आतुर थे।

उत्तर प्रदेश के हिन्दू अधिवासी के रूप में प्रेमचंद ने पहले उर्दू में, फिर हिन्दी में लेखन कार्य शुरू किया। दस हजार पृष्ठों में साहित्य रचना कर दो सौ कहानियों व दस उपन्यासों के लेखक बने। जीवन की कठोर वास्तिवकता अर्थात जमींदारों , महाजनों के निष्ठुर पंज़ों से मुक्ति की छटपटाहट लिए किसानों का मूक विद्रोह, नौकरीपेशा मध्यम वर्ग की अल्पवेतन में सफेदपोशी की समस्या व आत्मरक्षा के लिए आजीवन प्रयास, अंध-संस्कार, अछूतों की दरिद्रता-ताड़ना, क्रांतिकारी देशभक्तों का उबलता आक्रोश, मानवीय विश्वासों के विरूद्ध धर्म के नाम पर ढोंग, न्याय के नाम पर नीति कुशल घूसखोर विचारकों के कुचक्र, विदेशी शासन के दोष यह सब विषय बने साहित्य लेखन के। इसी विषयगत विविधता व शोषितों के प्रति मानवतावाद तथा उनके लिए आजादी के अधिकार को सर्वमान्य करने हेतु प्रेमचंद के अथक प्रयत्नों ने उन्हें समस्त बंधनों से ऊपर उठाकर अनेक भाषाओं में विभक्त अखिल भारतीय लेखक की मर्यादा में अधिष्ठित किया।

प्रेमचंद के अमूल्य योगदान से आज कहानी विधा विषय, कथ्य स्वरूप, आदर्श व शिल्प की दृष्टि से नये-नये आयामों को आत्मसात करती हुई संतोषजनक पड़ाव तय करती विकास की मंजिल तक पहुंचने में सक्षम हो चुकी है। इनकी सार्थक कहानी कला के विषय में एक आलोचक कथन है, "ऐतिहासिक, राष्ट्रीय, मनोवैज्ञानिक, सामाजिक, चरित्र व व्यक्तिगत स्तरों तक फैले प्रेमचंद की भावपक्ष की विविधता व गहनता इसकी कलात्मकता व साहित्यिक महत्ता की द्योतक है। विषय की व्यापकता, चरित्र चित्रण की सूक्ष्मता, सशक्त संवाद, सजीव वातावरण, भाषा की गंभीरता , प्रवाहमयी शैली व लोक संग्रह भावना की दृष्टि से प्रेमचंद की कहानियां अद्वितीय हैं। पंच

परमेश्वर, आत्माराम, बड़े घर की बेटी, शतरंज के खिलाड़ी, नशा, ठाकुर का कुआँ, पूस की रात व कफ़न विश्व की श्रेष्ठ कहानियों की पंक्ति में खड़े होने के योग्य हैं।"

वास्तव में कहानियों की यह उत्कृष्टता, श्रेष्ठता, परिपक्वता प्रेमचंद की अथाह भाव-राशि, संवेदन-शक्ति, चित्रण-कला, पैनी अन्तर्दृष्टि व विलक्षण प्रतिभा के कारण संभव हो पाई है साथ ही यह तथ्य भी विचारणीय है कि प्रत्येक लेखक लेखन की कच्ची उम्र में समकालीन प्रसिद्ध लेखकों से सीखता है, कला संबंधी धारणाओं का अनुकरण भी करता है, प्रेमचंद भी सीखा, वे भी प्रभावित हुए, पर जिस लेखक में जितनी अधिक अनुभव शक्ति होती है और अनुभूत सत्य को व्यक्त करने की जितनी अधिक सामर्थ्य और शक्ति होती है उसकी अपनी देन उतनी ही अधिक होती है। लेखन शैली में निर्माण-तत्व, मौलिकता का समावेश जितना बढ़ता है, उतनी ही वह उसकी निजी शैली कहलाने लगती है, साथ ही समकालीन घटनाओं, युगीन ऐतिहासिक सत्यों, साहित्यिक रुचियों व प्रवृत्तियों को संग-संग साथ चलाने में उतनी सफलता मिलती है, युग प्रवर्तक कहलाने की मंजिल भी करीब आने लगती है। जीवन उन्हें नये-नये अनुभवों की पाठशाला जान पड़ता था। जीवनानुभवों ने ही उन्हें सिखाया कि सिद्धांतों की अपेक्षा मनुष्य अधिक आदरणीय है। इसी तथ्य को आत्मसात् कर इसी मनुष्य के अन्त: बाहरी विविध पहलुओं को समसामयिक विषय स्थितियों में देखा-परखा, गहरे अनुभूत किया तत्पश्चात् सार्थक कहानी कला के सांचे में ढाला जिसका निखरा सजा-संवरा रूप निम्नांकित तत्वों में उल्लेखनीय है:-

जीवन का यथार्थ अंकन:—प्रेमचंद साहित्य को जीवन की आलोचना मानते हैं और साहित्य का केन्द्र बिन्दु मानव जीवन है। इस साहित्य की उत्पत्ति इनके शब्दों में—'हमारी आत्मा के विकास को शक्ति कहां से मिलती है—शक्ति संघर्ष में है। हमारा मन समस्त बाधाओं को परास्त कर अपने स्वाभाविक कर्म को प्राप्त करने को सदैव प्रयासरत रहता है। इसी संघर्ष से साहित्य उपजता है। साहित्य में प्रभाव उत्पन्न करने के लिए आवश्यक है कि वह जीवन की सच्चाइयों का दर्पण हो।

तत्कालीन उच्च कोटि की साहित्यिक कथाओं, शैली की विशिष्टता कौतूहल, नाटकीयता, चरित्र व भावों के कुशल अंकन के बावजूद साहित्यिकता की दृष्टि से घटना वैचित्र्य, यथार्थवाद व मनुष्यता का अभाव का अंकन प्रेमचंद ने अपने 'कहानी कला' लेख में सशक्त ढंग से किया। लिखते हैं—वे 'विद्वानों व आचार्यों ने कला के विकास के लिए जो मर्यादाएं बना दी, उससे कला का रूप निखरा है, प्रकृति में जो कला है, वह प्रकृति की है, मानव की नहीं। मनुष्य को वही कला मोहित करती है जिस पर मनुष्य की आत्मा की छाप हो, जो गीली मिट्टी की भांति मानव हृदय क सांचे में पड़कर परिष्कृत हो जाए। हमने जिस युग को अभी पार किया है, उसे जीवन से कोई मतलब नहीं था। साहित्यकार मनमोहक कल्पना की सृष्टि बांधकर मनमाने तिलस्म बांधने में

व्यस्त थे, कहीं फिसानय अज़ायब की दास्तां थी, कहीं दोस्ताने ख्याल की, तो कहीं चंद्रकांता सन्तति की, इन आख्यानों में घटना वैचित्र्य के कारण मनोरंजन तो है और है हमारे अद्भुत प्रेम रस की तृप्ति, पर उस रस की कमी है जो शिक्षित रुचि साहित्य में खोजती है। साहित्य का जीवन से कोई लगाव नहीं है, यह कल्पनातीत था। लेकिन अब स्थिति बदली है, अब हम राजाओं की अलौकिक वीरता या भूतप्रेतों के काल्पनिक चरित्रों को देखकर प्रसन्न नहीं होते, उन्हें यथार्थ के कांटे पर तोलते हैं। आज अस्वाभाविक बातों की गुंजाइश नहीं, हम उनमें अपने जीवन का प्रतिबिंब देखना चाहते हैं', एक-एक वाक्य, एक-एक पात्र को यथार्थ रूप में देखना चाहते हैं। उनका निष्कर्ष है'—'जो कुछ स्वाभाविक है, वही सत्य है, स्वाभाविकता से दूर कला अपना आनंद खो देती है, जिसे समझने वाले थोड़े से कलाविद् ही रह जाते हैं, उनमें जनता के मर्म को स्पर्श करने की शक्ति नहीं रह जाती।'

जबकि प्रेमचंद ने यथार्थवाद, मानवतावाद, मार्मिक संवेदना व मनोविज्ञान का दामन पकड़ कर जनता के मर्म को गहराई से स्पर्श किया। कफन, पूस की रात, जुर्माना, सद्गति, नशा इस दृष्टि से विशेष उल्लेखनीय है।

सौन्दर्यवाद व उपयोगितावाद :-आधुनिक कला के सवरूप पर प्रेमचंद ने अत्यंत सारगर्भित विचार व्यक्त किये हैं — 'मुझे यह कहने में हिचक नहीं कि मैं और चीजों की तरह कला को भी उपयोगिता की तुला पर तोलता हूं निस्संदेह कला का उद्देश्य सौहार्द पुष्टि करना है। वह हमारे आध्यात्मिक आनंद की कुंजी है' लेकिन आज कला नाम है संकुचित पूजा का, शब्द योजना का, भाव निबन्धन का, कोई आदर्श नहीं, भक्ति-वैराग्य-आध्यात्म, दुनिया से तटस्थता उसकी ऊंची कल्पनाएं हैं, ऐसी कला जनजीवन को नव प्रेरणा नहीं दे सकती, वह चिरंतन सौंदर्य की निष्प्राण प्रतिमा की तरह व्यर्थ रहती है। ऐसे कलाकार की दृष्टि इतनी व्यापक नहीं कि जीवन संग्राम में सौंदर्य का चरमोत्कर्ष देखे, उसके लिए सौंदर्य का सुंदर स्त्री के रंगे होंठों, कपोलों व कटीली भौंहों में वास है—उस बच्चे वाली गरीब, रूप रहित स्त्री में नहीं जो बच्चे को खेत की मेड़ पर सुलाए कड़ी दोपहरी में पसीना बहा रही है—उसके उलझे रूखे बालों, पपड़ियां पड़े होठों व कुम्हलाए गालों में सौंदर्य का प्रवेश कहां? इस संकीर्ण दृष्टि में अगर विस्तार आ जाए तो देख सकेगी रंगे होठों व कपोलों की आड़ में रूप गर्व व निष्ठुरता छिपी है तो मुरझाए होठों, कुम्हलाए गालों पर बहते आंसुओं में त्याग, श्रद्धा, कष्ट सहिष्णुता छलक रही है'। इसलिए आगे लिखा — 'साहित्यकार पैदा होता है, बनाया नही जाता। उसका लक्ष्य केवल महफिल सजाना व मनोरंजन के साधन जुटाना नहीं, वह देश भक्ति राजनीति के पीछे चलने वाली सच्चाई भी नहीं अपितु उनके आगे मशाल दिखाती सच्चाई है। प्रभुत्व, अन्याय, आत्म-सर्वस्वता के विरूद्ध मानव के मन में जो विद्रोह जल उठता है वही साहित्य है। लेखक का काम उस विद्रोह को जन भाषा में रूपांतरित

करना है और हमारी कसौटी पर वही साहित्य खरा उतरेगा जिसमें उच्च चिंतन हो, स्वाधीनता का भाव हो, सौंदर्य का सार हो, सृजन की प्रेरणा हो जो हममें गति व संघर्ष, बैचेनी पैदा करे, सुलाए नहीं क्योंकि सोना मृत्यु का लक्षण है।'

और विस्तार से प्रेमचंद के विचार इन शब्दों में रूपाकार लेते हैं—'भावोत्तेजक कला का मौसम अब नहीं रहा स्थितिनुरूप सामान्यजन को अब उस कला की जरूरत है, जिसमें जटिलताओं से जूझने का क्षमता हो, जो समस्या को उभार सके, कर्म का संदेश दे, जिससे हमें अपनी दूषित अवस्था की अनुभूति हो, हम देखें कि किन अन्तः-बाहरी कारणों से हम निर्जीवता व ह्रास की अवस्था तक पहुंच गये हैं, उन्हें दूर करने की कोशिश करें।'

स्पष्टतः सौंदर्यानुभूति, साहित्य व कला के प्रति उपयोगी दृष्टि, कर्मशीलता का संदेश व सुप्त जनचेतना में जागरूकता का एहसास जगाना, सभी विशेषताएं प्रेमचंद की कहानी कला में अत्यंत मुखर हुई। साहित्य पर सर्वत्र शिव का शासन रहा — सत्य व सुंदर शिव के अनुचर होकर आये और कला इनके लिए स्वीकृत रूप से जीवन के लिए थी, जिसका ध्येय था—सामान्य लोक हित-चिंतन।

मानवीय धरातल पर आदर्श व यथार्थ की परिकल्पना : —इस संदर्भ में प्रेमचंद का यह कहना कितना अर्थगर्भित व सटीक है—'सूखी रोटियां सोने के थालों में परोस देने से पूरियां नहीं बन जाती' अर्थात जीवन में जो कुछ सत्य-शिव-सुंदर है उसी को दर्शाना मुख्य उद्देश्य रहा पर यथार्थ चित्रण हेतु साहित्य की उपयोगिता को तिरस्कृत नहीं किया। सदैव सत्य व न्याय की विजय चाही, यदि यथार्थवाद से यह विजय असंभव लगती वहां आदर्श से समझौता कर सुधारवाद व हृदय परिवर्तन द्वारा विजय घोषित करने से परहेज नहीं करते। आलोचकों ने इस समझौतावादी प्रवृत्ति को आदर्शोन्मुख यथार्थवाद का नाम दिया। इन्होंने कहानियों में समस्याएं उकेरी, कारण दूषित व्यवस्था में खोजा, समाधान आदर्शवाद में ढूंढ़ा।

पर दूसरी ओर समीक्षकों को यह तथ्य भी विस्मृत नहीं करना चाहिए कि प्रेमचंद का आदर्शवाद मानवतावाद से परिचालित था ताकि दुखी-पीड़ित सामान्यजन जीवन जटिलताओं के प्रति आकर्षित हो व कटुता को मिटाने का प्रयास करे यानि जो काम समाज द्वारा संभव नहीं वो कहानियों द्वारा संभव हो पाया। उनका दृढ़ विश्वास था—'मनुष्य के लिए कुछ भी असंभव नहीं यदि मानव पतन के गर्त में गिर सकता है तो आकाश गंगा में भी नहा सकता है'। यही है प्रेमचंद के स्थापन का रहस्य। लेकिन आदर्श की यह विजय इतनी भी शक्तिशाली नहीं कि वो जीवन के यथार्थ को कहानियों के पृष्ठों से हटा सका हो क्योंकि जहां कहीं अस्वाभाविक सिद्धांतों का प्रतिपादन करने हेतु यथार्थ का दामन छोड़ा, वहीं कृत्रिमता आयी व मनोविज्ञान हाथ से फिसला।

धीरे-धीरे स्थितयों में आये बदलाव से टूटती मान्यताओं, जिंदगी की ठोकरों, संघर्षों से उपजे निजी कटु अनुभवों व परिपक्वता ने जीवन के अंतिम पर्व में आदर्शवादी प्रवृति को सर्वथा असंगत व अप्राकृतिक परिभाषित कर दिया तो वे तत्काल इससे दामन छुड़ाने को व्यग्र हो उठे। 'कफ़न' संग्रह की कहानियां इसी व्यग्रता की सूचक हैं। प्रेमचंद ने साफ महसूस किया कि बुराइयां आदर्शों के कृत्रिम आवरण में ढक दी जातीं, पर समाप्त होने की बजाय नीचे बराबर पलती रहतीं और पहले से भी ज्यादा भयंकर रूप धारण कर लेतीं। ये भी जाना कि समाज के बनाये सिद्धांत अटल नहीं वरन् अर्थगत दबावों से बनते-बिगड़ते, टूटते हैं। साम्प्रदायिकता, अस्पृश्यता, किसानों की दरिद्रता इन सभी को सन् 1930-32 के असहयोग व सविनय आंदोलन के उपरांत भी फलते-फूलते देखा।

कह सकते हैं कि कटु अनुभवों, कठोर यथार्थ-घटनाओं के झटकों ने प्रेमचंद के गांधीवाद में दरारें ही नहीं गढ़े डाल दिये। इस पेड़ की सूखी टहनियों के पत्ते 'पूस की रात' में नीलगायों द्वारा खेत में चरने पर हल्कू के होठों पर उभरी विद्रूप हंसी से झर चुके थे और मुरझा चुके थे। गाढ़ी कमाई कफ़न के पैसों से सदियों से अतृप्त भूख को शांत कर रहे, मदमस्त होकर नाच रहे 'कफ़न' कहानी के घीसू, माधव के नग्न यथार्थ से।

अन्तत: प्रेमचंद की मान्यता इस निष्कर्ष पर स्थिर हुई कि 'साहित्य की सृष्टि मानव समुदाय को आगे बढ़ाने के वास्ते होती है, साहित्यकार स्वयं भी स्वभावत: प्रगतिशील होता है... आदर्श अवश्य हो, पर यथार्थवाद व स्वाभाविकता के अनुकूल हो, वैसे ही अगर यथार्थवादी भी आदर्श को न भूले तो श्रेष्ठ है।'

आदर्श व यथार्थ का अपूर्व समन्वय विशेषरूप से प्रेमचंद की ऐतिहासिक रचनाओं में उपलब्ध हुआ जहां वे त्याग, बलिदान, सेवा, उदारता जैसे आदर्श भावों के स्थापन हेतु देश के राष्ट्रीय इतिहास की छानबीन कर राजपूत स्त्री पुरुषों के प्रशस्ति गान व मुगलों के ह्रासोन्मुख वैभव का दिग्दर्शन करवाते हैं, पर यह ऐतिहासिक दृष्टिकोण प्राचीन वैभव का गुणगान नहीं करता, उन्हें पुनरूत्थानवादी घोषित नहीं करता, अपितु समसामयिक यथार्थ की व्याख्या के परिप्रेक्ष्य में उभरा है। प्रेमचंद का स्वयं का कथन इसी तथ्य की पुष्टि करता है—'हम तारीख से यह सबक न लें कि हम क्या थे, यह देखें कि क्या हो सकते थे, भूत हमारे भविष्य का रहबर नहीं बन सकता' (कुछ विचार) सामान्यजन को समसामयिक जन संघर्षों से जूझते दिखाना ही वास्तविक साहित्यिक व सांस्कृतिक सेवा है। दूसरी ओर अतीत के सजीव स्वरूप व प्रसंगों को जहां ग्रहण किया वहीं निर्जीव व गले-सड़े का त्याग करना श्रेयस्कर समझा। उदाहरणार्थ—राजपूतों की वीरता, उदारता व त्याग की जहां स्तुति की वहीं व्यक्तिवाद व अहंवाद की घोर निंदा की। अहंकार का यह विकृत रूप राजा हरदौल, शतरंज के खिलाड़ी, बड़े भाई साहब व रानी सारन्धा में सार्थक ढंग से उभरा है।

विषयवस्तु या कथ्य :—प्रेमचंद आधुनिक कहानी की पूर्ववर्ती कहानी से सर्वथा भिन्न मानते हैं। उनके अनुसार—'प्राचीन कथा शिक्षाप्रद, धार्मिक, मनोरंजन व कौतूहल दर्शाती थी, पर सीमित मात्रा में इसके विपरीत आज की कहानी पात्रों के मनोविश्लेषणात्मक चित्रण द्वारा ही सार्थकता पाती है' इसलिए जनसाधारण की समस्याएं, आकांक्षाएं, उलझनें व पारिवारिक गुत्थियों की विस्तृत झांकी संयुक्त परिवार विघटन, अलगाव-विधवा विवाह, दहेज प्रथा, बाल-विवाह, राष्ट्र-द्रोह, घूसखोरी, बहु-विवाह, अंधविश्वास, ग्रामीण शोषण, आर्थिक वैषम्य, अनमेल विवाह, वेश्यावृति, बुर्जआ-मनोवृति, राष्ट्रीय जागरण, धर्म पर टिकी राजनीति व महाजनी सभ्यता की अमानवीयता इन सभी विषयों को आत्मीयता से समेटे हुए हैं व पात्रों के रूप पाठकों से भावनात्मक नाता जोड़ती हैं।

भारतीय जन चेतना में आया असाधारण परिवर्तन भी रचनाओं में लिपिबद्ध हुआ— विशेषरूप से किसानों के विभिन्न प्रकार के भावों—राग द्वेष, दु:ख, संघर्षों, रीति-रिवाजों, उत्सवों, त्योहारों, समस्याओं से द्वन्द्व की जुझारू प्रवृति यानि प्रत्येक इतिवृत को सहानुभूतिपूर्ण सस्नेह कहानियों में सहेजा। विख्यात साहित्य—सेवी श्री रामदास गौड़ लिखते हैं। 'भविष्य में भारतीय साहित्य के इतिहास के नये रचनाकार जब भी सृजन करेंगे, उन्हें जीवन के यथार्थ चित्रण में प्रेमचंद की दक्षता स्वीकार करनी ही पड़ेगी।'

प्रेमचंद के संपूर्ण कहानी साहित्य पर आर्थिक समस्याओं का प्रभुत्व कायम रहा, पर अर्थ वैषम्य जीवन की ग्रंथि नहीं बना वह एक समस्या है जिसका समाधान भी उपस्थित है। पात्र अर्थगत दबावों से बेशक पीड़ित हैं पर वे बाहरी संघर्ष द्वारा समस्याओं पर विजय प्राप्त करने का प्रयास करते हैं, मानसिक कुण्ठाओं का शिकार बनकर नहीं रह जाते जैसा कि 'कफ़न' कहानी में कुशल सृजन शक्ति व प्रत्यक्ष भोगे अनुभवों से लेखक स्थितियों के भंवर में फंसे मानव व जीवन मूल्यों के टूटन की व्यथा-कथा को बेहद प्रभावशाली ढंग से मनोविज्ञान के धरातल पर उभारा है। गरीबी और भूख ग्रामीण परिवेश की नग्न सच्चाइयां हैं जिसको 'कफन' में उघाड़कर प्रेमचंद दूषित सामाजिक व्यवस्था, रूढ़ियों, अंधविश्वासों व धार्मिक मूल्यों को नकारा है व सशक्त भाव बोध जगाया है। इस क्रम में पूस की रात, सवा सेर गेहूं, नमक का दारोगा, ठाकुर का कुआँ, सद्गति जैसी कहानियां शामिल हैं। ये कालजयी रचनाएं अनुभव की प्रौढ़ता, आत्मविश्वास, व स्वाभाविक सौंदर्य से विकसित हुई हैं।

विषयवस्तु का स्वरूप प्रेमचंद इन शब्दों में निर्धारित करते हैं — 'कहानी में जो सामग्री उत्पन्न हो वह नग्न यथार्थ न होकर यथार्थ जैसी लगनी चाहिए क्योंकि उसका पटल अत्यंत संक्षिप्त होता है जबकि नग्न यथार्थ वितृष्णा उपजाता है। पात्र अपने जीवन में कभी सुख कभी

दु:ख की अनुभूति करता है तो इसका प्रस्तुतिकरण लेखक कलात्मक व औचित्यपूर्ण ढंग से करे जिससे पाठक भी सहमत हों। साहित्यिक न्याय इसे ही कहते हैं।'

इस क्रम में आगे लिखते हैं – 'कहानी संक्षिप्त हो, पर रोचक हो, वर्णनों में गति हो, सर्वांगपूर्ण हो। एक ही बैठक में सुने जाने योग्य हो। पाठकों का मनोरंजन करने के साथ-साथ समाज-निर्माण में भी सहायक हो। उसमें ऐसी सामग्री विद्यमान हो जो पथ-प्रदर्शन करने के साथ-साथ मन में सुंदर भाव व आत्म संतुष्टि जगा सके।'

प्रेमचंद घटना प्रधान कहानियों के स्थान पर चरित्र प्रधान कहानियों को अधिक महत्व देते हैं अर्थात एक कहानी में एकल घटना व समस्या पर दृष्टि केंद्रित होते हुए भी सशक्त चरित्रांकन द्वारा ही प्रभावी कथा का निष्कर्ष मानना चाहिए, जैसे अलग्योझा कहानी में पारिवारिक अलगाव, ईदगाह में बाल मनोविज्ञान, नशा धनी वर्ग की स्वार्थपूर्ण मनोवृति, ठाकुर का कुआँ में सामाजिक अन्याय, सवा सेर गेहूं व पूस की रात में महाजनी सभ्यता का विकराल रूप, ऋण की भीषण समस्या व बेटों वाली विधवा में बेटों का छल प्रपंच और बुर्जुग पीढ़ी के अकेलेपन का दर्द-व्यथा बूढ़ी काकी में यानि कि भिन्न—भिन्न समस्याओं के व्यक्तिकरण में सजीवता व प्रभाव से युक्त पात्रों के बाहरी संघर्ष व मानसिक अंद्वन्द्व की सूक्ष्मता से आई है।

ऐतिहासिक दृष्टि से प्रेमचंद की संपूर्ण कहानियां तीन कालों में विभक्त हैं :

(1) आरम्भ काल

(2) विकास काल

(3) उत्कर्ष काल।

'सप्तसरोज' तथा 'प्रेम पचीसी' में संग्रहीत कहानियां जैसे पंच परमेश्वर, सौत, नमक का दारोगा, रानी सारन्ध्रा, मर्यादा की बेटी, ममता, अमावस्या की रात प्रारम्भ काल में लिखी गयीं जो कथ्य शैली की दृष्टि से इतिवृतात्मक, आदर्शवादी व परिचयात्मक हैं। यहां कहानी की संवेदनाएं किसी एक भाव बिंदु पर केंद्रित नहीं अपितु अनेक इकाइयों, चरित्र, घटनाओं, रस का जाल बुनती हुई चलती हैं। व्याख्या का अंश ज्यादा है।

विकास काल की कहानियां आदर्शोन्मुखी यथार्थवादी, कथ्य की दृष्टि से सुगठित, संक्षिप्त व कलात्मक रूप से अधिक निखरी हुई हैं। 'प्रेम-प्रसून', 'प्रेम-द्वादशी' में संकलित इस दौर की कहानियों मैंकू, माता हृदय, शाप, हार की जीत, बूढ़ी काकी, मुक्ति का मार्ग, वज्रपात में पात्रों का अन्त:संघर्ष सजीवता व मानवीय तत्वों को उभारता है। आत्मकथात्मक, आत्म-विश्लेषणात्मक, भाषण, नाटकीय व रूपात्मक आदि शैलियों के विविधतापूर्ण व्यापक रूपों की सृष्टि कहानियों में हुई।

पात्रों के मनोवैज्ञानिक विश्लेषण व जीवन के यथार्थ चित्रण को सहेजे उत्कर्ष काल की कहानियां कलात्मक दृष्टि से उत्कृष्ट हैं। कल्पना व व्याख्या का अंश कम, संवेदन तत्व जीवन से आत्मीयपूर्ण निकट परिचय पाने को यहां उत्सुक है। घटनाओं की अपेक्षा पात्र चरित्र व चित्रण व उनके द्वारा प्रतिपादित जीवन दर्शन ज्यादा महत्वपूर्ण है। भाषा शैली प्रवाहमयी, अर्थगर्भित व मर्मस्पर्शी है। सद्गति, दो बहनें, नशा, मिस पद्मा, ईदगाह, आत्माराम, मनोवृति, दो बैलों की कथा, जुर्माना, ठाकुर का कुआँ, पूस की रात व कफ़न इस काल की उल्लेखनीय रचनाएं हैं। जो विकसित कहानी कला का चरम निदर्शन हैं।

आधुनिक कहानीकारों की तरह प्रेमचंद की कहानियां विदेशीपन से परिचालित नहीं अपितु विशुद्ध भारतीय संस्कृति की व्यापकता को सहेजे हुए हैं। तभी तो आचार्य हजारीप्रसाद द्विवेदी यह कहने को बाध्य हुए – 'प्रेमचंद के कथा साहित्य अध्ययन से उत्तर भारत की समस्त जनता के आचार-विचार, भाषा-भाव, आशा-आकांक्षा, दुःख-दर्द, रीति-रिवाज़ों को जान सकते हैं। झोपडियों से महलों तक, खोमचे वालों से बैंकों तक, गांव से शहर की रंगीनियों तक, अमीरों से कृषकों तक आपको इतने कौशलपूर्वक व प्रामाणिक भाव से अन्य कोई नहीं ले जा सकता। इतनी विविधता अन्यत्र नहीं मिलेगी।'

वास्तव में गांधी युग के प्रथम तीन चरणों के सामाजिक, राजनैतिक, आर्थिक, साम्प्रदायिक जीवन के सभी पहलुओं व समस्याओं का जितना सांगोपांग, विशुद्ध चित्रण प्रेमचंद में उपलब्ध है वैसा अन्य कहानीकार में नहीं। विशाल हृदय में जीवन के सभी रूपों के प्रति राग था, मानव के सभी रूपों के प्रति ममत्व था उनकी प्रतिभा कई अंशों में महाकाव्यकार की प्रतिभा थी। विविध वर्ग, जाति, स्वभाव, संस्कार, सामाजिक स्थिति, व्यवस्था आदि के जितने पात्र प्रेमचंद में मिलते हैं औरों में नहीं।अन्य कहानीकारों जैनेन्द्र, अज्ञेय, यशपाल, मोहन राकेश, राजेन्द्र यादव, कमलेश्वर से तुलना करें। एक ओर विशाल अथाह जन समुद्र है तो दूसरी ओर व्यक्तित्वों के सरोवर मात्र। तभी तो आचार्य द्विवेदी को कहना पड़ा – 'आज भी प्रेमचंद जहां हमें छोड़कर कर गये थे, वहां से आगे हम बढ़ नहीं पाये।'

पात्र चरित्र चित्रण :–मानव चरित्र की रूपरेखा प्रेमचंद के शब्दों में – 'मानवीय चरित्र इतना जटिल है कि बुरे से बुरा आदमी भी देवता हो जाता है और अच्छे से अच्छा आदमी पशु। पर वास्तव में मानव स्थितियों के हाथ का खिलौना मात्र है अर्थात मानव चित्रण की यह जटिलता स्थितियों की जटिलता का प्रतिबिम्ब है'। इसलिए प्रेमचंद रचनाओं में चरित्रगत विशेषता को परिस्फुट करने हेतु विभिन्न भावों के घात-परिघातों के साथ जीवन की घटनाओं, संघर्षशील स्थितियों को इस तरह समंजित कर देते हैं कि जान नहीं पड़ता कि

कहानी घटना प्रधान है या चरित्र प्रधान। यही कारण है कि प्रेमचंद के पात्रों को न परिचय की जरूरत है न व्याख्या की, चरित्र का विश्लेषण नहीं हुआ अपितु मनोवैज्ञानिक अनुभूतियां जीवन्त हुई हैं। फलत: चरित्र चित्रण की दृष्टि से कहानियां पात्रों के बाह्य व्यक्तित्व की स्थूलता के स्थान पर आंतरिक सूक्ष्मता पर टिकी है। प्रेमचंद के अपने शब्दों में – 'जो लेखक मानव हृदयों के रहस्यों को खोलने में सक्षम है, उसी की रचना सफल है वह उन्हीं पात्रों का सफल चित्रण कर सकता है जिनसे वह निजी अनुभव से परिचित है। मेरे अधिकांश पात्र यथार्थ जीवन से लिए गये। जब किसी पात्र का यथार्थ में अस्तित्व नहीं होता, तब वह छाया मात्र अनिश्चित अविश्वसनीय हो उठता है।'

प्रेमचंद की रचना दृष्टि समकालीन जीवन सत्यों से निर्मित होने के कारण बहुरंगी वर्गो के पात्र मजदूर, किसान, पूंजीपति, जमींदार, दलित, महाजन , मालिक-नौकर, शहरी-ग्रामीण आदि के आपसी सामाजिक व आर्थिक संबंधों, स्थितियों, संघर्षों, समस्याओं व मनन स्थितियों को बेहद आत्मीयतापूर्ण अभिव्यक्ति देते हैं। विषमताओं की कोख से उपजी कहानियों में महानता के स्थान पर साधारण व्यक्ति का प्रतिष्ठा हुई है। डॉ. इन्द्रनाथ मदान का कथन है – "कहानियों के पात्र बहुमुखी व विविध हैं इसका कारण प्रेमचंद के निजी अनुभव, विस्तृत ज्ञान, दार्शनिक व वैज्ञानिक दृष्टिकोण, सामाजिक व्यवस्था के प्रति रूख और इनसे भी बढ़कर सर्वप्रमुख बात-आसपास की बिखरी जिंदगी में विचर रहे मनुष्यों को भीतर से जानने का प्रयास। लेखक का व्यक्तित्व भी वही विकास पाता है जब वो निम्न मध्यवर्ग, श्रमिकों, दलितों व कृषकों के जीवन संघर्ष को लेखनी में साकार करने को आतुर हो उठते हैं। प्रसंगानुसार तीखे-चटपटे हास्य व्यंग्य के अचूक प्रहार सामाजिक विषमता पर भी किये।"

स्पष्ट है प्रेमचंद ने विराट मानवतावादी दृष्टि से व्यक्ति को सामाजिक इकाई के रूप में मान्यता दी और स्वीकारा कि –'व्यक्ति की सारी समस्याएं, उसका व्यक्तित्व, अहं, मूल भावधारा, आत्म चेतना सभी कुछ सामाजिक परिधि में बनते बिगड़ते हैं और वह समाज के प्रति लोक कल्याण भावना के लिए उत्तरदायी हैं, साहित्य भी समाज सापेक्ष है, उससे हटकर कुछ नहीं अर्थात् समाज के बाहर व्यक्ति, साहित्य, कला आदि किसी की भी गति नहीं'। सामाजिक सापेक्षता के कारण ही अहंवादी वैयक्तिक दृष्टिकोण को जड़ता व पतन का प्रतीक मान उसे समाज के लिए हानिप्रद माना।

'नोंक-झोंक' निबंध में एक स्थल पर बड़ी उपयोगी बात प्रेमचंद कहते हैं – 'स्वर्ग और नरक के ख्याल में वे लोग रहते हैं जो आलसी हैं, मुर्दा हैं, हमारा स्वर्ग नरक यहीं ठोस धरती पर है, इस कर्म विधान विश्व में हम कुछ करना चाहते हैं।'

यह दर्शन, यह विश्वास प्रेमचंद साहित्य की बुनियाद है। उनके पात्र जुझारू हैं, जिजीविषा युक्त कर्मठ हैं, विपत्तियों से यथा शक्ति लोहा लेते हैं, थकते हैं, टूटते हैं, गिरते हैं, पुन: सामर्थ्य संजो। आक्रामक मुद्रा में प्रहार करते हैं। शोषण मूलक व्यवस्था पर एक ही ध्वनि उनमें गूंज रही है—'हम कमजोर मानव जो व्यर्थ का भार अपने ऊपर लादे रूढ़ियों, अंधविश्वासों के मलबे के नीचे दबे पड़े हैं—वह हमारी अधोगति व पराजय का द्योतक हैं।' पूंजीवाद रूपी कोल्हू ने मानवता को पीस डाला है। समाज की नई उभरती शक्तियों को पुरानी जर्जर शक्तियों से टकराना है। संघर्ष भी तो काफी कठिन है जहां मानव डगमगाने लगता है पर उसे साहस व दृढ़ निश्चय से एक-एक बंधन को तोड़कर उसे भिन्न-भिन्न करना है।

वर्षों बीत गये, किन्तु प्रेमचंद के ये कर्मठ संघर्षशील पात्र आज भी हमारी कल्पना में जीवित हैं, विस्मृति की गर्त में नहीं गुम हुए, उनके विचार, क्रिया-कलाप हम नहीं भुला पाते मानों उनका अंकन उस सभी व निर्भीक क़लम से हुआ है जो विश्व की विराट चित्रशाला में अनगिनित चित्र नित्य बनाती और मिटाती है।

संवाद :—कहानी के रचना विधान को निरन्तरता व विकासशील पथ की ओर उन्मुख करने में संवाद या कथोपकथन की निश्चित व संभावित भूमिका रहती है। सशक्त संवादों से रहित कहानी मौन व अधूरी रहती है, सार्थकता की मंजिल तक नहीं पहुंच पाती। लेकिन प्रेमचंद की कहानी कला का श्रृंगार संवादों में कहानी की आत्मा सर्वत्र बोलती है। कथ्य सजीव, रोचक, विकसित करने, पात्रों के अन्त:करण के आलोड़न-विलोड़न को दर्शाने तथा देशकाल वातावरण को प्रभावी रूप से अंकित करने में संवाद सक्षम हैं। इसलिए वे शिक्षित-अशिक्षित, परिष्कृत, देशी-विदेशी, ग्रामीण-आंचलिक, लोकभाषा की स्थानीय बोलियों की रंग-बिरंगी छाप से पुष्ट हैं संतुलित हैं इसमें पर्याप्त गंभीरता है—'अलग हो जाने से बच्चे तो अलग नहीं हो गये।' (अलग्योझा)

संवाद लेखन में प्रेमचंद कहीं भी तटस्थ होकर कलम नहीं चलाते अपितु जीवन प्रवाह में सक्रिय भूमिका निभा उसे सशक्त गति प्रदान करने वाले कहानीकार हैं। संवादों की अन्य विशेषता उनमें कथ्य कम, तथ्य अधिक है अर्थात कथोपकथन नपे-तुले, अभिप्राय, मतंव्य को स्पष्ट करने वाले और सारगर्भित हैं। यह विशेषता अन्य कहानीकारों में प्राय: दुर्लभ है—"खूब खा और आशीर्वाद दे, जिसकी कमाई है वो तो मर गई, उसे रोएं-रोएं से आशीर्वाद दे, बड़ी गाढ़ी कमाई के पैसे हैं।" (कफ़न)

लेखक द्वारा निजी विचारों व सिद्धांतों के प्रतिपादन व मनोरंजकता लाने हेतु घटनाक्रम में गतिशीलता लाई गई है। सबसे महत्वपूर्ण बात इस संदर्भ में यह है कि उपन्यासों की भांति संवाद सैद्धान्तिक वाद-विवाद या व्याख्यान का रूपाकार नहीं लेते जैसा कि गोदान, प्रेमाश्रम,

कर्मभूमि व रंगभूमि के स्थल-स्थल पर बिखरे नीरस व बोझिल संवाद जिनमें एकरस्ता व बोरियत का तीखा एहसास पाठक को स्वाभाविक रूप से हुआ है। कहानियों से इस दोषपूर्ण प्रणाली से बचते हुए प्रेमचंद पात्रों के मध्य छोटे-छोटे थे संक्षिप्त, अर्थगर्भित वाक्यों से आपसी वार्तालाप विकसित करने में कामयाब हुए। जिससे संवादों का गठन मंजा हुआ, चुस्त, भाव-प्रवण, तथा अर्थ-गाम्भीर्य से युक्त है। इनमें रस-संचार की अद्भुत शक्ति है। जिन समस्याओं की चर्चा, मनोभावों व संवेदनाओं का आदान-प्रदान पात्र परस्पर संवादों से करते हैं, वह सहज ही पाठक हृदय में घुसपैठ करने में समर्थ है।

मानव-चरित्र से सुपरिचित प्रेमचंद पात्रों की मनोवृति व स्वाभानुकूल संवादों का चयन करते हैं जो प्रसंगानुकूल स्वाभाविक व सहज व्यक्त हुए हैं—विशेषरूप से व्यंग्यात्मक संवादों के नश्तर समाज की नसों में व्याप्त गंदे बदबूदार मवाद को निकालने के लिए चीरा लगाने का काम करते हैं, किसी भी स्थल पर व्यंग्य अर्थहीन नहीं हुआ। जैसे-जैसे प्रेमचंद की कला में परिपक्वता आती गई, नश्तर और तेज और उपयोगी होते गये इससे संवादों में ओजगुण व प्रखरता आई, जैसा कि 'शतरंज के खिलाड़ी' में 'कला कला के लिए' मनोवृति पर तीखा व्यंग्य है। ऐतिहासिक पात्र नवाब मिर्जा और मीर आत्मसुख व अहम भाव युक्त हैं जिनके लिए निजी मनोरंजन ही सर्वस्व है देश जाए भाड़ में। 'कफ़न' में घीसू व माधव का परस्पर वार्तालाप नाटकीय तथा व्यंग्य प्रहारों से ओत-प्रोत है—'कैसा बुरा रिवाज़ है जिसे जीते जी तन ढांपने को चीथड़ा भी न मिले, उसे मरने पर नया कफ़न चाहिए।'

देशकाल वातावरण:—समसामयिक युग की आंतरिक व बाहरी स्थितियों को सहज रूप से समेटने का प्रयास प्रेमचंद की कहानियों में है। इसलिए रचनाओं में धर्म, समाज, परिवार, घर, कृषि व उद्योग धंधों की विशिष्टतों को उभारा है। साथ ही भौगोलिक व प्राकृतिक शक्तियों का उल्लेख भी वातावरण को प्रभावशाली बनाता है।

कहीं-कहीं वर्णनों व ब्योरों से अवश्य काम लिया, पर अस्वाभाविकता नहीं आने दी। कई कहानियां वातावरण प्रधान हैं तो कई देशकाल की दुःखद स्थितियों की जीवन्त करने वाली। यह तो सर्वविदित है कि प्रेमचंद दरिद्रता में जन्मे, दरिद्रता में पले और दरिद्रता से जूझते हुए ही समाप्त हो गये। इसी दरिद्रता ने उन्हें तत्कालीन सामाजिक विसंगतियों, धार्मिक ढकोसलों, राजनैतिक हलचलों, आर्थिक मोर्चे से जूझता स्वदेशी उद्योग, डांवाडोल अर्थव्यवस्था से उपजे असंतुलन व वैषम्य को भली-भांति, जांच-परख कर अनुभूति की ईमानदारी से लेखनी में उतारने का अवसर दिया। इस तथ्य से परिचित होते हुए कि धार्मिक व सामाजिक कुसंस्कारों के बोझ को लादे, असभ्य, गंवार, अशिक्षित, पददलित, श्रमजीवी वर्ग घोर परिश्रम के बावजूद अपमान, ताड़ना, उपेक्षा निरन्तर सहते हैं। पर उनकी मानवता

फिर भी जीवन उज्जवल है। जबकि शोषक वर्ग समाज का रक्त चूसती जोंके है, सभ्यता व प्रतिष्ठा की केंचुली धारण किये भयंकर विषधर है जो निजी स्वार्थपरकता के कारण जाति, धर्म-संप्रदाय के नाम पर सामान्य जन को गुमराह करते हैं। इसी संभ्रांत वर्ग की कुरूपताओं, कुत्साओं, कुप्रवृत्तियों को उघाड़ते हुए वे किसानों, श्रमिकों, नारियों, अछूतों, कलम के श्रमजीवियों को सहानुभूतिपूर्ण हो विराट मानवतावादी परिधि में समेट लेते हैं।

प्रेमचंद का कथा-साहित्य अपने युग का मजबूत सहायक ही नहीं बनता, अपितु इससे भी आगे राष्ट्र उत्थान तथा राष्ट्र-निर्माण की स्वस्थ परम्परा को जन्म देता है क्योंकि इस युग का कलाकार केवल देशभक्ति व राजनीति के पीछे चलने वाली सच्चाई नहीं, वरन् उससे भी आगे मशाल दिखाती हुई चलने वाली सच्चाई है।

मनोविज्ञानः—प्रेमचंद मनोविज्ञान को कहानी कला का सर्वोतम तत्व मानते हैं। उन्होंने अपने चरित्रों के मनोभावों की व्याख्या नहीं की अपितु संकेत भर किया है। लेखन के प्रारम्भिक काल में रची कहानियां बड़े घर की बेटी, पंच परमेश्वर, नमक का दारोगा, परीक्षा, ममता, रानी सारन्धा इतिवृतात्मकता के मोहाश में बंधी वर्णनात्मक हैं, घटनाओं का साम्राज्य दृढ़ता की भित्ति पर टिका है, आदर्श का प्राबल्य, संयोग की धुरी पर कहानी घूमी है। यहां पाठक कथा सौष्ठव की कलात्मक सजावट में उलझकर पात्रों की मानसिक गहराइयों के गर्भ में निहित भावात्मक सौंदर्य के दर्शन से वंचित रहा है। लेकिन धीरे-धीरे परिवर्तित होती साहित्यिक रुचि, व्यावहारिक दृष्टि तथा जीवन के ठोस यथार्थ अनुभवों ने घटनाओं के महत्व को कम कर दिया तथा वर्णनों के विस्तार के प्रति अनास्थावाद को जन्म दिया। अब कहानीकार की निर्मम तटस्थ दृष्टि घटनाओं को घटना के रूप में नहीं देखती, मनोविज्ञान की कसौटी पर इनकी अब उतनी ही उपयोगिता है कि वे पात्रों के अन्तःप्रदेश की वैविध्यपूर्ण प्रदर्शनी के मध्य में हमें लाकर स्वयं वहां से ओझल हो जाए।

विकास के इसी दौर में प्रवेश कर प्रेमचंद यह कहने को बाध्य हुए "कहानियां केवल घटनाओं व सूचनाओं का संग्रहालय नहीं, अपितु जीवन और उसके पात्रों के अन्तर्विरोधियों की सार्थक अभिव्यक्ति है। आज की कहानी मनोवैज्ञानिक विश्लेषण व यथार्थ चित्रण को अपना ध्येय मानती है। कई रस्मों, कई चरित्रों, कई घटनाओं के लिए कथा की जमीन के पास स्थान नहीं। आज के लेखक का उद्देश्य स्थूल सौंदर्य नहीं, एक ऐसी प्रेरणा है, जिसमें सौंदर्य की झलक हो, इसके द्वारा पाठक की कोमल भावनाओं को स्पर्श कर सके" इसलिए उत्कर्ष काल में लिखी कहानियां स्थूल जगत के ऊंचे-ऊंचे टीलों का मोह त्याग कर सूक्ष्म जगत के आंतरिक प्रदेश में हल्की घुसपैठ करने में व्यस्त हैं। कला के इसी प्रौढ़ व विकसित रूप का दिग्दर्शन मिस पद्मा, अलग्योझा, नशा, ठाकुर का कुआँ, सुजान भक्त, मनोवृति, बड़े

भाई साहब, पूस की रात, ईदगाह व कफ़न कहानियों में होता है जो प्रत्येक दृष्टि से आधुनिक मनोवैज्ञानिक कहानियों से प्रतिस्पर्धा करने का सामर्थ्य रखती हैं। इनमें कथ्य के इतिवृत का संकोच, आकार लाघव व मानव मन के विवेचन-विश्लेषण की प्रवृति स्पष्ट है।

निसंदेह प्रेमचंद का मनोविज्ञान विशुद्ध अनुभूति मूलक है। पात्रों के साथ-साथ संक्षिप्त घटनाओं का नियोजन व वातावरण निर्मिति वैज्ञानिक धरातल पर अवस्थित है। साथ ही परिस्थिति विशेष में पात्र के मन में तदनुकूल भावों के उदय का तथा उनके अनुरूप व्यवहार और चेष्टाओं का चित्रण कहानी में यथार्थ लाकर उसे आकर्षक बनाने में सफल है। इसके अतिरिक्त कहानी में वर्णित बुरे पात्रों की कुप्रवृत्तियों के नीचे दबे पड़े सद्गुणों का प्रकाशन भी यथासंभव प्रेमचंद ने दिखाया। अन्त:संघर्ष की सुंदर योजना कहानी की प्रभावशीलता में वृद्धि लाने हेतु की।

इसलिए समाज के उच्च वर्ग, मध्यम वर्ग व निम्न वर्ग के लगभग सभी व्यक्तियों- किसान, मजदूर, सेठ साहूकार, पूंजीपति, डॉक्टर, वकील, क्लर्क, जमींदार, साधु, भिखारी, चपरासी, श्रमिक, विधवा, विमाता, अध्यापक, विद्यार्थी, पंडित, पुरोहित, राजा, महंत, कुल वधुएं, राजमाता, वेश्या, स्त्री-बच्चे-बूढ़े के चरित्र की सजीव मूर्तियां प्रत्यक्ष कर दी। विविध स्थितियों के बीच इन विविध मनुष्यों के मन में कैसे-कैसे भाव जगत हैं, प्रतिक्रियास्वरूप कैसी उनकी चेष्टाएं होती हैं, व्यवहार होता है इस तथ्य की गहरी सूझ-बूझ प्रेमचंद को व्यापक रूप से है। यथार्थ जिंदगी से नाता जोड़े ये पात्र ऐसे सामर्थवान सिद्ध हुए हैं कि जिनसे मानवीय संवेदनाएं वायवी धरातल पर नहीं अपितु मानवता की सुदृढ़ भित्ति पर अवस्थित है।

भाषा शैली :—भावानुभूतियों के समान प्रेमचंद भाषा के भी सम्राट कहलाए। हिन्दी कथा साहित्य को सर्वप्रथम प्रेमचंद ने ही प्रवाहयुक्त मुहावरेदार, सुगम, सुबोध, साधारण बोलचाल की बहुलता लिये पात्रानुकूल भाषा प्रदान की। जो उनकी उलझी मन:स्थिति तथा बाहरी संघर्ष के यथार्थ का सशक्त प्रतिबिम्ब प्रस्तुत करती है, इसमें एकरसता नहीं, विविधता है। पात्रों के मनोभावों से तादात्म्य स्थापित करने में इस तरह सफल हुए प्रेमचंद अत्यंत निपुण प्रयोग धर्मी के रूप में विख्यात हुए।

कृत्रिमता व आडम्बर से शून्य हो सीधी सरल होने के कारण प्रेमचंद की भाषा उनके व्यक्तित्व व कृतित्व की भांति ही आम जनता की है, उसमें इतनी चुस्ती खानगी, इतनी सादापन व सजीवता है कि आलोचक इसे 'प्रेमचंदी' भाषा की संज्ञा देते हैं। उन्होंने अरबी, फारसी, उर्दू, तत्सम तद्भव, अंग्रेजी, देशज़ तथा लोक सूक्तियों के सार्थक प्रयोग कर अद्भुत प्रतिभा का परिचय दिया। यानि शब्दों के विस्तृत भंडार को भावों की लड़ी में पिरोने में सिद्धहस्त थे। जीवन की गहराइयां, नैतिकताओं तथा मूल्यों को नापने वाली अर्थगर्भित तथा

कलात्मक सूक्तियां तो कहानियों में स्थल-स्थल पर बिखरी पड़ी हैं जिनके अतुल वैभव ने भाषा को महिमा मंडित और अद्भुत लोच प्रदान किया। भाषा में मुहावरेदार उर्दू की तराश व चुस्ती के साथ-साथ हिन्दी की हार्दिकता का भी अद्भुत समन्वय प्रदर्शित हुआ। वाक्य भी कुशल शिल्पी की भांति तराशे गये। आंचलिकता व लोक भाषा के शब्दों का प्रयोग भी मार्मिक है। इसीलिए प्रेमचंद समकालीन कथाकारों से कहीं अधिक निपुण और समर्थ रचनाकार हैं।

कथा शिल्प कहानी की बाह्य पर्यावरण का परिचालक होने के साथ-साथ लेखक के व्यक्तित्व, उसकी अभिव्यक्ति की क्षमता तथा प्रभविष्णुता अन्तर्हित किये रखता है, पर प्रेमचंद के कथा साहित्य विधान की परख हेतु कोई निर्धारित कसौटी है ही नहीं क्योंकि उसमें इतनी सादगी, स्पष्टता व सीधापन है कि सब कुछ अत्यंत स्वाभाविक व अपनेपन से युक्त लगता है। किसी भी प्रकार के श्रृंगारिक प्रसाधनों, अलंकरण, चमत्कार, पच्चीकारी या फिर अतिशयोक्तिपूर्ण कल्पना के रंग में नहीं रंगे। इसी उदासीनता की वजह से शैली-शिल्प की वास्तविक कुशलता रूपायित हो पाई है।

शैली विधान की दृष्टि से प्रेमचंद अन्य पुरुष प्रधान ऐतिहासिक वर्णनात्मक शैली अपनाते हैं। कहीं-कहीं उत्तम पुरुष की आत्मकथात्मक शैली के सुंदर उदाहरण भी उपलब्ध हैं, जैसे नशा कहानी, जो मानव मन के अन्तर्द्वन्द्व का चरम निदर्शन दर्शाता है। विवरणात्मक शैली, नाटकीय शैली, डायरी शैली, पत्रात्मक शैली, भावनात्मक शैली और चित्रात्मक शैली आदि विविध शैलियों के कलात्मक प्रयोग कहानियों में किये गये जहां व्यंजना, लाक्षणिक प्रयोग, वातावरण प्रस्तुत करने वाले सजीव वर्णन तथा चित्रण की रेखाएं बेहद स्पष्ट व पैनी हैं।

सोद्देश्यता:— प्रेमचंद ने एक अत्यंत सारगर्भित वाक्य कहा है—'सृष्टा जनता की अदालत में अपनी हरेक कृति के लिए जवाबदेह है। प्रेमचंद ने इसलिए जीवन को आत्मीयता पूर्ण दोनों बाहों में समेटा है, किसी न किसी विशिष्ट उद्देश्य का प्रतिपादन किया। अपने जीवन-दर्शन व विचारधारा से घटनाओं को गतिशील किया व सजीव पात्र सृष्टि की। उनका मूल उद्देश्य-परिस्थितियों के परिप्रेक्ष्य में मानव की दुर्बलता, चारित्रिक कमजोरी प्रत्यक्ष कर उसका परिष्कार दिखाना है। इस उद्देश्य भावना से कहीं-कहीं वे उपदेशक व प्रचारक बन गये हैं। साहित्य का ऐसा सुस्पष्ट व सुधारवादी रूप उच्च कलात्मक स्तर की कहानियों के लिए घातक सिद्ध हुआ है। अनावश्यक विवरणात्मक स्थूलता भी इसकी एक वजह बनी। ऐसी स्थिति में जीवन का व्यापक पक्ष प्रस्तुत करने की आकांक्षा से अनेक कहानियों में दोहरे-तिहरे कथानकों की वजह से निश्चय ही वे असंतुलित हो गये। इसलिए जीवन का विराट चित्र सजीव अंकन मिलने के बावजूद मार्मिक स्थलों से वंचित रह जाता है और कहानीकार

का मन्तव्य भी अस्पष्ट एवं अधूरा ही रह जाता है। यही कारण है कि पात्र भी विवरणों के जाल में उलझकर कहानीकार के हाथों की कठपुतलियां बन स्वतंत्र शारीरिक तथा सूक्ष्म वैचारिक अस्तित्व बनाये नहीं रख पाते। लेकिन जहां वर्णनों का त्याग किया वहां पात्रों का व्यक्तित्व भी स्वतंत्र हो सजा संवरा है तथा कहानीकार का उद्देश्य भी संपूर्ण वैभव से निखरा हैं। कफ़न, शतरंज के खिलाड़ी, लेखक, पूस की रात व नशा ऐसी ही कलात्मक रचनाएं है। निरंतर निर्धनता के कारण मानवता का पतन गिरावट की सीमा को किस हद तक स्पर्श करता है, ऐसा कफ़न जैसी प्रगतिशील रचना में, संयुक्त परिवार की उपयोगिता का समर्थन अलग्योझा में , बाल मनोविज्ञान का सूक्ष्म चित्रण ईदगाह में, परोपकार का महत्व तथा संपन्न वर्ग की विलासिता पर कटाक्ष 'शिकार' में अर्थात संपूर्ण कहानी साहित्य उपयोगितावाद, समाज-सुधार, मानववाद, समन्वयवाद के उदात्त आदर्श को आत्मसात करने में व्यस्त है। प्रेमचंद सही अर्थों में समाज के प्रवक्ता कहलाए।

इसी सोद्देश्यता का आशय प्रेमचंद के जीवन दर्शन 'आदर्शोन्मुखी यर्थाथवाद' में भी छिपा है। इस रूप में उनका साहित्य जहां एक ओर समाज की कुत्साओं व कुरूपताओं का घिनौना रूप दर्शाता है वहीं उन्हें संवारने, सुधारने की प्रेरणा देता है। यथार्थवाद यह है कि जो कुछ कहा वह सच्चाई और ईमानदारी से कहा और आदर्शवाद यह कि इस सत्य को मानवतावाद के सौंदर्य से अभिभूत किया, लोक मंगल की व्यापक भावना से मंडित किया। मानवता के शाश्वत प्रश्नों को मानव भावों, संवेदनाओं, संघर्षों व कुण्ठाओं के व्यापक फलक पर उठाया। मानव हृदय का विश्लेषण ही मुख्य ध्येय रहा। इसलिए साहित्य सामाजिक न होकर चिरन्तन शाश्वत है।

मानवतावाद :—लेखन कला के प्रति प्रेमचंद का विशिष्ट दृष्टिकोण था वह इसलिए क्योंकि मानव होने के नाते, हमें मानव समाज को, जीवन को अर्थात् अपने आपको देखने समझने और उसका मूल्यांकन करने का अधिकार है। अब लेखक इसलिए है कि वह औरों की तरह समष्टि के व्यक्तित्व में अपना व्यक्तित्व नहीं खो बैठता। अपने व्यक्तित्व की विशिष्टताओं के द्वारा देखने का अभ्यास होने से जाने अनजाने दृष्टिकोण बना लेता है और सही मायने में प्रेमचंद का दृष्टिकोण मानवतावादी था तथा उनके अनुसार — 'मानव दुर्बल है और रहेगा, पर उनकी दुर्बलता ही कभी उसे ऊंचा उठायेगी, कभी गिरा देगी। वे समाज के नहीं, मानव के नहीं, उनकी बुराइयों के कट्टर विरोधी थे, इन्हें दूर कर कल्याण के पक्षपाती थे।'

प्रेमचंद का मानवतावाद उनकी कला से कहीं अधिक महान था। रचनाओं में जिन दलितों के जीवन का सजीव चित्रांकन किया, उनके प्रति केवल मौखिक सहानुभूति नहीं थी, अपितु इस सहानुभूति को अनेकोबार व्यावहारिक रूप में व्यक्त कर परवर्ती पीढ़ी के लिए

अनुकरणीय आदर्श छोड़ गये, कला की अनुभूति का वास्तविक मूल्य यहीं पर स्थिर है। अपनी घोर आर्थिक संकटग्रस्त स्थिति के बावजूद विभिन्न विषमताओं को भोग रहे परिचित या अपरिचित व्यक्तियों को यथासंभव आर्थिक मदद पहुंचाने में सदैव उद्यत रहे।

कहानियों के विस्तृत व गहरे अध्ययन से इसी तथ्य की पुष्टि होती है कि व्यक्तित्व का मानव पक्ष अत्यंत विकसित है, नितान्त व्यावहारिक, युग धर्म के अनुकूल व समसामयिक परिस्थितियों से प्रभावित है। युग पुरुष गांधी जी के प्रभाव से प्रेमचंद के जागरण सुधार मूलक जनवाद को अपनाया। भारत की दीन-दुखी जनता गांव के अनपढ़ मेहनती किसान, शहरों के श्रमिक शोषित मजदूर, निम्न वर्ग के असंख्य श्रम-श्रातं वर्ग, वर्ण व्यवस्था के शिकार नर-नारी उनके स्नेह के पात्र बने। इनके आचार-विचार, रहन-सहन, दु:ख-सुख, भाषा-भाव, आशा-आकांक्षा सभी कुछ लेखकीय सहानुभूति की व्यापक परिधि में सिमटा है। एक समीक्षक के शब्दों में – 'झोंपडियों से लेकर महलों तक, रंक से लेकर राजा तक, भिखारी से लेकर महन्तों तक, घर की कुल-वधुओं से लेकर वार-वनिताओं तक, रोटियों के लिए ललकते मानव प्राणियों से लेकर मखमली सेज पर सोने वाले रईसों तक कहानी साहित्य की अविरल धारा अबाध बही है।'

प्रेमचंद ने भारतीय अध्यात्म व ईश्वर की कल्पना पर संदेह दर्शाया। जप-तप, पूजा-पाठ धार्मिक आडम्बरों का खुलकर उपहास उड़ाया। उनकी दृष्टि में मानवता की सेवा करना, निराश्रितों को आश्रय देना व पीडितों का कष्ट दूर करना धर्म की सच्ची साधना है। सामाजिक विषमता व धर्म की व्यवस्था ईश्वरीय विधान नहीं, अपितु कुछ विशेष वर्गों की स्वार्थभावना व तुच्छता से प्रसूत है जिनका विरोध व परिष्कार मनुष्य के प्रयत्नों से ही संभव है। इस रूप में प्रेमचंद ऐसी जनवादी संस्कृति के निर्माण की बुनियाद डालते हैं जहां सामाजिक भेदभाव व विसंगतियां दूर की जाएं, मानव स्वातन्त्रय व सामान्य जीवन को विशेष स्तर पर लाने हेतु संस्कार हीनता को हटाया जाए, मानव जीवन का उत्थान हो, रूढ़ियों की ताड़ना कर असहनीय,अवास्तविक स्थितियों से मुक्ति पाने का प्रयास हो, व्यक्ति से अधिक समाज की महत्ता हो, श्रमजीवी वर्ग निरन्तर सुखी, समृद्ध व सुसंस्कृत बने। वस्तुत: प्रेमचंद की दृष्टि निर्माणात्मक रही। जीर्ण-शीर्ण विश्वासों को नई धरती पर आरोपित करने की तीखी आकांक्षा उनमें थी इसलिए सौंदर्यजन्य कल्पना की परिणति वस्तुगत कल्पना में हुई।

प्रेमचंद ने यह स्पष्ट अनुभव किया कि सामाजिक समस्याओं का मूल कारण दूषित आर्थिक व्यवस्था है जिसके अन्तर्गत पूंजीवाद व औद्योगिकीकरण की शक्ति धन के असमान वितरण को बढ़ावा दे विषमता उपजाती है। इस रूप में वे मार्क्सवाद के 'द्वन्द्वात्मक

भौतिकवाद' से प्रेरणा नहीं लेते वरन् निजी अनुभवों से सीखते हैं। 'महाजनी सभ्यता' शीर्षक से लिखे अपने अत्यंत महत्वपूर्ण निबंध में इसकी व्याख्या सारगर्भित अर्थों में की है– 'जिनके पास पैसा है, वह देवता तुल्य है उसका अंतःकरण कितना भी काला क्यूं न हो साहित्य, संगीत, कला सभी धन की देहली पर माथा टेकते हैं हवा इतनी जहरीली हो गई है कि सांस लेना दूभर हो रहा है'। आगे लिखते हैं 'जिसमें मनुष्यता, उच्चता, अध्यात्म सौंदर्य बोध है वह कभी भी ऐसी दूषित व्यवस्था का समर्थन नहीं करेगा, जिसकी नींव लोभ, स्वार्थ-परकता व दुष्ट मनोवृति पर टिकी हो'। उनका अटल विश्वास देखें – 'भारत की आत्मा अभी जीवित है मुझे विश्वास है कि वह समय आने में देर नहीं जब हम सेवा, त्याग, अविश्वास के पुराने आदर्शो पर लौट आयेंगे, तब धन हमारा ध्येय नहीं होगा। हमारा मूल्य धन के कांटे पर नहीं तोला जाएगा। प्रत्येक व्यक्ति जो अपने शारीरिक श्रम व दिमाग की मेहनत से कुछ पैदा कर सकता है वही राष्ट्र व समाज का सम्मानित सदस्य बन सकता है।'

प्रेमचंद इस दृष्टि से भी मानवतावादी थे कि चाहे उन्होंने संभ्रान्त उच्च वर्ग के राजा, उद्योगपति, जमींदार, मध्यवर्ग के व्यवसायी, नौकरी पेशा, समाज के पुराण पंथी पंडित पुरोहितों की शोषक वृति व कुत्साओं की प्रखर आलोचना की, पर उनकी व्यक्तिगत समस्याओं व उलझनों की वजह से उन्हें अपनी सहानुभूति से वंचित रखा। वह कहते थे– 'सामाजिक और आर्थिक आवरण के नीचे आिखर पूंजीवादी भी मनुष्य हैं। उसी तरह दुःख दर्द के शिकार हैं जैसे मजदूर। राजनैतिक दलबंदी में आकर अपने मन में ऐसे खाने बना लेना कि उनके दुःख दर्द का प्रवेश ही न हो, सर्वथा अप्राकृतिक और अमानवीय हैं'। वास्तव में प्रेमचंद कहीं भी कठोर नहीं होते, कहीं भी दम्भ नहीं भरते, यह उनके व्यक्तित्व की अभूतपूर्व विजय रही। इसी व्यापक सहानुभूति के कारण साहित्य का क्षेत्र बहुविध व विस्तृत हुआ जिसमें मानवतावाद का नया क्षितिज उभरता दिखाई देता है–जन आकांक्षाओं, आशाओं नये स्वप्नों का क्षितिज आगे बढ़ने की आंकाक्षा, भीतर संजोई चिरउर्ध्वमुखी आशा, घोर बर्बरता व जड़ता की स्थिति से ऊपर उठकर महामानवता का सुनहरा स्वप्न, तीक्ष्णतम् कचोटते व्यंग्य गली-सड़ी जर्जर व्यवस्था पर व उसे बदलने का कृत-संकल्प, मानव के स्वर्णिम भविष्य में असीम आस्था और मानवीयता यही प्रेमचंद कथा साहित्य की अमोघ शक्ति है।

निष्कर्ष:–प्रेमचंद कथा साहित्य के उपरोक्त विवेचन के पश्चात् इतना तो स्पष्ट है कि भाव, भाषा, कला, शैली सभी दृष्टियों से वे अमर कथा साहित्य के प्रणेता हैं। भारतीय जीवन का सर्वाधिक विशाल व विस्तृत वर्ग का ऐसा कलाकार आधुनिक साहित्य में विरल है। तुलसीदास के उपरांत प्रेमचंद ही ऐसे समर्थ कथाकार हुए जिनकी वाणी उत्तर भारत से लेकर

सुदूर दक्षिण छोरों का स्पर्श करती है। इतनी ही नहीं बल्कि देश काल की संकुचित परिधि का अतिक्रमण कर इनका साहित्य अन्तर्राष्ट्रीय सीमाओं को स्पर्श कर विश्व मानवता का आलिंगन करता है, जो एक महान उपलब्धि है।

जहां तक कहानी कला का प्रश्न है, इस संदर्भ में प्रेमचंद ने जो मान्यताएं व आदर्श जीवन में आत्मसात् किये, उनका सफल निर्वाह व निर्धारण कहानियों में किया। आज कहानी जहां पाश्चात्य साहित्य के आदर्शों का अनुकरण कर अनेक वाद-विवादों के कठिन दौर से गुजर रही है, वहीं प्रेमचंद इसके अपवाद रहे, कहानी को समाज से जोड़कर किसी प्रचलित वाद या सिद्धांत से न जुड़कर भावी पीढ़ी के लिए प्रशस्त पथ तैयार कर गये।

उपन्यास सम्राट के नाम से तो प्रेमचंद सुप्रसिद्ध हुए ही, कहानी लेखक होने के नाते वह और आगे बढ़ते गये।

❐

1 जुलूस

पूर्ण स्वराज के जुलूस को लेकर लिखी यह कहानी जहां हिंसा पर अहिंसा की विजय की प्रतीक है, वहीं देशभक्त स्वराजियों के प्रति भारतीय मानस के सम्मान एवं गर्व की कहानी भी है।

पूर्ण स्वराज्य का जुलूस निकल रहा था। कुछ युवक, कुछ बूढ़े, कुछ बालक झंडियाँ और झंडे लिये वंदेमातरम् गाते हुए माल के सामने से निकले। दोनों तरफ दर्शकों की दीवारें खड़ी थीं, मानो उन्हें इस लक्ष्य से कोई सरोकार नहीं है, मानो यह कोई तमाशा है और उनका काम केवल खड़े-खड़े देखना है।

शंभूनाथ ने दूकान की पटरी पर खड़े होकर अपने पड़ोसी दीनदयाल से कहा—सब के सब काल के मुँह में जा रहे हैं। आगे सवारों का दल मार-मार भगा देगा।

दीनदयाल ने कहा—महात्मा जी भी सठिया गये हैं। जुलूस निकालने से स्वराज्य मिल जाता तो अब तक कब का मिल गया होता। और जुलूस में हैं कौन लोग, देखो-लौंडे, लफंगे, सिरफिरे। शहर का कोई बड़ा आदमी नहीं।

मैकू चट्टियों और स्लीपरों की माला गरदन में लटकाये खड़ा था। इन दोनों सेठों की बातें सुनकर हँसा।

शंभू ने पूछा—क्यों हँसे मैकू? आज रंग चोखा मालूम होता है।

मैकू—हँसा इस बात पर जो तुमने कही कि कोई बड़ा आदमी जुलूस में नहीं है। बड़े आदमी क्यों जुलूस में आने लगे, उन्हें इस राज में कौन आराम नहीं है? बँगलों और महलों में रहते हैं, मोटरों पर घूमते हैं, साहबों के साथ दावतें खाते हैं, कौन तकलीफ है ! मर तो हम लोग रहे हैं जिन्हें रोटियों का ठिकाना नहीं। इस बखत कोई टेनिस खेलता होगा, कोई चाय पीता होगा, कोई ग्रामोफोन लिए गाना सुनता होगा, कोई पारिक की सैर करता होगा, यहाँ आये पुलिस के कोड़े खाने के लिए? तुमने भी भली कही?

शंभू—तुम यह सब बातें क्या समझोगे मैकू, जिस काम में चार बड़े आदमी अगुआ होते हैं उसकी सरकार पर भी धाक बैठ जाती है। लौंडों-लफंगों का गोल भला हाकिमों की निगाह में क्या जंचेगा?

मैकू ने ऐसी दृष्टि से देखा, जो कह रही थी—इन बातों के समझने का ठीका कुछ तुम्हीं ने नहीं लिया है और बोला—बड़े आदमी को तो हमी लोग बनाते-बिगाड़ते हैं या कोई और? कितने ही लोग जिन्हें कोई पूछता भी न था, हमारे ही बनाये बड़े आदमी बन गये और अब मोटरों पर निकलते हैं और हमें नीच समझते हैं। यह लोगों की तकदीर की खूबी है कि जिसकी जरा बढ़ती हुई और उसने हमसे आँखें फेरीं। हमारा बड़ा आदमी तो वही है, जो लँगोटी बाँधे नंगे पाँव घूमता है, जो हमारी दशा को सुधारने के लिए अपनी जान हथेली पर लिये फिरता है। और हमें किसी बड़े

आदमी की परवाह नहीं है। सच पूछो तो इन बड़े आदमियों ने ही हमारी मिट्टी खराब कर रखी है। इन्हें सरकार ने कोई अच्छी-सी जगह दे दी, बस उसका दम भरने लगे।

दीनदयाल-नया दारोगा बड़ा जल्लाद है। चौरास्ते पर पहुँचते ही हंटर लेकर पिल पड़ेगा। फिर देखना, सब कैसे दुम दबाकर भागते हैं। मजा आयेगा।

जुलूस स्वाधीनता के नशे में चूर चौरास्ते पर पहुँचा तो देखा, आगे सवारों और सिपाहियों का एक दस्ता रास्ता रोके खड़ा है।

सहसा दारोगा बीरबल सिंह घोड़ा बढ़ा कर जुलूस के सामने आ गये और बोले-तुम लोगों को आगे जाने का हुक्म नहीं है।

जुलूस के बूढ़े नेता इब्राहिम अली ने आगे बढ़कर कहा-मैं आपको इत्मीनान दिलाता हूँ, किसी किस्म का दंगा-फसाद न होगा। हम दूकानें लूटने या मोटरें तोड़ने नहीं निकले हैं। हमारा मकसद इससे कहीं ऊँचा है।

बीरबल—मुझे यह हुक्म है कि जुलूस यहाँ से आगे न जाने पाये।

इब्राहिम—आप अपने अफसरों से जरा पूछ न लें।

बीरबल—मैं इसकी कोई जरूरत नहीं समझता।

इब्राहिम—तो हम लोग यहीं बैठते हैं। जब आप लोग चले जायँगे तो हम निकल जायँगे।

बीरबल—यहाँ खड़े होने का भी हुक्म नहीं है। तुमको वापस जाना पड़ेगा।

इब्राहिम ने गंभीर भाव से कहा—वापस तो हम न जायेंगे। आपको या किसी को भी, हमें रोकने का कोई हक नहीं। आप अपने सवारों, संगीनों और बंदूकों के जोर से हमें रोकना चाहते हैं, रोक लीजिए, मगर आप हमें लौटा नहीं सकते। न जाने वह दिन कब आयेगा, जब हमारे भाई-बंद ऐसे हुक्मों की तामील करने से साफ इन्कार कर देंगे, जिनकी मंशा महज कौम को गुलामी की जंजीरों में जकड़े रखना है।

बीरबल ग्रेजुएट था। उसका बाप सुपरिंटेंडेंट पुलिस था। उसकी नस-नस में रोब भरा हुआ था। अफसरों की दृष्टि में उसका बड़ा सम्मान था। खासा गोरा चिट्टा, नीली आँखों और भूरे बालों वाला तेजस्वी पुरुष था। शायद जिस वक्त वह कोट पहन कर ऊपर से हैट लगा लेता तो वह भूल जाता था कि मैं भी यहाँ का रहनेवाला हूँ। शायद वह अपने को राज्य करनेवाली जाति का अंग समझने लगता था; मगर इब्राहिम के शब्दों में जो तिरस्कार भरा हुआ था, उसने जरा देर के लिए उसे लज्जित कर दिया। पर मुआमला नाजुक था। जुलूस को रास्ता दे देता है, तो जवाब तलब हो जायेगा; वहीं खड़ा रहने देता है, तो यह सब न जाने कब तक खड़े रहें। इस संकट में पड़ा हुआ था कि उसने डी. एस. पी. को घोड़े पर आते देखा। अब सोच-विचार का समय न था। यही मौका था कारगुजारी दिखाने का। उसने कमर से बेटन निकाल लिया और घोड़े को एड़ लगा कर जुलूस पर चढ़ाने लगा। उसे देखते ही और सवारों ने भी घोड़ों को जुलूस पर चढ़ाना शुरू कर दिया। इब्राहिम दारोगा के घोड़े के सामने खड़ा था। उसके सिर पर एक बेटन ऐसे जोर से पड़ा कि उसकी आँखें

तिलमिला गयीं। खड़ा न रह सका। सिर पकड़ कर बैठ गया। उसी वक्त दारोगा जी के घोड़े ने दोनों पाँव उठाये और जमीन पर बैठा हुआ इब्राहिम उसकी टापों के नीचे आ गया। जुलूस अभी तक शांत खड़ा था। इब्राहिम को गिरते देख कर कई आदमी उसे उठाने के लिए लपके; मगर कोई आगे न बढ़ सका। उधर सवारों के डंडे बड़ी निर्दयता से पड़ रहे थे। लोग हाथों पर डंडों को रोकते थे और अविचलित रूप से खड़े थे। हिंसा के भावों में प्रभावित न हो जाना उसके लिए प्रतिक्षण कठिन होता जाता था। जब आघात और अपमान ही सहना है, तो फिर हम भी इस दीवार को पार करने की क्यों न चेष्टा करें? लोगों को खयाल आया शहर के लाखों आदमियों की निगाहें हमारी तरफ लगी हुई हैं। यहाँ से यह झंडा लेकर हम लौट जायँ, तो फिर किस मुँह से आजादी का नाम लेंगे; मगर प्राण-रक्षा के लिए भागने का किसी को ध्यान भी न आता था। यह पेट के भक्तों, किराये के टट्टुओं का दल न था। यह स्वाधीनता के सच्चे स्वयंसेवकों का, आजादी के दीवानों का संगठित दल था-अपनी जिम्मेदारियों को खूब समझता था। कितने ही के सिरों से खून जारी था, कितने ही के हाथ जख्मी हो गये थे। एक हल्ले में यह लोग सवारों की सफों को चीर सकते थे, मगर पैरों में बेड़ियाँ पड़ी हुई थीं-सिद्धान्त की, धर्म की, आदर्श की।

दस-बारह मिनट तक यों ही डंडों की बौछार होती रही और लोग शांत खड़े रहे।

इस मार-धाड़ की खबर एक क्षण में बाजार में जा पहुँची। इब्राहिम घोड़े से कुचल गये, कई आदमी जख्मी हो गये, कई के हाथ टूट गये; मगर न वे लोग पीछे फिरते हैं और न पुलिस उन्हें आगे जाने देती है।

मैकू ने उत्तेजित होकर कहा-अब तो भाई, यहाँ नहीं रहा जाता। मैं भी चलता हूँ।

दीनदयाल ने कहा-हम भी चलते हैं भाई, देखी जायगी।

शम्भू एक मिनट तक मौन खड़ा रहा। एकाएक उसने भी दूकान बढ़ायी और बोला-एक दिन तो मरना ही है, जो कुछ होना है, हो। आखिर वे लोग सभी के लिए तो जान दे रहे हैं। देखते-देखते अधिकांश दूकानें बंद हो गयीं। वह लोग, जो दस मिनट पहले तमाशा देख रहे थे इधर-उधर से दौड़ पड़े और हजारों आदमियों का एक विराट दल घटनास्थल की ओर चला। यह उन्मत्त, हिंसामद से भरे हुए मनुष्यों का समूह था, जिसे सिद्धांत और आदर्श की परवाह न थी। जो मरने के लिए ही नहीं, मारने के लिए भी तैयार थे। कितनों ही के हाथों में लाठियाँ थीं, कितने ही जेबों में पत्थर भरे हुए थे। न कोई किसी से कुछ बोलता था, न पूछता था। बस, सब-के-सब मन में एक दृढ़ संकल्प किये लपके चले जा रहे थे, मानो कोई घटा उमड़ी चली आती हो।

इस दल को दूर से देखते ही सवारों में कुछ हलचल पड़ी। बीरबल सिंह के चेहरे पर हवाइयाँ उड़ने लगीं। डी. एस. पी. ने अपनी मोटर बढ़ायी। शांति और अहिंसा के व्रतधारियों पर डंडे बरसाना और बात थी, एक उन्मत्त दल से मुकाबला करना दूसरी बात। सवार और सिपाही पीछे खिसक गये।

इब्राहिम की पीठ पर घोड़े ने टाप रख दी। वह अचेत जमीन पर पड़े थे। इन आदमियों का शोरगुल सुन कर आप ही आप उनकी आँखें खुल गयीं। एक युवक को इशारे से बुलाकर कहा-क्यों कैलाश, क्या कुछ लोग शहर से आ रहे हैं?

कैलाश ने उस बढ़ती हुई घटा की ओर देख कर कहा-जी हाँ, हजारों आदमी हैं।

इब्राहिम-तो अब खैरियत नहीं है। झंडा लौटा दो। हमें फौरन लौट चलना चाहिए, नहीं तूफान मच जायगा। हमें अपने भाइयों से लड़ाई नहीं करनी है। फौरन लौट चलो।

यह कहते हुए उन्होंने उठने की चेष्टा की, मगर उठ न सके।

इशारे की देर थी। संगठित सेना की भाँति लोग हुक्म पाते ही पीछे फिर गये। झंडियों के बाँसों, साफों और रूमालों से चटपट एक स्ट्रेचर तैयार हो गया। इब्राहिम को लोगों ने उस पर लिटा दिया और पीछे फिरे। मगर क्या वह परास्त हो गये थे? अगर कुछ लोगों को उन्हें परास्त मानने में ही संतोष हो तो हो, लेकिन वास्तव में उन्होंने एक युगांतकारी विजय प्राप्त की थी। वे जानते थे, हमारा संघर्ष अपने ही भाइयों से है, जिनके हित परिस्थितियों के कारण हमारे हितों से भिन्न हैं। हमें उनसे वैर नहीं करना है। फिर, वह यह भी नहीं चाहते कि शहर में लूट और दंगे का बाजार गर्म हो जाय और हमारे धर्मयुद्ध का अंत लूटी हुई दूकानें, फूटे हुए सिर हों, उनकी विजय का सबसे उज्ज्वल चिह्न यह था कि उन्होंने जनता की सहानुभूति प्राप्त कर ली थी। वही लोग, जो पहले उन पर हँसते थे; उनका धैर्य और साहस देखकर उनकी सहायता के लिए निकल पड़े थे। मनोवृत्ति का यह परिवर्तन ही हमारी असली विजय है। हमें किसी से लड़ाई करने की जरूरत नहीं, हमारा उद्देश्य केवल जनता की सहानुभूति प्राप्त करना है, उसकी मनोवृत्तियों को बदल देना है। जिस दिन हम इस लक्ष्य पर पहुँच जायेंगे, उसी दिन स्वराज्य सूर्य उदय होगा।

तीन दिन गुजर गये थे। बीरबल सिंह अपने कमरे में बैठे चाय पी रहे थे। और उनकी पत्नी मिट्ठन बाई शिशु को गोद में लिये सामने खड़ी थीं।

बीरबल सिंह ने कहा-मैं क्या करता उस वक्त। पीछे डी. एस. पी. खड़ा था। अगर उन्हें रास्ता दे देता तो अपनी जान मुसीबत में फँसती।

मिट्ठन बाई ने सिर हिला कर कहा-तुम कम से कम इतना तो कर ही सकते थे कि उन पर डंडे न चलाने देते। तुम्हारा काम आदमियों पर डंडे चलाना है? तुम ज्यादा से ज्यादा उन्हें रोक सकते थे। कल को तुम्हें अपराधियों को बेंत लगाने का काम दिया जाय, तो शायद तुम्हें बड़ा आनंद आयेगा, क्यों? बीरबल सिंह ने खिसिया कर कहा-तुम तो बात नहीं समझती हो !

मिट्ठन बाई-मैं खूब समझती हूँ। डी. एस. पी. पीछे खड़ा था। तुमने सोचा होगा ऐसी कारगुजारी दिखाने का अवसर शायद फिर कभी मिले या न मिले। क्या तुम समझते हो, उस दल में कोई भला आदमी न था? उसमें कितने आदमी ऐसे थे, जो तुम्हारे जैसों को नौकर रख सकते हैं। विद्या में तो शायद अधिकांश तुमसे बढ़े हुए होंगे। मगर तुम उन पर डंडे चला रहे थे और उन्हें घोड़े से कुचल रहे थे, वाह री जवाँमर्दी !

बीरबल सिंह ने बेहयाई की हँसी के साथ कहा-डी. एस. पी. ने मेरा नाम नोट कर लिया है। सच !

दारोगा जी ने समझा था कि यह सूचना दे कर वह मिट्ठन बाई को खुश कर देंगे। सज्जनता और भलमनसी आदि ऊपर की बातें हैं, दिल से नहीं, जबान से कही जाती हैं। स्वार्थ दिल की गहराइयों में बैठा होता है। वह गम्भीर विचार का विषय़ है।

मगर मिट्ठन बाई के मुख पर हर्ष की कोई रेखा न नजर आयी, ऊपर की बातें शायद गहराइयों तक पहुँच गयी थीं ! बोलीं—जरूर कर लिया होगा और शायद तुम्हें जल्दी तरक्की भी मिल जाय। मगर बेगुनाहों के खून से हाथ रंग कर तरक्की पायी, तो क्या पायी ! यह तुम्हारी कारगुजारी का इनाम नहीं, तुम्हारे देशद्रोह की कीमत है। तुम्हारी कारगुजारी का इनाम तो तब मिलेगा, जब तुम किसी खूनी को खोज निकालोगे, किसी डूबते हुए आदमी को बचा लोगे।

एकाएक एक सिपाही ने बरामदे में खड़े हो कर कहा—हुजूर, यह लिफाफा लाया हूँ। बीरबल सिंह ने बाहर निकल कर लिफाफा ले लिया और भीतर की सरकारी चिट्ठी निकाल कर पढ़ने लगे। पढ़ कर उसे मेज पर रख दिया।

मिट्ठन ने पूछा—क्या तरक्की का परवाना आ गया?

बीरबल सिंह ने झेंप कर कहा—तुम तो बनाती हो ! आज फिर कोई जुलूस निकलनेवाला है। मुझे उसके साथ रहने का हुक्म हुआ है।

मिट्ठन-फिर तो तुम्हारी चाँदी है, तैयार हो जाओ। आज फिर वैसे ही शिकार मिलेंगे। खूब बढ़-बढ़कर हाथ दिखलाना ! डी. एस. पी. भी जरूर आयेंगे। अबकी तुम इंस्पेक्टर हो जाओगे। सच !

बीरबल सिंह ने माथा सिकोड़ कर कहा—कभी-कभी तुम बे-सिर-पैर की बातें करने लगती हो। मान लो, मैं जाकर चुपचाप खड़ा रहूँ, तो क्या नतीजा होगा। मैं नालायक़ समझा जाऊँगा और मेरी जगह कोई दूसरा आदमी भेज दिया जायगा। कहीं शुबहा हो गया कि मुझे स्वराज्यवादियों से सहानुभूति है, तो कहीं का न रहूँगा। अगर बर्खास्त भी न हुआ तो लैन की हाजिरी तो हो ही जायगी। आदमी जिस दुनिया में रहता है, उसी का चलन देखकर काम करता है। मैं बुद्धिमान न सही; पर इतना जानता हूँ कि ये लोग देश और जाति का उद्धार करने के लिए ही कोशिश कर रहे हैं। यह भी जानता हूँ कि सरकार इस खयाल को कुचल डालना चाहती है। ऐसा गधा नहीं हूँ कि गुलामी की जिंदगी पर गर्व करूँ; लेकिन परिस्थिति से मजबूर हूँ।

बाजे की आवाज कानों में आयी। बीरबल सिंह ने बाहर जाकर पूछा। मालूम हुआ स्वराज्य वालों का जुलूस आ रहा है। चटपट वर्दी पहनी, साफा बाँधा और जेब में पिस्तौल रखकर बाहर आये। एक क्षण में घोड़ा तैयार हो गया। कांस्टेबल पहले ही से तैयार बैठे थे। सब लोग डबल मार्च करते हुए जुलूस की तरफ चले।

ये लोग डबल मार्च करते हुए कोई पंद्रह मिनट में जुलूस के सामने पहुँच गये। इन लोगों को देखते ही अगणित कंठों से 'वंदेमातरम्' की एक ध्वनि निकली, मानो मेघमंडल में गर्जन का शब्द हुआ हो, फिर सन्नाटा छा गया। उस जुलूस में और इस जुलूस में कितना अंतर था ! वह स्वराज्य

के उत्सव का जुलूस था, यह एक शहीद के मातम का। तीन दिन के भीषण ज्वर और वेदना के बाद आज उस जीवन का अंत हो गया, जिसने कभी पद की लालसा नहीं की, कभी अधिकार के सामने सिर नहीं झुकाया। उन्होंने मरते समय वसीयत की थी कि मेरी लाश को गंगा में नहला कर दफन किया जाय और मेरे मजार पर स्वराज्य का झंडा खड़ा किया जाय। उनके मरने का समाचार फैलते ही सारे शहर पर मातम का पर्दा-सा पड़ गया। जो सुनता था, एक बार इस तरह चौंक पड़ता था, जैसे उसे गोली लग गयी हो और तुरंत उनके दर्शनों के लिए भागता था। सारे बाजार बंद हो गये, इक्कों और तांगों का कहीं पता न था जैसे शहर लुट गया हो। देखते-देखते सारा शहर उमड़ पड़ा। जिस वक्त जनाजा उठा, लाख-सवा लाख आदमी साथ थे। कोई आँख ऐसी न थी, जो आँसुओं से लाल न हो।

बीरबल सिंह अपने कांस्टेबलों और सवारों को पाँच-पाँच गज के फासले पर जुलूस के साथ चलने का हुक्म दे कर खुद पीछे चले गये। पिछली सफों में कोई पचास गज तक महिलाएँ थीं। दारोगा ने उनकी तरफ ताका। पहली ही कतार में मिट्ठन बाई नजर आयी। बीरबल को विश्वास न आया। फिर ध्यान से देखा, वही थी। मिट्ठन ने उनकी तरफ एक बार देखा और आँखें फेर लीं, पर उसकी एक चितवन में कुछ ऐसा धिक्कार, कुछ ऐसी लज्जा, कुछ ऐसी व्यथा, कुछ ऐसी घृणा भरी हुई थी कि बीरबल सिंह की देह में सिर से पाँव तक सनसनी-सी दौड़ गयी। वह अपनी दृष्टि में कभी इतने हल्के, इतने दुर्बल, इतने जलील न हुए थे।

सहसा एक युवती ने दारोगा जी की तरफ देख कर कहा—कोतवाल साहब, कहीं हम लोगों पर डंडे न चला दीजिएगा। आपको देखकर भय हो रहा है !

दूसरी बोली—आप ही के कोई भाई तो थे, जिन्होंने उस माल के चौरस्ते पर इस पुरुष पर आघात किये थे।

मिट्ठन ने कहा—आपके कोई भाई न थे, आप खुद थे।

बीसियों ही मुँहों से आवाजें निकलीं—अच्छा, यह वही महाशय हैं? महाशय आपको नमस्कार है। यह आप ही की कृपा का फल है कि आज हम भी आपके डंडे के दर्शन के लिए आ खड़ी हुई हैं !

बीरबल ने मिट्ठन बाई की ओर आँखों का भाला चलाया; पर मुँह से कुछ न बोले। एक तीसरी महिला ने फिर कहा—हम एक जलसा करके आपको जयमाल पहनायेंगे और आपका यशोगान करेंगे।

चौथी ने कहा—आप बिलकुल अँगरेज मालूम होते हैं, जभी इतने गोरे हैं !

एक बुढ़िया ने आँखें चढ़ा कर कहा—मेरी कोख में ऐसा बालक जन्मा होता, तो उसकी गर्दन मरोड़ देती !

एक युवती ने उसका तिरस्कार करके कहा—आप भी खूब कहती हैं, माता जी, कुत्ते तक तो नमक का हक अदा करते हैं, यह तो आदमी हैं !

बुढ़िया ने झल्ला कर कहा—पेट के गुलाम, हाय पेट, हाय पेट !

इस पर कई स्त्रियों ने बुढ़िया को आड़े हाथों ले लिया और वह बेचारी लज्जित हो कर बोली—अरे, मैं कुछ कहती थोड़े ही हूँ। मगर ऐसा आदमी भी क्या, जो स्वार्थ के पीछे अंधा हो जाय।

बीरबल सिंह अब और न सुन सके। घोड़ा बढ़ा कर जुलूस से कई गज पीछे चले गये। मर्द लज्जित करता है, तो हमें क्रोध आता है; स्त्रियाँ लज्जित करती हैं, तो ग्लानि उत्पन्न होती है। बीरबल सिंह की इस वक्त इतनी हिम्मत न थी कि फिर उन महिलाओं के सामने जाते। अपने अफसरों पर क्रोध आया। मुझी को बार-बार क्यों इन कामों पर तैनात किया जाता है? और लोग भी तो हैं, उन्हें क्यों नहीं लाया जाता? क्या मैं ही सबसे गया-बीता हूँ। क्या मैं ही सबसे भावशून्य हूँ।

मिट्ठी इस वक्त मुझे दिल में कितना कायर और नीच समझ रही होगी ! शायद इस वक्त मुझे कोई मार डाले, तो वह जबान भी न खोलेगी। शायद मन में प्रसन्न होगी कि अच्छा हुआ। अभी कोई जा कर साहब से कह दे कि बीरबल सिंह की स्त्री जुलूस में निकली थी, तो कहीं का न रहूँ ! मिट्ठी जानती है, समझती है, फिर भी निकल खड़ी हुई। मुझसे पूछा तक नहीं। कोई फिक्र नहीं है न, जभी ये बातें सूझती हैं, यहाँ सभी बेफिक्र हैं, कालेजों और स्कूलों के लड़के, मजदूर, पेशेवर इन्हें क्या चिंता? मरन तो हम लोगों की है, जिनके बाल-बच्चे हैं और कुल-मर्यादा का ध्यान है। सब की सब मेरी तरफ कैसा घूर रही थीं, मानो खा जायँगी।

जुलूस शहर की मुख्य सड़कों से गुजरता हुआ चला जा रहा था। दोनों ओर छतों पर, छज्जों पर, जँगलों पर, वृक्षों पर दर्शकों की दीवारें-सी खड़ी थीं। बीरबल सिंह को आज उनके चेहरों पर एक नयी स्फूर्ति, एक नया उत्साह, एक नया गर्व झलकता हुआ मालूम होता था। स्फूर्ति थी वृक्षों के चेहरे पर, उत्साह युवकों के और गर्व रमणियों के। यह स्वराज्य के पथ पर चलने का उल्लास था। अब उनको यात्रा का लक्ष्य अज्ञात न था, पथभ्रष्टों की भाँति इधर-उधर भटकना न था, दलितों की भाँति सिर झुका कर रोना न था। स्वाधीनता का सुनहला शिखर सुदूर आकाश में चमक रहा था। ऐसा जान पड़ता था कि लोगों को बीच के नालों और जंगलों की परवाह नहीं है। सब उस सुनहले लक्ष्य पर पहुँचने के लिए उत्सुक हो रहे हैं।

ग्यारह बजते-बजते जुलूस नदी के किनारे जा पहुँचा, जनाजा उतारा गया और लोग शव को गंगा-स्नान कराने के लिए चले। उसके शीतल, शांत, पीले मस्तक पर लाठी की चोट साफ नजर आ रही थी। रक्त जम कर काला हो गया था। सिर के बड़े-बड़े बाल खून जम जाने से किसी चित्रकार की तूलिका की भाँति चिमट गये थे। कई हजार आदमी इस शहीद के अंतिम दर्शनों के लिए मंडल बाँध कर खड़े हो गये। बीरबल सिंह पीछे घोड़े पर सवार खड़े थे। लाठी की चोट उन्हें भी नजर आयी। उनकी आत्मा ने जोर से धिक्कारा। वह शव की ओर न ताक सके। मुँह फेर लिया। जिस मनुष्य के दर्शनों के लिए, जिनके चरणों की रज मस्तक पर लगाने के लिए लाखों आदमी विकल हो रहे हैं उसका मैंने इतना अपमान किया। उनकी आत्मा इस समय स्वीकार कर रही थी कि उस निर्दय प्रहार में कर्त्तव्य के भाव का लेश भी न था—केवल स्वार्थ था, कारगुजारी

दिखाने की हवस और अफसरों को खुश करने की लिप्सा थी। हजारों आँखें क्रोध से भरी हुई उनकी ओर देख रही थीं; पर वह सामने ताकने का साहस न कर सकते थे।

एक कांस्टेबल ने आकर प्रशंसा की—हुजूर का हाथ गहरा पड़ा था। अभी तक खोपड़ी खुली हुई है। सबकी आँखें खुल गयीं।

बीरबल ने उपेक्षा की—मैं इसे अपनी जवाँमर्दी नहीं, अपना कमीनापन समझता हूँ।

कांस्टेबल ने फिर खुशामद की—बड़ा सरकश आदमी था हुजूर !

बीरबल ने तीव्र भाव से कहा—चुप रहो ! जानते भी हो, सरकश किसे कहते हैं? सरकश वे कहलाते हैं, जो डाके मारते हैं, चोरी करते हैं, खून करते हैं। उन्हें सरकश नहीं कहते जो देश की भलाई के लिए अपनी जान हथेली पर लिये फिरते हों। हमारी बदनसीबी है कि जिनकी मदद करनी चाहिए उनका विरोध कर रहे हैं। यह घमंड करने और खुश होने की बात नहीं है, शर्म करने और रोने की बात है।

स्नान समाप्त हुआ। जुलूस यहाँ से फिर रवाना हुआ।

शव को जब खाक के नीचे सुला कर लोग लौटने लगे तो दो बज रहे थे। मिट्ठन बाई स्त्रियों के साथ-साथ कुछ दूर तक तो आयी, पर क्वीन्सपार्क में आ कर ठिठक गयी। घर जाने की इच्छा न हुई। वह जीर्ण, आहत, रक्तरंजित शव, मानो उसके अंतस्तल में बैठा उसे धिक्कार रहा था। पति से उसका मन इतना विरक्त हो गया था कि अब उसे धिक्कारने की भी उसकी इच्छा न थी। ऐसे स्वार्थी मनुष्य पर भय के सिवा और किसी चीज का असर हो सकता है, इसका उसे विश्वास ही न था।

वह बड़ी देर तक पार्क में घास पर बैठी सोचती रही, पर अपने कर्त्तव्य का कुछ निश्चय न कर सकी। मैके जा सकती थी, किन्तु वहाँ से महीने-दो महीने में फिर इसी घर आना पड़ेगा। नहीं, मैं किसी की आश्रित न बनूँगी। क्या मैं अपने गुजर-बसर को भी नहीं कमा सकती? उसने स्वयं भाँति-भाँति की कठिनाइयों की कल्पना की; पर आज उसकी आत्मा में न जाने इतना बल कहाँ से आ गया। इन कल्पनाओं को ध्यान में लाना ही उसे अपनी कमजोरी मालूम हुई।

सहसा उसे इब्राहिम अली की वृद्धा विधवा का खयाल आया। उसने सुना था, उनके लड़के-बाले नहीं हैं। बेचारी बैठी रो रही होंगी। कोई तसल्ली देने वाला भी पास न होगा। वह उनके मकान की ओर चली। पता उसने पहले ही अपने साथ की औरतों से पूछ लिया था। वह दिल में सोचती जाती थी—मैं उनसे कैसे मिलूँगी, उनसे क्या कहूँगी, उन्हें किन शब्दों में समझाऊँगी। इन्हीं विचारों में डूबी हुई वह इब्राहिम अली के घर पर पहुँच गयी। मकान एक गली में था, साफ-सुथरा; लेकिन द्वार पर हसरत बरस रही थी। उसने धड़कते हुए हृदय से अंदर कदम रखा। सामने बरामदे में एक खाट पर वह वृद्धा बैठी हुई थी, जिसके पति ने आज स्वाधीनता की वेदी पर अपना बलिदान दिया था। उसके सामने सादे कपड़े पहने एक युवक खड़ा, आँखों में आँसू भरे वृद्धा से बातें कर रहा था। मिट्ठन उस युवक को देख कर चौंक पड़ी—वह बीरबल सिंह थे।

उसने क्रोधमय आश्चर्य से पूछा—तुम यहाँ कैसे आये?

बीरबल सिंह ने कहा—उसी तरह जैसे तुम आयीं। अपने अपराध क्षमा कराने आया हूँ !

मिट्ठन के गोरे मुखड़े पर आज गर्व, उल्लास और प्रेम की जो उज्ज्वल विभूति नजर आयी, वह अकथनीय थी ! ऐसा जान पड़ा, मानो उसके जन्म-जन्मांतर के क्लेश मिट गये हैं, वह चिंता और माया के बंधनों से मुक्त हो गयी है।

❐

2 पूस की रात

मजदूर किसानों की अभिशप्त नियति को रेखांकित करती मार्मिक कहानी। साहूकार और किसान, शोषक और शोषित के सनातन सम्बन्ध को उघाड़ती कालजयी रचना।

हल्कू ने आकर स्त्री से कहा—सहना आया है, लाओ, जो रुपये रखे हैं, उसे दे दूँ, किसी तरह गला तो छूटे ।

मुन्नी झाड़ू लगा रही थी। पीछे फिरकर बोली—तीन ही तो रुपये हैं, दे दोगे तो कम्मल कहाँ से आवेगा ? माघ-पूस की रात हार में कैसे कटेगी ? उससे कह दो, फसल पर दे देंगे। अभी नहीं ।

हल्कू एक क्षण अनिश्चित दशा में खड़ा रहा । पूस सिर पर आ गया, कम्मल के बिना हार में रात को वह किसी तरह नहीं जा सकता। मगर सहना मानेगा नहीं, घुड़कियाँ जमावेगा, गालियाँ देगा। बला से जाड़ों में मरेंगे, बला तो सिर से टल जाएगी । यह सोचता हुआ वह अपना भारी-भरकम डील लिए हुए (जो उसके नाम को झूठ सिद्ध करता था) स्त्री के समीप आ गया और खुशामद करके बोला—ला दे दे, गला तो छूटे। कम्मल के लिए कोई दूसरा उपाय सोचूँगा।

मुन्नी उसके पास से दूर हट गयी और आँखें तरेरती हुई बोली—कर चुके दूसरा उपाय ! जरा सुनूँ तो कौन-सा उपाय करोगे ? कोई खैरात दे देगा कम्मल ? न जाने कितनी बाकी है, जों किसी तरह चुकने ही नहीं आती । मैं कहती हूँ, तुम क्यों नहीं खेती छोड़ देते ? मर-मर काम करो, उपज हो तो बाकी दे दो, चलो छुट्टी हुई । बाकी चुकाने के लिए ही तो हमारा जनम हुआ है । पेट के लिए मजूरी करो । ऐसी खेती से बाज आये । मैं रुपये न दूँगी, न दूँगी ।

हल्कू उदास होकर बोला—तो क्या गाली खाऊँ ?

मुन्नी ने तड़पकर कहा—गाली क्यों देगा, क्या उसका राज है ?

मगर यह कहने के साथ ही उसकी तनी हुई भौहें ढीली पड़ गयीं । हल्कू के उस वाक्य में जो कठोर सत्य था, वह मानो एक भीषण जंतु की भाँति उसे घूर रहा था ।

उसने जाकर आले पर से रुपये निकाले और लाकर हल्कू के हाथ पर रख दिये। फिर बोली—तुम छोड़ दो अबकी से खेती । मजूरी में सुख से एक रोटी तो खाने को मिलेगी । किसी की धौंस तो न रहेगी । अच्छी खेती है ! मजूरी करके लाओ, वह भी उसी में झोंक दो, उस पर धौंस ।

हल्कू ने रुपये लिये और इस तरह बाहर चला मानो अपना हृदय निकालकर देने जा रहा हो । उसने मजूरी से एक-एक पैसा काट-कपटकर तीन रुपये कम्मल के लिए जमा किये थे । वह आज निकले जा रहे थे । एक-एक पग के साथ उसका मस्तक अपनी दीनता के भार से दबा जा रहा था।

पूस की अंधेरी रात ! आकाश पर तारे भी ठिठुरते हुए मालूम होते थे। हल्कू अपने खेत के किनारे ऊख के पतों की एक छतरी के नीचे बाँस के खटोले पर अपनी पुरानी गाढ़े की चादर ओढ़े पड़ा काँप रहा था। खाट के नीचे उसका संगी कुत्ता जबरा पेट में मुँह डाले सर्दी से कूँ-कूँ कर रहा था । दो में से एक को भी नींद न आती थी ।

हल्कू ने घुटनियों को गरदन में चिपकाते हुए कहा—क्यों जबरा, जाड़ा लगता है? कहता तो था, घर में पुआल पर लेट रह, तो यहाँ क्या लेने आये थे ? अब खाओ ठंड, मैं क्या करूँ ? जानते थे, मै यहाँ हलुवा-पूरी खाने आ रहा हूँ, दौड़े-दौड़े आगे-आगे चले आये । अब रोओ नानी के नाम को ।

जबरा ने पड़े-पड़े दुम हिलायी और अपनी कूँ-कूँ को दीर्घ बनाता हुआ एक बार जम्हाई लेकर चुप हो गया। उसकी श्वान-बुद्धि ने शायद ताड़ लिया, स्वामी को मेरी कूँ-कूँ से नींद नहीं आ रही है।

हल्कू ने हाथ निकालकर जबरा की ठंडी पीठ सहलाते हुए कहा—कल से मत आना मेरे साथ, नहीं तो ठंडे हो जाओगे । यह राँड पछुआ न जाने कहाँ से बरफ लिए आ रही है । उठूँ, फिर एक चिलम भरूँ । किसी तरह रात तो कटे ! आठ चिलम तो पी चुका । यह खेती का मजा है ! और एक-एक भगवान ऐसे पड़े हैं, जिनके पास जाड़ा जाय तो गरमी से घबड़ाकर भागे। मोटे-मोटे गद्दे, लिहाफ—कम्मल । मजाल है, जाड़े का गुजर हो जाय । तकदीर की खूबी ! मजूरी हम करें, मजा दूसरे लूटें !

हल्कू उठा, गड्ढ़े में से जरा-सी आग निकालकर चिलम भरी । जबरा भी उठ बैठा ।

हल्कू ने चिलम पीते हुए कहा—पियेगा चिलम, जाड़ा तो क्या जाता है, जरा मन बदल जाता है।

जबरा ने उसके मुँह की ओर प्रेम से छलकती हुई आँखों से देखा ।

हल्कू—आज और जाड़ा खा ले । कल से मैं यहाँ पुआल बिछा दूँगा । उसी में घुसकर बैठना, तब जाड़ा न लगेगा ।

जबरा ने अपने पंजे उसकी घुटनियों पर रख दिये और उसके मुँह के पास अपना मुँह ले गया। हल्कू को उसकी गर्म साँस लगी ।

चिलम पीकर हल्कू फिर लेटा और निश्चय करके लेटा कि चाहे कुछ हो अबकी सो जाऊँगा, पर एक ही क्षण में उसके हृदय में कम्पन होने लगा । कभी इस करवट लेटता, कभी उस करवट, पर जाड़ा किसी पिशाच की भाँति उसकी छाती को दबाये हुए था ।

जब किसी तरह न रहा गया तो उसने जबरा को धीरे से उठाया और उसके सिर को थपथपाकर उसे अपनी गोद में सुला लिया । कुत्ते की देह से जाने कैसी दुर्गंध आ रही थी, पर वह उसे अपनी गोद मे चिपटाये हुए ऐसे सुख का अनुभव कर रहा था, जो इधर महीनों से उसे न मिला था । जबरा शायद यह समझ रहा था कि स्वर्ग यहीं है, और हल्कू की पवित्र आत्मा में तो उस कुत्ते के प्रति घृणा की गंध तक न थी । अपने किसी अभिन्न मित्र या भाई को भी वह इतनी ही तत्परता

से गले लगाता । वह अपनी दीनता से आहत न था, जिसने आज उसे इस दशा को पहुँचा दिया । नहीं, इस अनोखी मैत्री ने जैसे उसकी आत्मा के सब द्वार खोल दिये थे और उनका एक-एक अणु प्रकाश से चमक रहा था ।

सहसा जबरा ने किसी जानवर की आहट पायी । इस विशेष आत्मीयता ने उसमें एक नयी स्फूर्ति पैदा कर दी थी, जो हवा के ठंडे झोकों को तुच्छ समझती थी । वह झपटकर उठा और छपरी से बाहर आकर भूँकने लगा । हल्कू ने उसे कई बार चुमकारकर बुलाया, पर वह उसके पास न आया । हार में चारों तरफ दौड़-दौड़कर भूँकता रहा। एक क्षण के लिए आ भी जाता, तो तुरंत ही फिर दौड़ता । कर्तव्य उसके हृदय में अरमान की भाँति ही उछल रहा था ।

एक घंटा और गुजर गया। रात ने शीत को हवा से धधकाना शुरू किया। हल्कू उठ बैठा और दोनों घुटनों को छाती से मिलाकर सिर को उसमें छिपा लिया, फिर भी ठंड कम न हुई। ऐसा जान पड़ता था, सारा रक्त जम गया है, धमनियों में रक्त की जगह हिम बह रहा है। उसने झुककर आकाश की ओर देखा, अभी कितनी रात बाकी है ! सप्तर्षि अभी आकाश में आधे भी नहीं चढ़े । ऊपर आ जायँगे तब कहीं सबेरा होगा । अभी पहर से ऊपर रात है ।

हल्कू के खेत से कोई एक गोली के टप्पे पर आमों का एक बाग था । पतझड़ शुरू हो गयी थी । बाग में पत्तियों का ढेर लगा हुआ था । हल्कू ने सोचा, चलकर पत्तियाँ बटोरूँ और उन्हें जलाकर खूब तापूँ । रात को कोई मुझे पत्तियाँ बटोरते देख तो समझे कोई भूत है । कौन जाने, कोई जानवर ही छिपा बैठा हो, मगर अब तो बैठे नहीं रहा जाता ।

उसने पास के अरहर के खेत में जाकर कई पौधे उखाड़ लिए और उनका एक झाड़ू बनाकर हाथ में सुलगता हुआ उपला लिये बगीचे की तरफ चला । जबरा ने उसे आते देखा तो पास आया और दुम हिलाने लगा ।

हल्कू ने कहा—अब तो नहीं रहा जाता जबरू । चलो बगीचे में पत्तियाँ बटोरकर तापें । टाँठे हो जायेंगे, तो फिर आकर सोयेंगे । अभी तो बहुत रात है।

जबरा ने कूँ-कूँ करके सहमति प्रकट की और आगे-आगे बगीचे की ओर चला।

बगीचे में खूब अँधेरा छाया हुआ था और अंधकार में निर्दय पवन पत्तियों को कुचलता हुआ चला जाता था । वृक्षों से ओस की बूँदे टप-टप नीचे टपक रही थीं ।

एकाएक एक झोंका मेहँदी के फूलों की खुशबू लिए हुए आया ।

हल्कू ने कहा—कैसी अच्छी महक आई जबरू ! तुम्हारी नाक में भी तो सुगंध आ रही है ?

जबरा को कहीं जमीन पर एक हडडी पड़ी मिल गयी थी । उसे चिंचोड़ रहा था ।

हल्कू ने आग जमीन पर रख दी और पत्तियाँ बटोरने लगा । जरा देर में पत्तियों का ढेर लग गया। हाथ ठिठुरे जाते थे । नंगे पाँव गले जाते थे । और वह पत्तियों का पहाड़ खड़ा कर रहा था । इसी अलाव में वह ठंड को जलाकर भस्म कर देगा ।

थोड़ी देर में अलाव जल उठा । उसकी लौ ऊपर वाले वृक्ष की पत्तियों को छू-छूकर भागने लगी । उस अस्थिर प्रकाश में बगीचे के विशाल वृक्ष ऐसे मालूम होते थे, मानो उस अथाह अंधकार को अपने सिरों पर सँभाले हुए हों। अंधकार के उस अनंत सागर में यह प्रकाश एक नौका के समान हिलता, मचलता हुआ जान पड़ता था ।

हल्कू अलाव के सामने बैठा आग ताप रहा था । एक क्षण में उसने दोहर उताकर बगल में दबा ली, दोनों पाँव फैला दिए, मानो ठंड को ललकार रहा हो, तेरे जी में जो आये सो कर । ठंड की असीम शक्ति पर विजय पाकर वह विजय-गर्व को हृदय में छिपा न सकता था ।

उसने जबरा से कहा—क्यों जब्बर, अब ठंड नहीं लग रही है ?

जब्बर ने कूँ-कूँ करके मानो कहा—अब क्या ठंड लगती ही रहेगी ?

'पहले से यह उपाय न सूझा, नहीं इतनी ठंड क्यों खाते ।'

जब्बर ने पूँछ हिलायी ।

'अच्छा आओ, इस अलाव को कूदकर पार करें । देखें, कौन निकल जाता है। अगर जल गए बच्चा, तो मैं दवा न करूँगा ।'

जब्बर ने उस अग्निराशि की ओर कातर नेत्रों से देखा !

मुन्नी से कल न कह देना, नहीं तो लड़ाई करेगी ।

यह कहता हुआ वह उछला और उस अलाव के ऊपर से साफ निकल गया । पैरों में जरा लपट लगी, पर वह कोई बात न थी । जबरा आग के गिर्द घूमकर उसके पास आ खड़ा हुआ ।

हल्कू ने कहा—चलो-चलो इसकी सही नहीं ! ऊपर से कूदकर आओ । वह फिर कूदा और अलाव के इस पार आ गया ।

पत्तियाँ जल चुकी थीं । बगीचे में फिर अंधेरा छा गया था । राख के नीचे कुछ-कुछ आग बाकी थी, जो हवा का झोंका आ जाने पर जरा जाग उठती थी, पर एक क्षण में फिर आँखें बंद कर लेती थी !

हल्कू ने फिर चादर ओढ़ ली और गर्म राख के पास बैठा हुआ एक गीत गुनगुनाने लगा । उसके बदन में गर्मी आ गयी थी, पर ज्यों-ज्यों शीत बढ़ती जाती थी, उसे आलस्य दबाये लेता था ।

जबरा जोर से भूँककर खेत की ओर भागा । हल्कू को ऐसा मालूम हुआ कि जानवरों का एक झुंड खेत में आया है। शायद नीलगायों का झुंड था । उनके कूदने-दौड़ने की आवाजें साफ कान में आ रही थी । फिर ऐसा मालूम हुआ कि खेत में चर रहीं हैं। उनके चबाने की आवाज चर-चर सुनाई देने लगी।

उसने दिल में कहा—नहीं, जबरा के होते कोई जानवर खेत में नहीं आ सकता। नोच ही डाले। मुझे भ्रम हो रहा है। कहाँ! अब तो कुछ नहीं सुनाई देता। मुझे भी कैसा धोखा हुआ!

उसने जोर से आवाज लगायी—जबरा, जबरा।

जबरा भूँकता रहा। उसके पास न आया।

फिर खेत के चरे जाने की आहट मिली। अब वह अपने को धोखा न दे सका। उसे अपनी जगह से हिलना जहर लग रहा था। कैसा दंदाया हुआ था। इस जाड़े-पाले में खेत में जाना, जानवरों के पीछे दौड़ना असह्य जान पड़ा। वह अपनी जगह से न हिला।

उसने जोर से आवाज लगायी—लिहो-लिहो !लिहो! !

जबरा फिर भूँक उठा । जानवर खेत चर रहे थे । फसल तैयार है । कैसी अच्छी खेती थी, पर ये दुष्ट जानवर उसका सर्वनाश किये डालते हैं।

हल्कू पक्का इरादा करके उठा और दो-तीन कदम चला, पर एकाएक हवा का ऐसा ठंडा, चुभने वाला, बिच्छू के डंक का-सा झोंका लगा कि वह फिर बुझते हुए अलाव के पास आ बैठा और राख को कुरेदकर अपनी ठंडी देह को गर्माने लगा ।

जबरा अपना गला फाड़ डालता था, नीलगायें खेत का सफाया किए डालती थीं और हल्कू गर्म राख के पास शांत बैठा हुआ था । अकर्मण्यता ने रस्सियों की भाँति उसे चारों तरफ से जकड़ रखा था।

उसी राख के पास गर्म जमीन पर वह चादर ओढ़ कर सो गया ।

सबेरे जब उसकी नींद खुली, तब चारों तरफ धूप फैल गयी थी और मुन्नी कह रही थी—क्या आज सोते ही रहोगे ? तुम यहाँ आकर रम गए और उधर सारा खेत चौपट हो गया ।

हल्कू ने उठकर कहा—क्या तू खेत से होकर आ रही है ?

मुन्नी बोली—हाँ, सारे खेत का सत्यानाश हो गया । भला, ऐसा भी कोई सोता है। तुम्हारे यहाँ मड़ैया डालने से क्या हुआ ?

हल्कू ने बहाना किया—मैं मरते-मरते बचा, तुझे अपने खेत की पड़ी है। पेट में ऐसा दरद हुआ कि मै ही जानता हूँ !

दोनों फिर खेत के डाँड़ पर आये । देखा, सारा खेत रौंदा पड़ा हुआ है और जबरा मड़ैया के नीचे चित लेटा है, मानो प्राण ही न हों ।

दोनों खेत की दशा देख रहे थे । मुन्नी के मुख पर उदासी छायी थी, पर हल्कू प्रसन्न था ।

मुन्नी ने चिंतित होकर कहा—अब मजूरी करके मालगुजारी भरनी पड़ेगी।

हल्कू ने प्रसन्न मुख से कहा—रात को ठंड में यहाँ सोना तो न पड़ेगा।

❒

3 मैकू

पियक्कड़ों की समस्या पर आधारित कहानी। हृदय परिवर्तन का मनोवैज्ञानिक चित्रण। जो ताड़ी पीने गया था, वही अब तोड़-फोड़ कर ताड़ी पर रोक लगा रहा था। स्वयंसेवकों की सहिष्णुता का अंकन लाजवाब है।

कादिर और मैकू ताड़ीखाने के सामने पहुँचे, तो वहाँ कांग्रेस के वालंटियर झंडा लिये खड़े नजर आये। दरवाजे के इधर-उधर हजारों दर्शक खड़े थे। शाम का वक्त था। इस वक्त गली में पियक्कड़ों के सिवा और कोई न आता था। भले आदमी इधर से निकलते झिझकते। पियक्कड़ों की छोटी-छोटी टोलियाँ आती-जाती रहती थीं। दो-चार वेश्याएँ दूकान के सामने खड़ी नजर आती थीं। आज यह भीड़-भाड़ देखकर मैकू ने कहा—बड़ी भीड़ है बे, कोई दो-तीन सौ आदमी होंगे।

कादिर ने मुस्करा कर कहा—भीड़ देख कर डर गये क्या ? यह सब हुर्र हो जायँगे, एक भी न टिकेगा। यह लोग तमाशा देखने आये हैं, लाठियाँ खाने नहीं आये हैं।

मैकू ने संदेह के स्वर में कहा—पुलिस के सिपाही भी बैठे हैं। ठीकेदार ने तो कहा था, पुलिस न बोलेगी।

कादिर—हाँ बे, पुलिस न बोलेगी, तेरी नानी क्यों मरी जा रही है। पुलिस वहाँ बोलती है, जहाँ चार पैसे मिलते हैं या जहाँ कोई औरत का मामला होता है। ऐसी बेफजूल बातों में पुलिस नहीं पड़ती। पुलिस तो और शह दे रही है। ठीकेदार से साल में सैकड़ों रुपये मिलते हैं। पुलिस इस वक्त उसकी मदद न करेगी तो कब करेगी ?

मैकू—चलो, आज दस हमारे भी सीधे हुए। मुफ्त में पियेंगे वह अलग, मगर सुनते हैं, कांग्रेसवालों में बड़े-बड़े मालदार लोग शरीक हैं। वह कहीं हम लोगों से कसर निकालें तो बुरा होगा।

कादिर—अबे, कोई कसर-वसर नहीं निकालेगा, तेरी जान क्यों निकल रही है ? कांग्रेसवाले किसी पर हाथ नहीं उठाते, चाहे कोई उन्हें मार ही डाले। नहीं तो उस दिन जुलूस में दस-बारह चौकीदारों की मजाल थी कि दस हजार आदमियों को पीटकर रख देते। चार तो वहीं ठंडे हो गये थे, मगर एक ने हाथ नहीं उठाया। इनके जो महात्मा हैं, वह बड़े भारी फकीर हैं ! उनका हुक्म है कि चुपके से मार खा लो, लड़ाई मत करो।

यों बातें करते-करते दोनों ताड़ीखाने के द्वार पर पहुँच गये। एक स्वयंसेवक हाथ जोड़कर सामने आ गया और बोला—भाई साहब, आपके मजहब में ताड़ी हराम है।

मैकू ने बात का जवाब चाँटे से दिया। ऐसा तमाचा मारा कि स्वयंसेवक की आँखों में खून आ गया। ऐसा मालूम होता था, गिरा चाहता है। दूसरे स्वयंसेवक ने दौड़कर उसे सँभाला। पाँचों उँगलियों का रक्तमय प्रतिबिम्ब झलक रहा था।

मगर वालंटियर तमाचा खा कर भी अपने स्थान पर खड़ा रहा। मैकू ने कहा—अब हटता है कि और लेगा ?

स्वयंसेवक ने नम्रता से कहा—अगर आपकी यही इच्छा है, तो सिर सामने किये हुए हूँ। जितना चाहिए, मार लीजिए। मगर अंदर न जाइए।

यह कहता हुआ वह मैकू के सामने बैठ गया।

मैकू ने स्वयंसेवक के चेहरे पर निगाह डाली। उसकी पाँचों उँगलियों के निशान झलक रहे थे। मैकू ने इसके पहले अपनी लाठी से टूटे हुए कितने ही सिर देखे थे, पर आज की-सी ग्लानि उसे कभी न हुई थी। वह पाँचों उँगलियों के निशान किसी पंचशूल की भाँति उसके हृदय में चुभ रहे थे।

कादिर चौकीदारों के पास खड़ा सिगरेट पीने लगा। वहीं खड़े-खड़े बोला—अब, खड़ा देखता क्या है, लगा कसके एक हाथ।

मैकू ने स्वयंसेवक से कहा—तुम उठ जाओ, मुझे अंदर जाने दो।

'आप मेरी छाती पर पाँव रखकर चले जा सकते हैं।'

'मैं कहता हूँ, उठ जाओ, मैं अन्दर ताड़ी न पीऊँगा, एक दूसरा ही काम है।'

उसने यह बात कुछ इस दृढ़ता से कही कि स्वयंसेवक उठ कर रास्ते से हट गया। मैकू ने मुस्करा कर उसकी ओर ताका। स्वयंसेवक ने फिर हाथ जोड़कर कहा—अपना वादा भूल न जाना।

एक चौकीदार बोला—लात के आगे भूत भागता है, एक ही तमाचे में ठीक हो गया !

कादिर ने कहा—यह तमाचा बच्चा को जन्म-भर याद रहेगा। मैकू के तमाचे सह लेना मामूली काम नहीं है।

चौकीदार—आज ऐसा ठोंको इन सबों को कि फिर इधर आने का नाम न लें।

कादिर—खुदा ने चाहा, तो फिर इधर आयेंगे भी नहीं। मगर हैं सब बड़े हिम्मती। जान को हथेली पर लिये फिरते हैं।

मैकू भीतर पहुँचा, तो ठीकेदार ने स्वागत किया—आओ मैकू मियाँ ! एक ही तमाचा लगाकर क्यों रह गये ? एक तमाचे का भला इन पर क्या असर होगा ? बड़े लतखोर हैं सब। कितना ही पीटो, असर ही नहीं होता। बस आज सबों के हाथ-पाँव तोड़ दो; फिर इधर न आयें !

मैकू—तो क्या और न आयेंगे ?

ठीकेदार—फिर आते सबों की नानी मरेगी।

मैकू—और जो कहीं इन तमाशा देखनेवालों ने मेरे ऊपर डंडे चलाये तो !

ठीकेदार—तो पुलिस उनको मार भगायेगी। एक झड़प में मैदान साफ हो जायगा। लो, जब तक एकाध बोतल पी लो। मैं तो आज मुफ्त की पिला रहा हूँ।

मैकू—क्या इन ग्राहकों को भी मुफ्त ?

ठीकेदार—क्या करता, कोई आता ही न था। सुना कि मुफ्त मिलेगी, तो सब धँस पड़े।

मैकू—मैं तो आज न पीऊँगा।

ठीकेदार—क्यों ? तुम्हारे लिए तो आज ताजी ताड़ी मँगवायी है।

मैकू—यों ही, आज पीने की इच्छा नहीं है। लाओ, कोई लकड़ी निकालो, हाथ से मारते नहीं बनता।

ठीकेदार ने लपक कर एक मोटा सोंटा मैकू के हाथ में दे दिया, और डंडेबाजी का तमाशा देखने के लिए द्वार पर खड़ा हो गया।

मैकू ने एक क्षण डंडे को तौला, तब उछल कर ठीकेदार को ऐसा डंडा रसीद किया कि वहीं दोहरा होकर द्वार में गिर पड़ा। इसके बाद मैकू ने पियक्कड़ों की ओर रुख किया और लगा डंडों की वर्षा करने। न आगे देखता था, न पीछे, बस डंडे चलाये जाता था।

ताड़ीबाजों के नशे हिरन हुए। घबड़ा-घबड़ा कर भागने लगे, पर किवाड़ों के बीच में ठीकेदार की देह बिंधी पड़ी थी। उधर से फिर भीतर की ओर लपके। मैकू ने फिर डंडों से आवाहन किया। आखिर सब ठीकेदार की देह को रौंद-रौंद कर भागे। किसी का हाथ टूटा, किसी का सिर फूटा, किसी की कमर टूटी। ऐसी भगदड़ मची कि एक मिनट के अंदर ताड़ीखाने में एक चिड़िये का पूत भी न रह गया।

एकाएक मटकों के टूटने की आवाज आयी। स्वयंसेवक ने भीतर झाँककर देखा, तो मैकू मटकों को विध्वंस करने में जुटा हुआ था। बोला—भाई साहब, अजी भाई साहब, यह आप गजब कर रहे हैं। इससे तो कहीं अच्छा कि आपने हमारे ही ऊपर अपना गुस्सा उतारा होता।

मैकू ने दो-तीन हाथ चला कर बाकी बची हुई बोतलों और मटकों का सफाया कर दिया और तब चलते-चलते ठीकेदार को एक लात जमा कर बाहर निकल आया।

कादिर ने उसको रोक कर पूछा—तू पागल तो नहीं हो गया है बे ? क्या करने आया था, और क्या कर रहा है।

मैकू ने लाल-लाल आँखों से उसकी ओर देख कर कहा—हाँ, अल्लाह का शुक्र है कि मैं जो करने आया था, वह न करके कुछ और ही कर बैठा। तुममें कूवत हो, तो वालंटरों को मारो, मुझमें कूवत नहीं है। मैंने तो जो एक थप्पड़ लगाया, उसका रंज अभी तक है और हमेशा रहेगा ! तमाचे के निशान मेरे कलेजे पर बन गये हैं। जो लोग दूसरों को गुनाह से बचाने के लिए अपनी जान देने को खड़े हैं, उन पर वही हाथ उठायेगा, जो पाजी है, कमीना है, नामर्द है। मैकू फिसादी है, लठैत, गुंडा है, पर कमीना और नामर्द नहीं है। कह दो पुलिसवालों से, चाहें तो मुझे गिरफ्तार कर लें।

कई ताड़ीबाज खड़े सिर सहलाते हुए, उसकी ओर सहमी हुई आँखों से ताक रहे थे। कुछ बोलने की हिम्मत न पड़ती थी। मैकू ने उनकी ओर देख कर कहा—मैं कल फिर आऊँगा। अगर तुममें से किसी को यहाँ देखा तो खून ही पी जाऊँगा ! जेल और फाँसी से नहीं डरता। तुम्हारी भलमनसी इसी में है कि अब भूल कर भी इधर न आना। यह कांग्रेसवाले तुम्हारे दुश्मन नहीं हैं।

तुम्हारे और तुम्हारे बाल-बच्चों की भलाई के लिए ही तुम्हें पीने से रोकते हैं। इन पैसों से अपने बाल-बच्चों की परवरिश करो, घी-दूध खाओ। घर में तो फाके हो रहे हैं, घरवाली तुम्हारे नाम को रो रही है, और तुम यहाँ बैठे पी रह हो? लानत है इस नशेबाजी पर।

मैकू ने वहीं डंडा फेंक दिया और कदम बढ़ाता हुआ घर चला। इस वक्त तक हजारों आदमियों का हुजूम हो गया था। सभी श्रद्धा, प्रेम और गर्व की आँखों से मैकू को देख रहे थे।

❐

4 सद्गति

ब्राह्मणों के अत्याचार एवं शोषक प्रवृत्ति की रोंगटे खड़े करने वाली कहानी। दुखी चमार की व्यथा-कथा.....छुआछूत। बेगार का अधिकार। दुखी चमार का लड़खड़ा कर गिरना और स्वर्ग-सिधारना।

दुखी चमार द्वार पर झाड़ू लगा रहा था और उसकी पत्नी झुरिया, घर को गोबर से लीप रही थी। दोनों अपने-अपने काम से फुर्सत पा चुके थे, तो चमारिन ने कहा, 'तो जाके पंडित बाबा से कह आओ न। ऐसा न हो कहीं चले जायँ।'

दुखी—'हाँ जाता हूँ, लेकिन यह तो सोच, बैठेंगे किस चीज पर ?'

झुरिया—'क़हीं से खटिया न मिल जायगी ? ठकुराने से माँग लाना।'

दुखी—'तू तो कभी-कभी ऐसी बात कह देती है कि देह जल जाती है। ठकुरानेवाले मुझे खटिया देंगे ! आग तक तो घर से निकलती नहीं, खटिया देंगे ! कैथाने में जाकर एक लोटा पानी माँगूँ तो न मिले। भला खटिया कौन देगा ! हमारे उपले, सेंठे, भूसा, लकड़ी थोड़े ही हैं कि जो चाहे उठा ले जायँ। ले अपनी खटोली धोकर रख दे। गरमी के तो दिन हैं। उनके आते-आते सूख जायगी।'

झुरिया—'वह हमारी खटोली पर बैठेंगे नहीं। देखते नहीं कितने नेम-धरम से रहते हैं।'

दुखी ने जरा चिंतित होकर कहा, 'हाँ, यह बात तो है। महुए के पत्ते तोड़कर एक पत्तल बना लूँ तो ठीक हो जाय। पत्तल में बड़े-बड़े आदमी खाते हैं। वह पवित्तर है। ला तो डंडा, पत्ते तोड़ लूँ।'

झुरिया—'पत्तल मैं बना लूँगी, तुम जाओ। लेकिन हाँ, उन्हें सीधा भी तो देना होगा। अपनी थाली में रख दूँ ?'

दुखी—'क़हीं ऐसा गजब न करना, नहीं तो सीधा भी जाय और थाली भी फूटे ! बाबा थाली उठाकर पटक देंगे। उनको बड़ी जल्दी किरोध चढ़ आता है। किरोध में पंडिताइन तक को छोड़ते नहीं, लड़के को ऐसा पीटा कि आज तक टूटा हाथ लिये फिरता है। पत्तल में सीधा भी देना, हाँ। मुदा तू छूना मत।'

झूरी—' गोंड़ की लड़की को लेकर साह की दूकान से सब चीजें ले आना। सीधा भरपूर हो। सेर भर आटा, आधा सेर चावल, पाव भर दाल, आधा पाव घी, नोन, हल्दी और पत्तल में एक किनारे चार आने पैसे रख देना। गोंड़ की लड़की न मिले तो भुर्जिन के हाथ-पैर जोड़कर ले जाना। तू कुछ मत छूना, नहीं गजब हो जायगा।'

इन बातों की ताकीद करके दुखी ने लकड़ी उठाई और घास का एक बड़ा-सा गट्ठा लेकर पंडितजी से अर्ज करने चला। खाली हाथ बाबाजी की सेवा में कैसे जाता। नजराने के लिए उसके पास घास के सिवाय और क्या था। उसे खाली देखकर तो बाबा दूर ही से दुत्कारते। पं. घासीराम ईश्वर के परम भक्त थे। नींद खुलते ही ईशोपासन में लग जाते। मुँह-हाथ धोते आठ बजते, तब असली पूजा शुरू होती, जिसका पहला भाग भंग की तैयारी थी। उसके बाद आधा घण्टे तक चन्दन रगड़ते, फिर आईने के सामने एक तिनके से माथे पर तिलक लगाते। चन्दन की दो रेखाओं के बीच में लाल रोरी की बिन्दी होती थी। फिर छाती पर, बाहों पर चन्दन की गोल-गोल मुद्रिकाएं बनाते। फिर ठाकुरजी की मूर्ति निकालकर उसे नहलाते, चन्दन लगाते, फूल चढ़ाते, आरती करते, घंटी बजाते। दस बजते-बजते वह पूजन से उठते और भंग छानकर बाहर आते। तब तक दो-चार जजमान द्वार पर आ जाते ! ईशोपासन का तत्काल फल मिल जाता। वही उनकी खेती थी। आज वह पूजन-गृह से निकले, तो देखा दुखी चमार घास का एक गट्ठा लिये बैठा है। दुखी उन्हें देखते ही उठ खड़ा हुआ और उन्हें साष्टांग दंडवत् करके हाथ बाँधकर खड़ा हो गया। यह तेजस्वी मूर्ति देखकर उसका हृदय, श्रद्धा से परिपूर्ण हो गया ! कितनी दिव्य मूर्ति थी। छोटा-सा गोल-मटोल आदमी, चिकना सिर, फूले गाल, ब्रह्मतेज से प्रदीप्त आँखें। रोरी और चंदन देवताओं की प्रतिभा प्रदान कर रही थी। दुखी को देखकर श्रीमुख से बोले—'आज कैसे चला रे दुखिया ?'

दुखी ने सिर झुकाकर कहा, बिटिया की सगाई कर रहा हूँ महाराज। कुछ साइत-सगुन विचारना है। कब मर्जी होगी ?

घासी—'आज मुझे छुट्टी नहीं। हाँ साँझ तक आ जाऊँगा।'

दुखी —'नहीं महराज, जल्दी मर्जी हो जाय। सब सामान ठीक कर आया हूँ। यह घास कहाँ रख दूँ ?

घासी—'इसे गाय के सामने डाल दे और जरा झाडू लेकर द्वार तो साफ कर दे। यह बैठक भी कई दिन से लीपी नहीं गई। उसे भी गोबर से लीप दे। तब तक मैं भोजन कर लूँ। फिर जरा आराम करके चलूँगा। हाँ, यह लकड़ी भी चीर देना। खलिहान में चार खाँची भूसा पड़ा है। उसे भी उठा लाना और भुसौली में रख देना।'

दुखी फौरन हुक्म की तामील करने लगा। द्वार पर झाडू लगाई, बैठक को गोबर से लीपा। तब बारह बज गये। पंडितजी भोजन करने चले गये। दुखी ने सुबह से कुछ नहीं खाया था। उसे भी जोर की भूख लगी; पर वहाँ खाने को क्या धरा था। घर यहाँ से मील भर था। वहाँ खाने चला जाय, तो पंडितजी बिगड़ जायँ। बेचारे ने भूख दबाई और लकड़ी फाड़ने लगा। लकड़ी की मोटी-सी गाँठ थी; जिस पर पहले कितने ही भक्तों ने अपना जोर आजमा लिया था। वह उसी दम-खम के साथ लोहे से लोहा लेने के लिए तैयार थी। दुखी घास छीलकर बाजार ले जाता था। लकड़ी चीरने का उसे अभ्यास न था। घास उसके खुरपे के सामने सिर झुका देती थी। यहाँ कस-कसकर कुल्हाड़ी का भरपूर हाथ लगाता; पर उस गाँठ पर निशान तक न पड़ता था। कुल्हाड़ी उचट जाती। पसीने में तर था, हाँफता था, थककर बैठ जाता था, फिर उठता था। हाथ उठाये न उठते थे, पाँव काँप रहे थे, कमर न सीधी होती थी, आँखों तले अँधेरा हो रहा था, सिर में चक्कर आ रहे थे, तितलियाँ उड़ रही

थीं, फिर भी अपना काम किये जाता था। अगर एक चिलम तम्बाकू पीने को मिल जाती, तो शायद कुछ ताकत आती।

उसने सोचा, यहाँ चिलम और तम्बाकू कहाँ मिलेगी। बाह्मनों का पूरा है। बाह्मन लोग हम नीच जातों की तरह तम्बाकू थोड़े ही पीते हैं। सहसा उसे याद आया कि गाँव में एक गोंड़ भी रहता है। उसके यहाँ जरूर चिलम-तमाखू होगी। तुरत उसके घर दौड़ा। खैर मेहनत सुफल हुई। उसने तमाखू भी दी और चिलम भी दी; पर आग वहाँ न थी। दुखी ने कहा, आग की चिन्ता न करो भाई। मैं जाता हूँ, पंडितजी के घर से आग माँग लूँगा। वहाँ तो अभी रसोई बन रही थी। यह कहता हुआ वह दोनों चीज़ें लेकर चला आया और पंडितजी के घर में बरौठे के द्वार पर खड़ा होकर बोला, 'मालिक, रचिके आग मिल जाय, तो चिलम पी लें।'

पंडितजी भोजन कर रहे थे। पंडिताइन ने पूछा, 'यह कौन आदमी आग माँग रहा है ?'

पंडित—'अरे वही ससुरा दुखिया चमार है। कहा, है थोड़ी-सी लकड़ी चीर दे। आग तो है, दे दो।'

पंडिताइन ने भँवें चढ़ाकर कहा, 'तुम्हें तो जैसे पोथी-पत्रों के फेर में धरम-करम किसी बात की सुधि ही नहीं रही। चमार हो, धोबी हो, पासी हो, मुँह उठाये घर में चला आये। हिन्दू का घर न हुआ, कोई सराय हुई। कह दो दाढ़ीजार से चला जाय, नहीं तो इस लुआठे से मुँह झुलस दूँगी। आग माँगने चले हैं।'

पंडितजी ने उन्हें समझाकर कहा, 'भीतर आ गया, तो क्या हुआ। तुम्हारी कोई चीज तो नहीं छुई। धरती पवित्र है। जरा-सी आग दे क्यों नहीं देती, काम तो हमारा ही कर रहा है। कोई लोनिया यही लकड़ी फाड़ता, तो कम-से-कम चार आने लेता।'

पंडिताइन ने गरजकर कहा, 'वह घर में आया क्यों !'

पंडित ने हारकर कहा, 'ससुरे का अभाग था और क्या !'

पंडिताइन—'अच्छा, इस बखत तो आग दिये देती हूँ, लेकिन फिर जो इस तरह घर में आयेगा, तो उसका मुँह ही जला दूँगी।'

दुखी के कानों में इन बातों की भनक पड़ रही थी। पछता रहा था, नाहक आया। सच तो कहती हैं। पंडित के घर में चमार कैसे चला आये। बड़े पवित्तर होते हैं यह लोग, तभी तो संसार पूजता है, तभी तो इतना मान है। भर-चमार थोड़े ही हैं। इसी गाँव में बूढ़ा हो गया; मगर मुझे इतनी अकल भी न आई। इसलिए जब पंडिताइन आग लेकर निकलीं, तो वह मानो स्वर्ग का वरदान पा गया। दोनों हाथ जोड़कर जमीन पर माथा टेकता हुआ बोला, 'पड़ाइन माता, मुझसे बड़ी भूल हुई कि घर में चला आया। चमार की अकल ही तो ठहरी। इतने मूरख न होते, तो लात क्यों खाते।'

पंडिताइन चिमटे से पकड़कर आग लाई थीं। पाँच हाथ की दूरी से घूँघट की आड़ से दुखी की तरफ आग फेंकी। आग की बड़ी-सी चिनगारी दुखी के सिर पर पड़ गयी। जल्दी से पीछे हटकर सिर के झोटे देने लगा। उसने मन में कहा, यह एक पवित्तर बाह्मन के घर को अपवित्तर करने का फल है। भगवान ने कितनी जल्दी फल दे दिया। इसी से तो संसार पंडितों से डरता है। और सबके

रुपये मारे जाते हैं बाह्मन के रुपये भला कोई मार तो ले ! घर भर का सत्यानाश हो जाय, पाँव गल-गलकर गिरने लगे। बाहर आकर उसने चिलम पी और फिर कुल्हाड़ी लेकर जुट गया। खट-खट की आवाजें आने लगीं। उस पर आग पड़ गई, तो पंडिताइन को उस पर कुछ दया आ गई। पंडितजी भोजन करके उठे, तो बोलीं—'इस चमरवा को भी कुछ खाने को दे दो, बेचारा कब से काम कर रहा है। भूखा होगा।'

पंडितजी ने इस प्रस्ताव को व्यावहारिक क्षेत्र से दूर समझकर पूछा, 'रोटियाँ हैं ?'

पंडिताइन—'दो-चार बच जायँगी।'

पंडित—'दो-चार रोटियों में क्या होगा ? चमार है, कम से कम सेर भर चढ़ा जायगा।'

पंडिताइन कानों पर हाथ रखकर बोलीं, 'अरे बाप रे ! सेर भर ! तो फिर रहने दो।'

पंडितजी ने अब शेर बनकर कहा, 'क़ुछ भूसी-चोकर हो तो आटे में मिलाकर दो ठो लिट्टा ठोंक दो। साले का पेट भर जायगा। पतली रोटियों से इन नीचों का पेट नहीं भरता। इन्हें तो जुआर का लिट्टा चाहिए।'

पंडिताइन ने कहा, 'अब जाने भी दो, धूप में कौन मरे।'

दुखी ने चिलम पीकर फिर कुल्हाड़ी सँभाली। दम लेने से जरा हाथों में ताकत आ गई थी। कोई आधा घण्टे तक फिर कुल्हाड़ी चलाता रहा। फिर बेदम होकर वहीं सिर पकड़ के बैठ गया। इतने में वही गोंड़ आ गया। बोला, 'क्यों जान देते हो बूढ़े दादा, तुम्हारे फाड़े यह गाँठ न फटेगी। नाहक हलकान होते हो।'

दुखी ने माथे का पसीना पोंछकर कहा, 'अभी गाड़ी भर भूसा ढोना है भाई!'

गोंड़—'क़ुछ खाने को मिला कि काम ही कराना जानते हैं। जाके माँगते क्यों नहीं ?'

दुखी—'क़ैसी बात करते हो चिखुरी, बाह्मन की रोटी हमको पचेगी !'

गोंड़—'पचने को पच जायगी, पहले मिले तो। मूँछों पर ताव देकर भोजन किया और आराम से सोये, तुम्हें लकड़ी फाड़ने का हुक्म लगा दिया। जमींदार भी कुछ खाने को देता है। हाकिम भी बेगार लेता है, तो थोड़ी बहुत मजूरी देता है। यह उनसे भी बढ़ गये, उस पर धर्मात्मा बनते हैं।'

दुखी—'धीरे-धीरे बोलो भाई, कहीं सुन लें तो आफत आ जाय।'

यह कहकर दुखी फिर सँभल पड़ा और कुल्हाड़ी की चोट मारने लगा। चिखुरी को उस पर दया आई। आकर कुल्हाड़ी उसके हाथ से छीन ली और कोई आधा घंटे खूब कस-कसकर कुल्हाड़ी चलाई; पर गाँठ में एक दरार भी न पड़ी। तब उसने कुल्हाड़ी फेंक दी और यह कहकर चला गया तुम्हारे फाड़े यह न फटेगी, जान भले निकल जाय।'

दुखी सोचने लगा, बाबा ने यह गाँठ कहाँ रख छोड़ी थी कि फाड़े नहीं फटती। कहीं दरार तक तो नहीं पड़ती। मैं कब तक इसे चीरता रहूँगा। अभी घर पर सौ काम पड़े हैं। कार-परोजन का घर है, एक-न-एक चीज घटी ही रहती है; पर इन्हें इसकी क्या चिंता। चलूँ जब तक भूसा ही उठा लाऊँ। कह दूँगा, बाबा, आज तो लकड़ी नहीं फटी, कल आकर फाड़ दूँगा। उसने झौवा उठाया

और भूसा ढोने लगा। खलिहान यहाँ से दो फरलांग से कम न था। अगर झौवा खूब भर-भर कर लाता तो काम जल्द खत्म हो जाता; फिर झौवे को उठाता कौन। अकेले भरा हुआ झौवा उससे न उठ सकता था। इसलिए थोड़ा-थोड़ा लाता था। चार बजे कहीं भूसा खत्म हुआ। पंडितजी की नींद भी खुली। मुँह-हाथ धोया, पान खाया और बाहर निकले। देखा, तो दुखी झौवा सिर पर रखे सो रहा है। जोर से बोले–'अरे, दुखिया तू सो रहा है ? लकड़ी तो अभी ज्यों की त्यों पड़ी हुई है। इतनी देर तू करता क्या रहा ? मुट्ठी भर भूसा ढोने में संझा कर दी ! उस पर सो रहा है। उठा ले कुल्हाड़ी और लकड़ी फाड़ डाल। तुझसे जरा-सी लकड़ी नहीं फटती। फिर साइत भी वैसी ही निकलेगी, मुझे दोष मत देना ! इसी से कहा, है कि नीच के घर में खाने को हुआ और उसकी आँख बदली।'

दुखी ने फिर कुल्हाड़ी उठाई। जो बातें पहले से सोच रखी थीं, वह सब भूल गईं। पेट पीठ में धंसा जाता था, आज सबेरे जलपान तक न किया था। अवकाश ही न मिला। उठना ही पहाड़ मालूम होता था। जी डूबा जाता था, पर दिल को समझाकर उठा। पंडित हैं, कहीं साइत ठीक न विचारें, तो फिर सत्यानाश ही हो जाय। जभी तो संसार में इतना मान है। साइत ही का तो सब खेल है। जिसे चाहे बिगाड़ दें। पंडितजी गाँठ के पास आकर खड़े हो गये और बढ़ावा देने लगे हाँ, मार कसके, और मार क़सके मार अबे जोर से मार तेरे हाथ में तो जैसे दम ही नहीं है। लगा कसके, खड़ा सोचने क्या लगता है ? हाँ बस फटा ही चाहती है ! दे उसी दरार में ! दुखी अपने होश में न था। न-जाने कौन-सी गुप्तशक्ति उसके हाथों को चला रही थी। वह थकान, भूख, कमजोरी सब मानो भाग गई। उसे अपने बाहुबल पर स्वयं आश्चर्य हो रहा था। एक-एक चोट वज्र की तरह पड़ती थी। आधा घण्टे तक वह इसी उन्माद की दशा में हाथ चलाता रहा, यहाँ तक कि लकड़ी बीच से फट गई और दुखी के हाथ से कुल्हाड़ी छूटकर गिर पड़ी। इसके साथ वह भी चक्कर खाकर गिर पड़ा। भूखा, प्यासा, थका हुआ शरीर जवाब दे गया।

पंडितजी ने पुकारा, 'उठके दो-चार हाथ और लगा दे। पतली-पतली चैलियाँ हो जायँ। दुखी न उठा। पंडितजी ने अब उसे दिक करना उचित न समझा। भीतर जाकर बूटी छानी, शौच गये, स्नान किया और पंडिताई बाना पहनकर बाहर निकले ! दुखी अभी तक वहीं पड़ा हुआ था। जोर से पुकारा–'अरे क्या पड़े ही रहोगे दुखी, चलो तुम्हारे ही घर चल रहा हूँ। सब सामान ठीक-ठीक है न ? दुखी फिर भी न उठा।'

अब पंडितजी को कुछ शंका हुई। पास जाकर देखा, तो दुखी अकड़ा पड़ा हुआ था। बदहवास होकर भागे और पंडिताइन से बोले, 'दुखिया तो जैसे मर गया।'

पंडिताइन हकबकाकर बोलीं–'वह तो अभी लकड़ी चीर रहा था न ?'

पंडित–'हाँ लकड़ी चीरते-चीरते मर गया। अब क्या होगा ?'

पंडिताइन ने शान्त होकर कहा, 'होगा क्या, चमरौने में कहला भेजो मुर्दा उठा ले जायँ।'

एक क्षण में गाँव भर में खबर हो गई। पूरे में ब्राह्मनों की ही बस्ती थी। केवल एक घर गोंड़ का था। लोगों ने इधर का रास्ता छोड़ दिया। कुएँ का रास्ता उधर ही से था, पानी कैसे भरा जाय ! चमार की लाश के पास से होकर पानी भरने कौन जाय। एक बुढ़िया ने पण्डितजी से कहा, अब

मुर्दा फेंकवाते क्यों नहीं ? कोई गाँव में पानी पीयेगा या नहीं। इधर गोंड़ ने चमरौने में जाकर सबसे कह दिया ख़बरदार, मुर्दा उठाने मत जाना। अभी पुलिस की तहकीकात होगी। दिल्लगी है कि एक गरीब की जान ले ली। पंडितजी होंगे, तो अपने घर के होंगे। लाश उठाओगे तो तुम भी पकड़े जाओगे। इसके बाद ही पंडितजी पहुँचे; पर चमरौने का कोई आदमी लाश उठा लाने को तैयार न हुआ, हाँ दुखी की स्त्री और कन्या दोनों हाय-हाय करती वहाँ चलीं और पंडितजी के द्वार पर आकर सिर पीट-पीटकर रोने लगीं। उनके साथ दस-पाँच और चमारिनें थीं। कोई रोती थी, कोई समझाती थी, पर चमार एक भी न था। पण्डितजी ने चमारों को बहुत धमकाया, समझाया, मिन्नत की; पर चमारों के दिल पर पुलिस का रोब छाया हुआ था, एक भी न मिनका। आखिर निराश होकर लौट आये।

आधी रात तक रोना-पीटना जारी रहा। देवताओं का सोना मुश्किल हो गया। पर लाश उठाने कोई चमार न आया और ब्राह्मन चमार की लाश कैसे उठाते ! भला ऐसा किसी शास्त्र-पुराण में लिखा है ? कहीं कोई दिखा दे। पंडिताइन ने झुँझलाकर कहा, 'इन डाइनों ने तो खोपड़ी चाट डाली। सभों का गला भी नहीं पकता। पंडित ने कहा, रोने दो चुड़ैलों को, कब तक रोयेंगी। जीता था, तो कोई बात न पूछता था। मर गया, तो कोलाहल मचाने के लिए सब की सब आ पहुँचीं।'

पंडिताइन—'चमार का रोना मनहूस है।'

पंडित—'हाँ, बहुत मनहूस।'

पंडिताइन—'अभी से दुर्गन्ध उठने लगी।'

पंडित—'चमार था ससुरा कि नहीं। साध-असाध किसी का विचार है इन सबों को।'

पंडिताइन—'इन सबों को घिन भी नहीं लगती।'

पंडित—' भ्रष्ट हैं सब।'

रात तो किसी तरह कटी; मगर सबेरे भी कोई चमार न आया। चमारिनें भी रो-पीटकर चली गईं। दुर्गन्ध कुछ-कुछ फैलने लगी। पंडितजी ने एक रस्सी निकाली। उसका फन्दा बनाकर मुरदे के पैर में डाला और फन्दे को खींचकर कस दिया। अभी कुछ-कुछ धुँधलका था। पंडितजी ने रस्सी पकड़कर लाश को घसीटना शुरू किया और गाँव के बाहर घसीट ले गये। वहाँ से आकर तुरन्त स्नान किया, दुर्गापाठ पढ़ा और घर में गंगाजल छिड़का।

उधर दुखी की लाश को खेत में गीदड़ और गिद्ध, कुत्ते और कौए नोच रहे थे। यही जीवन-पर्यन्त की भक्ति, सेवा और निष्ठा का पुरस्कार था।

❐

5 तावान

स्वदेशी आन्दोलन में विलायती कपड़ा बेचने के कारण छकौड़ीलाल को तावान (जुर्माना) देना पड़ता है परन्तु गरीब आदमी तावान चुकाने के लिए भी महाजन से उधार लेता है। गरीब आदमी निरंतर पिसता ही रहता है।

छकौड़ीलाल ने दुकान खोली और कपड़े के थानों को निकाल-निकाल रखने लगा कि एक महिला, दो स्वयंसेवकों के साथ उसकी दुकान छेकने आ पहुँची। छकौड़ी के प्राण निकल गये।

महिला ने तिरस्कार करके कहा—क्यों लाला तुमने सील तोड़ डाली न ? अच्छी बात है, देखें तुम कैसे एक गिरह कपड़ा भी बेच लेते हो! भले आदमी, तुम्हें शर्म नहीं आती कि देश में यह संग्राम छिड़ा हुआ है और तुम विलायती कपड़ा बेच रहे हो, डूब मरना चाहिए। औरतें तक घरों से निकल पड़ी हैं, फिर भी तुम्हें लज्ज्ञा नहीं आती! तुम जैसे कायर देश में न होते तो उसकी यह अधोगति न होती!

छकौड़ी ने वास्तव में कल काँग्रेस की सील तोड़ डाली थी। यह तिरस्कार सुनकर उसने सिर नीचा कर लिया। उसके पास कोई सफाई न थी; कोई जवाब न था। उसकी दुकान बहुत छोटी थी। लेहने पर कपड़े लाकर बेचा करता था। यही जीविका थी, इसी पर वृद्धा माता, रोगिणी स्त्री और पाँच बेटे-बेटियों का निर्वाह होता था। जब स्वराज्य-संग्राम छिड़ा और सभी बजाज विलायती कपड़ों पर मुहरें लगवाने लगे, तो उसने भी मुहर लगवा ली। दस-पाँच थान स्वदेशी कपड़ों के उधार लाकर दुकान पर रख लिये; पर कपड़ों का मेल न था; इसलिए बिक्री कम होती थी। कोई भूला-भटका गाहक आ जाता, तो रुपया-आठ आने की बिक्री हो जाती। दिन भर दुकान में तपस्या-सी करके पहर रात को घर लौट जाता था। गृहस्थी का खर्च इस बिक्री में क्या चलता। कुछ दिन कर्ज-वर्ज लेकर काम चलाया, फिर गहने बेचने की नौबत आयी। यहाँ तक कि अब घरों में कोई ऐसी चीज न बची, जिससे दो-चार महीने पेट का भूत सिर से टल जाता। उधर स्त्री का रोग असाध्य होता जाता था। बिना किसी कुशल डाक्टर को दिखाये काम न चल सकता था। इसी चिंता में डूब-उतरा रहा था कि विलायती कपड़े का एक गाहक मिल गया, जो एकमुश्त दस रुपये का माल लेना चाहता था। इस प्रलोभन को वह न रोक सका।

स्त्री ने सुना, तो कानों पर हाथ रखकर बोली—मैं मुहर तोड़ने को कभी न कहूँगी। डाक्टर तो कुछ अमृत पिला न देगा। तुम नक्कू क्यों बनो। बचना होगा बच जाऊँगी, मरना होगा मर जाऊँगी, बेआबरुई तो न होगी। मैं जीकर ही घर का क्या उपकार कर रही हूँ। और सबको दिक कर रही हूँ। देश को स्वराज्य मिले लोग सुखी हों, बला से मैं मर जाऊँगी! हजारों आदमी जेल जा रहे हैं, कितने घर तबाह हो गये, तो क्या सबसे ज्यादा प्यारी मेरी ही जान है ?

पर छकौड़ी इतना पक्का न था। अपना बस चलते वह स्त्री को भाग्य के भरोसे न छोड़ सकता था। उसने चुपके से मुहर तोड़ डाली और लागत के दामों दस रुपये के कपड़े बेच लिये।

अब डाक्टर को कैसे ले जाय। स्त्री से क्या परदा रखता। उसने जाकर साफ-साफ सारा वृत्तांत कह सुनाया और डाक्टर को बुलाने चला।

स्त्री ने उसका हाथ पकड़कर कहा—मुझे डाक्टर की जरूरत नहीं। अगर तुमने जिद की, तो मैं दवा की तरफ आँख भी न उठाऊँगी।

छकौड़ी और उसकी माँ ने रोगिणी को बहुत समझाया, पर वह डाक्टर को बुलाने पर राजी न हुई। छकौड़ी ने दसों रुपये उठाकर घर-कुइयाँ में फेंक दिये और बिना कुछ खाये-पीये, किस्मत को रोता-झींकता दुकान पर चला आया। उसी वक्त पिकेट करने वाले आ पहुँचे और उसे फटकारना शुरू कर दिया। पड़ोस के दुकानदार ने काँग्रेस कमेटी में जाकर चुगली खाई थी।

छकौड़ी ने महिला के लिए अंदर से लोहे की एक टूटी, बेरंग कुरसी निकाली और लपककर उनके लिए पान लाया। जब वह पान खाकर कुरसी पर बैठीं, तो उसने अपने अपराध के लिए क्षमा माँगी! बोला 'बहनजी, बेशक मुझसे यह अपराध हुआ है; लेकिन मैंने मजबूर होकर मुहर तोड़ी। अबकी मुझे मुआफी दीजिए। फिर ऐसी खता न होगी।

देशसेविका ने थानेदारों के रोब के साथ कहा—यों अपराध क्षमा नहीं हो सकता। तुम्हें इसका तावान देना पड़ेगा। तुमने काँग्रेस के साथ विश्वासघात किया है और इसका तुम्हें दंड मिलेगा। आज ही बायकाट-कमेटी में यह मामला पेश होगा।

छकौड़ी बहुत ही विनीत, बहुत ही सहिष्णु था; लेकिन चिंताग्नि में तपकर उसका हृदय उस दशा को पहुँच गया था, जब एक चोट भी चिनगारियाँ पैदा करती है। तिनककर बोला—तावान तो मैं न दे सकता हूँ, न दूँगा। हाँ, दुकान भले ही बंद कर दूँ। और दुकान भी क्यों बंद करूँ, अपना माल है, जिस जगह चाहूँ, बेच सकता हूँ। अभी जाकर थाने में लिखा दूँ, तो बायकाट कमेटी को भागने की राह न मिले। जितना ही दबता हूँ; उतना ही आप लोग दबाती हैं।

महिला ने सत्याग्रह-शक्ति के प्रदर्शन का अवसर पाकर कहा—हाँ, जरूर पुलिस में रपट करो। मैं तो चाहती हूँ, तुम रपट करो। तुम उन लोगों को यह धमकी दे रहे हो, जो तुम्हारे ही लिए अपने प्राणों का बलिदान कर रहे हैं। तुम इतने स्वार्थांध हो कि अपने स्वार्थ के लिए देश का अहित करते तुम्हें लज्जा नहीं आती ? उस पर मुझे पुलिस की धमकी देते हो! बायकाट-कमेटी जाय या रहे; पर तुम्हें तावान देना पड़ेगा; अन्यथा दुकान बंद करनी पड़ेगी।

यह कहते-कहते महिला का चेहरा गर्व से तेजवान हो गया। कई आदमी जमा हो गये और सब-के-सब छकौड़ी को बुरा-भला कहने लगे। छकौड़ी को भी मालूम हो गया कि पुलिस की धमकी देकर उसने बहुत बड़ा अविवेक किया है। लज्जा और अपमान से उसकी गरदन झुक गयी और मुँह जरा-सा निकल आया। फिर उसने गरदन नहीं उठाई।

सारा दिन गुजर गया और धेले की बिक्री न हुई। आखिर हारकर उसने दुकान बंद कर दी और घर चला आया।

दूसरे दिन प्रात:काल बायकाट-कमेटी ने एक स्वयंसेवक द्वारा उसे सूचना दे दी कि कमेटी ने उसे 101/—का दंड दिया है।

छकौड़ी इतना जानता था कि काँग्रेस की शक्ति के सामने वह सर्वथा अशक्त है। उसकी जबान से जो धमकी निकल गयी, उस पर उसे घोर पश्चात्ताप हुआ; लेकिन तीर कमान से निकल चुका था। दुकान खोलना व्यर्थ था। वह जानता था, उसकी धेले की भी बिक्री न होगी। 101/—देना उसके बूते से बाहर की बात थी! दो-तीन दिन चुपचाप बैठा रहा। एक दिन रात को दुकान खोलकर सारी गाँठें घर उठा लाया और चुपके-चुपके बेचने लगा। पैसे की चीज धेले में लुटा रहा था और वह भी उधार! जीने के लिए कुछ आधार तो चाहिए!

मगर उसकी यह चाल भी काँग्रेस से छिपी न रही। चौथे ही दिन गोइंदों ने काँग्रेस को खबर पहुँचा दी। उसी दिन तीसरे पहर छकौड़ी के घर की पिकेटिंग शुरू हो गयी। अबकी सिर्फ पिकेटिंग शुरू न थी, स्यापा भी था। पाँच-छ: स्वयंसेविकाएँ और इतने ही स्वयंसेवक द्वार पर स्यापा करने लगे।

छकौड़ी आँगन में सिर झुकाये खड़ा था। कुछ अक्ल काम न करती थी, इस विपत्ति को कैसे टाले। रोगिणी स्त्री सायबान में लेटी हुई थी, वृद्धा माता उसके सिरहाने बैठी पंखा झल रही थी और बच्चे बाहर स्यापे का आनंद उठा रहे थे।

स्त्री ने कहा—इन सबसे पूछते नहीं, खायें क्या ?

छकौड़ी बोला—किससे पूछूँ, जब कोई सुने भी!

'जाकर काँग्रेसवालों से कहो, हमारे लिए कुछ इंतजाम कर दें, हम अभी कपड़े को जला देंगे। ज्यादा नहीं, 25/—महीना दे दें।'

'वहाँ भी कोई न सुनेगा।'

'तुम जाओगे भी, या यहीं से कानून बघारने लगे ?'

'क्या जाऊँ, उलटे और लोग हँसी उड़ायेंगे। यहाँ तो जिसने दुकान खोली, उसे दुनिया लखपती ही समझने लगती है।'

'तो खड़े-खड़े ये गालियाँ सुनते रहोगे ?'

'तुम्हारे कहने से चला जाऊँ; मगर वहाँ ठिठोली के सिवा और कुछ न होगा।'

'हाँ, मेरे कहने से जाओ। जब कोई न सुनेगा, तो हम भी कोई और राह निकालेंगे।'

छकौड़ी ने मुँह लटकाये कुरता पहना और इस तरह काँग्रेस-दफ्तर चला, जैसे कोई मरणासन्न रोगी को देखने के लिए वैद्य को बुलाने जाता है।

काँग्रेस-कमेटी के प्रधान ने परिचय के बाद पूछा—तुम्हारे ही ऊपर तो बायकाट-कमेटी ने 101/—का तावान लगाया है ?'

'जी हाँ!'

'तो रुपया कब दोगे ?'

'मुझमें तावान देने की सामर्थ्य नहीं है। आपसे मैं सत्य कहता हूँ, मेरे घर में दो दिन से चूल्हा नहीं जला। घर की जो जमा-जथा थी, वह सब बेचकर खा गया। अब आपने तावान लगा दिया, दुकान बंद करनी पड़ी। घर पर कुछ माल बेचने लगा। वहाँ स्यापा बैठ गया। अगर आपकी यही इच्छा हो कि हम सब दाने बगैर मर जायँ, तो मार डालिये, और मुझे कुछ नहीं कहना है।'

छकौड़ी जो बात कहने घर से चला था, वह उसके मुँह से न निकली। उसने देख लिया कि यहाँ कोई उस पर विचार करनेवाला नहीं है।

प्रधान जी ने गम्भीर भाव से कहा—तावान तो देना ही पड़ेगा। अगर तुम्हें छोड़ दूँ, तो इसी तरह और लोग भी करेंगे। फिर विलायती कपड़े की रोकथाम कैसे होगी ?

'मैं आपसे जो कह रहा हूँ, उस पर आपको विश्वास नहीं आता ?'

'मैं जानता हूँ, तुम मालदार आदमी हो।'

'मेरे घर की तलाशी ले लीजिए।'

'मैं इन चकमों में नहीं आता।'

छकौड़ी ने उद्दंड होकर कहा—तो यह कहिए कि आप देश-सेवा नहीं कर रहे हैं, गरीबों का खून चूस रहे हैं! पुलिसवाले कानूनी पहलू से लेते हैं, आप गैरकानूनी पहलू से लेते हैं। नतीजा एक है। आप भी अपमान करते हैं, वह भी अपमान करते हैं। मैं कसम खा रहा हूँ कि मेरे घर में खाने के लिए दाना नहीं है, मेरी स्त्री खाट पर पड़ी-पड़ी मर रही है। फिर भी आपको विश्वास नहीं आता। आप मुझे काँग्रेस का काम करने के लिए नौकर रख लीजिए। 25/—महीने दीजिएगा। इससे ज्यादा अपनी गरीबी का और क्या प्रमाण दूँ। अगर मेरा काम संतोष के लायक न हो, तो एक महीने के बाद मुझे निकाल दीजिएगा। यह समझ लीजिए कि जब मैं आपकी गुलामी करने को तैयार हुआ हूँ, तो इसीलिए कि मुझे दूसरा कोई आधार नहीं है। हम व्यापारी लोग; अपना बस चलते, किसी की चाकरी नहीं करते। जमाना बिगड़ा हुआ है, नहीं 101/—के लिए इतना हाथ-पाँव न जोड़ता।

प्रधान जी हँसकर बोले—यह तो तुमने नयी चाल चली!

'चाल नहीं चल रहा हूँ, अपनी विपत्ति-कथा कह रहा हूँ।'

'काँग्रेस के पास इतने रुपये नहीं हैं कि वह मोटों को खिलाती फिरे।'

'अब भी आप मुझे मोटा कहे जायेंगे ?'

'तुम मोटे हो ही!'

'मुझ पर जरा भी दया न कीजिएगा ?'

प्रधान ज्यादा गहराई से बोले—छकौड़ीलालजी, मुझे पहले तो इसका विश्वास नहीं आता कि आपकी हालत इतनी खराब है और अगर विश्वास आ भी जाय, तो भी मैं कुछ कर नहीं सकता। इतने महान् आंदोलन में कितने ही घर तबाह हुए और होंगे। हम लोग सभी तबाह हो रहे हैं। आप समझते हैं; हमारे सिर कितनी बड़ी जिम्मेदारी है। आपका तावान मुआफ कर दिया जाय, तो कल

ही आपके बीसियों भाई अपनी मुहरें तोड़ डालेंगे और हम उन्हें किसी तरह कायल न कर सकेंगे। आप गरीब हैं, लेकिन आपके सभी भाई तो गरीब नहीं हैं। तब तो सभी अपनी गरीबी के प्रमाण देने लगेंगे। मैं किस-किस की तलाशी लेता फिरूँगा। इसलिए जाइए, किसी तरह रुपये का प्रबंध कीजिए और दुकान खोलकर कारोबार कीजिए। ईश्वर चाहेगा, तो वह दिन भी आयेगा जब आपका नुकसान पूरा होगा।

छकौड़ी घर पहुँचा तो अंधेरा हो गया था। अभी तक उसके द्वार पर स्यापा हो रहा था। घर में जाकर स्त्री से बोला आखिर वही हुआ, जो मैं कहता था। प्रधानजी को मेरी बातों पर विश्वास ही नहीं आया।

स्त्री का मुरझाया हुआ बदन उत्तेजित हो उठा। उठ खड़ी हुई और बोली—अच्छी बात है, हम उन्हें विश्वास दिला देंगे। मैं अब काँग्रेस दफ्तर के सामने ही मरूँगी। मेरे बच्चे उसी दफ्तर के सामने विकल हो-होकर तड़पेंगे। काँग्रेस हमारे साथ सत्याग्रह करती है, तो हम भी उसके साथ सत्याग्रह करके दिखा दें। मैं इसी मरी हुई दशा में भी काँग्रेस को तोड़ डालूँगी। जो अभी इतने निर्दयी हैं, वह कुछ अधिकार हो जाने पर न्याय करेंगे ? एक इक्का बुला लो, खाट की जरूरत नहीं। वहीं सड़क किनारे मेरी जान निकलेगी। जनता ही के बल पर तो वह कूद रहे हैं। मैं दिखा दूँगी, जनता तुम्हारे साथ नहीं, मेरे साथ है।

इस अग्निकुंड के सामने छकौड़ी की गर्मी शांत हो गयी। काँग्रेस के साथ इस रूप में सत्याग्रह करने की कल्पना ही से वह काँप उठा। सारे शहर में हलचल पड़ जायेगी। हजारों आदमी आकर यह दशा देखेंगे। सम्भव है, कोई हंगामा ही हो जाय। यह सभी बातें इतनी भयंकर थीं कि छकौड़ी का मन कातर हो गया। उसने स्त्री को शांत करने की चेष्टा करते हुए कहा, इस तरह चलना उचित नहीं हैं अंबे! मैं एक बार प्रधान जी से फिर मिलूँगा। अब रात हुई, स्यापा भी बंद हो जायगा। कल देखी जायेगी। अभी तो तुमने पथ्य भी नहीं लिया। प्रधानजी बेचारे बड़े असमंजस में पड़े हुए हैं। कहते हैं, अगर आपके साथ रियायत करूँ, तो फिर कोई शासन ही न रह जायगा। मोटे-मोटे आदमी भी मुहरें तोड़ डालेंगे और जब कुछ कहा, जायगा, तो आपकी नजीर पेश कर देंगे।

अंबा एक क्षण अनिश्चित दशा में खड़ी छकौड़ी का मुँह देखती रही, फिर धीरे से खाट पर बैठ गयी। उसकी उत्तेजना गहरे विचार में लीन हो गयी। काँग्रेस की और अपनी जिम्मेदारी का खयाल आ गया। प्रधान जी के कथन में कितना सत्य था; यह उससे छिपा न रहा।

उसने छकौड़ी से कहा—तुमने आकर यह बात न कही थी।

छकौड़ी बोला—उस वक्त मुझे इसकी याद न थी।

'यह प्रधान जी ने कहा है, या तुम अपनी तरफ से मिला रहे हो ?'

'नहीं, उन्होंने खुद कहा, मैं अपनी तरफ से क्यों मिलाता ?'

'बात तो उन्होंने ठीक ही कही!'

'हम तो मिट जायेंगे!'

'हम तो यों ही मिटे हुए हैं!'

'रुपये कहाँ से आवेंगे। भोजन के लिए तो ठिकाना ही नहीं, दंड कहाँ से दें?'

'और कुछ नहीं है; घर तो है। इसे रेहन रख दो। और अब विलायती कपड़े भूलकर भी न बेचना। सड़ जायें, कोई परवाह नहीं। तुमने सील तोड़कर यह आफत सिर ली। मेरी दवा-दारू की चिंता न करो। ईश्वर की जो इच्छा होगी, वह होगा। बाल-बच्चे भूखों मरते हैं, मरने दो। देश में करोड़ों आदमी ऐसे हैं, जिनकी दशा हमारी दशा से भी खराब है। हम न रहेंगे, देश तो सुखी होगा।'

छकौड़ी जानता था, अंबा जो कहती है, वह करके रहती है, कोई उज्र नहीं सुनती। वह सिर झुकाये, अंबा पर झुंझलाता हुआ घर से निकलकर महाजन के घर की ओर चला।

❐

6 दो बैलों की कथा

पशुओं में भी बुद्धि एवं साहचर्य प्रेम होता है। हीरा और मोती नाम के दो बैलों की साहसिक, मनोवैज्ञानिक कहानी।

जानवरों में गधा सबसे ज्यादा बुद्धिमान समझा जाता है। हम जब किसी आदमी को पहले दर्जे का बेवकूफ कहना चाहते हैं, तो उसे गधा कहते हैं। गधा सचमुच बेवकूफ है या उसके सीधेपन, उसकी निरापद सहिष्णुता ने उसे यह पदवी दे दी है, इसका निश्चय नहीं किया जा सकता। गायें सींग मारती हैं, ब्यायी हुई गाय तो अनायास ही सिंहनी का रूप धारण कर लेती है। कुत्ता भी बहुत गरीब जानवर है, लेकिन कभी-कभी उसे भी क्रोध आ ही जाता है, किन्तु गधे को कभी क्रोध करते नहीं सुना, न देखा। जितना चाहो गरीब को मारो, चाहे जैसी खराब, सड़ी हुई घास सामने डाल दो, उसके चेहरे पर कभी असंतोष की छाया भी नहीं दिखाई देगी। वैशाख में चाहे एकाध बार कुलेल कर लेता है, पर हमने तो उसे कभी खुश होते नहीं देखा। उसके चेहरे पर स्थाई विषाद स्थायी रूप से छाया रहता है। सुख-दुःख, हानि-लाभ किसी भी दशा में उसे बदलते नहीं देखा। ऋषियों-मुनियों के जितने गुण हैं, वे सभी उसमें पराकाष्ठा को पहुँच गए हैं, पर आदमी उसे बेवकूफ कहता है। सद्गुणों का इतना अनादर!

कदाचित सीधापन संसार के लिए उपयुक्त नहीं है। देखिए न, भारतवासियों की अफ्रीका में क्या दुर्दशा हो रही है ? क्यों अमरीका में उन्हें घुसने नहीं दिया जाता? बेचारे शराब नहीं पीते,चार पैसे कुसमय के लिए बचाकर रखते हैं, जी तोड़कर काम करते हैं, किसी से लड़ाई-झगड़ा नहीं करते, चार बातें सुनकर गम खा जाते हैं फिर भी बदनाम हैं। कहा जाता है, वे जीवन के आदर्श को नीचा करते हैं। अगर वे ईंट का जवाब पत्थर से देना सीख जाते तो शायद सभ्य कहलाने लगते। जापान की मिसाल सामने है। एक ही विजय ने उसे संसार की सभ्य जातियों में गण्य बना दिया।

लेकिन गधे का एक छोटा भाई और भी है, जो उससे कम ही गधा है। और वह है 'बैल'। जिस अर्थ में हम 'गधा' का प्रयोग करते हैं, कुछ उसी से मिलते-जुलते अर्थ में 'बछिया के ताऊ' का भी प्रयोग करते हैं। कुछ लोग बैल को शायद बेवकूफी में सर्वश्रेष्ठ कहेंगे, मगर हमारा विचार ऐसा नहीं है। बैल कभी-कभी मारता भी है, कभी-कभी अड़ियल बैल भी देखने में आता है। और भी कई रीतियों से अपना असंतोष प्रकट कर देता है, अतएव उसका स्थान गधे से नीचा है।

झूरी के पास दो बैल थे—हीरा और मोती। देखने में सुंदर, काम में चौकस, डील में ऊंचे। बहुत दिनों साथ रहते-रहते दोनों में भाईचारा हो गया था। दोनों आमने-सामने या आस-पास बैठे हुए एक-दूसरे से मूक भाषा में विचार-विनिमय किया करते थे। एक-दूसरे के मन की बात को कैसे समझा जाता है, हम कह नहीं सकते। अवश्य ही उनमें कोई ऐसी गुप्त शक्ति थी,जिससे जीवों में श्रेष्ठता का दावा करने वाला मनुष्य वंचित है। दोनों एक-दूसरे को चाटकर, सूँघकर अपना प्रेम

प्रकट करते, कभी-कभी दोनों सींग भी मिला लिया करते थे, विग्रह के नाते से नहीं, केवल विनोद के भाव से, आत्मीयता के भाव से, जैसे दोनों में घनिष्ठता होते ही धौल-धप्पा होने लगता है। इसके बिना दोस्ती कुछ फुसफुसी, कुछ हल्की-सी रहती है, फिर ज्यादा विश्वास नहीं किया जा सकता। जिस वक्त ये दोनों बैल हल या गाड़ी में जोत दिए जाते और गरदन हिला-हिलाकर चलते, उस समय हर एक की चेष्टा होती कि ज्यादा-से-ज्यादा बोझ मेरी ही गर्दन पर रहे। दिन-भर के बाद दोपहर या संध्या को दोनों खुलते तो एक-दूसरे को चाट-चूट कर अपनी थकान मिटा लिया करते, नांद में खली-भूसा पड़ जाने के बाद दोनों साथ उठते, साथ नांद में मुँह डालते और साथ ही बैठते थे। एक मुँह हटा लेता तो दूसरा भी हटा लेता था।

संयोग की बात, झूरी ने एक बार गोईं को ससुराल भेज दिया। बैलों को क्या मालूम, वे कहाँ भेजे जा रहे हैं। समझे, मालिक ने हमें बेच दिया। अपना यों बेचा जाना उन्हें अच्छा लगा या बुरा, कौन जाने, पर झूरी के साले गया को घर तक गोईं ले जाने में दांतों पसीना आ गया। पीछे से हांकता तो दोनों दाएँ-बाएँ भागते, पगहिया पकड़कर आगे से खींचता तो दोनों पीछे की ओर जोर लगाते। मारता तो दोनों सींगे नीची करके हुंकारते। अगर ईश्वर ने उन्हें वाणी दी होती तो झूरी से पूछते—तुम हम गरीबों को क्यों निकाल रहे हो ? हमने तो तुम्हारी सेवा करने में कोई कसर नहीं उठा रखी। अगर इतनी मेहनत से काम न चलता था, और काम ले लेते। हमें तो तुम्हारी चाकरी में मर जाना कबूल था। हमने कभी दाने-चारे की शिकायत नहीं की। तुमने जो कुछ खिलाया, वह सिर झुकाकर खा लिया, फिर तुमने हमें इस जालिम के हाथ क्यों बेंच दिया ?

संध्या समय दोनों बैल अपने नए स्थान पर पहुँचे। दिन-भर के भूखे थे, लेकिन जब नांद में लगाए गए तो एक ने भी उसमें मुंह नहीं डाला। दिल भारी हो रहा था। जिसे उन्होंने अपना घर समझ रखा था, वह आज उनसे छूट गया। यह नया घर, नया गांव, नए आदमी उन्हें बेगाने-से लगते थे।

दोनों ने अपनी मूक भाषा में सलाह की, एक-दूसरे को कनखियों से देखा और लेट गये। जब गांव में सोता पड़ गया तो दोनों ने जोर मारकर पगहा तुड़ा डाले और घर की तरफ चले। पगहे बहुत मजबूत थे। अनुमान न हो सकता था कि कोई बैल उन्हें तोड़ सकेगा, पर इन दोनों में इस समय दूनी शक्ति आ गई थी। एक-एक झटके में रस्सियाँ टूट गईं।

झूरी प्रातः काल सो कर उठा तो देखा कि दोनों बैल चरनी पर खड़े हैं। दोनों की गरदनों में आधा-आधा गरांव लटक रहा था। घुटने तक पांव कीचड़ से भरे हैं और दोनों की आंखों में विद्रोहमय स्नेह झलक रहा है।

झूरी बैलों को देखकर स्नेह से गदगद हो गया। दौड़कर उन्हें गले लगा लिया। प्रेमालिंगन और चुम्बन का वह दृश्य बड़ा ही मनोहर था।

घर और गाँव के लड़के जमा हो गए। और तालियाँ बजा-बजाकर उनका स्वागत करने लगे। गांव के इतिहास में यह घटना अभूतपूर्व न होने पर भी महत्त्वपूर्ण थी, बाल-सभा ने निश्चय किया,

दोनों पशु-वीरों को अभिनन्दन पत्र देना चाहिए। कोई अपने घर से रोटियां लाया, कोई गुड़, कोई चोकर, कोई भूसी।

एक बालक ने कहा—"ऐसे बैल किसी के पास न होंगे।"

दूसरे ने समर्थन किया—"इतनी दूर से दोनों अकेले चले आए।'

तीसरा बोला—'बैल नहीं हैं वे, उस जन्म के आदमी हैं।'

इसका प्रतिवाद करने का किसी को साहस नहीं हुआ।

झूरी की स्त्री ने बैलों को द्वार पर देखा तो जल उठी। बोली—'कैसे नमक-हराम बैल हैं कि एक दिन वहां काम न किया, भाग खड़े हुए।'

झूरी अपने बैलों पर यह आक्षेप न सुन सका—'नमक हराम क्यों हैं ? चारा-दाना न दिया होगा तो क्या करते ?'

स्त्री ने रोब के साथ कहा—'बस, तुम्हीं तो बैलों को खिलाना जानते हो, और तो सभी पानी पिला-पिलाकर रखते हैं।'

झूरी ने चिढ़ाया—'चारा मिलता तो क्यों भागते ?' स्त्री चिढ़ गयी—'भागे इसलिए कि वे लोग तुम जैसे बुद्धुओं की तरह बैल को सहलाते नहीं, खिलाते हैं तो रगड़कर जोतते भी हैं। ये दोनों ठहरे कामचोर, भाग निकले। अब देखूं कहां से खली और चोकर मिलता है। सूखे भूसे के सिवा कुछ न दूंगी, खाएं चाहें मरें।'

वही हुआ। मजूर की बड़ी ताकीद की गई कि बैलों को खाली सूखा भूसा दिया जाए।

बैलों ने नांद में मुंह डाला तो फीका-फीका, न कोई चिकनाहट, न कोई रस! क्या खाएं ? आशा-भरी आंखों से द्वार की ओर ताकने लगे।

झूरी ने मजूर से कहा—'थोड़ी-सी खली क्यों नहीं डाल देता बे ?'

'मालकिन मुझे मार ही डालेंगी।'

'चुराकर डाल आ।'

'ना दादा, पीछे से तुम भी उन्हीं की-सी कहोगे।'

दूसरे दिन झूरी का साला फिर आया और बैलों को ले चला। अबकी उसने दोनों को गाड़ी में जोता।

दो-चार बार मोती ने गाड़ी को खाई में गिराना चाहा, पर हीरा ने संभाल लिया। वह ज्यादा सहनशील था।

संध्या-समय घर पहुंचकर उसने दोनों को मोटी रस्सियों से बांधा और कल की शरारत का मजा चखाया फिर वही सूखा भूसा डाल दिया। अपने दोनों बैलों को खली चूनी सब कुछ दी।

दोनों बैलों का ऐसा अपमान कभी न हुआ था। झूरी न इन्हें फूल की छड़ी से भी छूता था। उसकी टिटकार पर दोनों उड़ने लगते थे। यहां मार पड़ी। आहत सम्मान की व्यथा तो थी ही,उस पर मिला सूखा भूसा !

नांद की तरफ आंखें तक न उठाईं।

दूसरे दिन गया ने बैलों को हल में जोता, पर इन दोनों ने जैसे पांव न उठाने की कसम खा ली थी। वह मारते-मारते थक गया, पर दोनों ने पांव न उठाया। एक बार जब उस निर्दयी ने हीरा की नाक पर खूब डंडे जमाये तो मोती का गुस्सा काबू से बाहर हो गया। हल लेकर भागा। हल, रस्सी, जुआ, जोत, सब टूट-टाटकर बराबर हो गया। गले में बड़ी-बड़ी रस्सियाँ न होतीं तो दोनों पकड़ाई में न आते।

हीरा ने मूक-भाषा में कहा—भागना व्यर्थ है।'

मोती ने उत्तर दिया—'तुम्हारी तो इसने जान ही ले ली थी।'

'अबकी बड़ी मार पड़ेगी।'

'पड़ने दो, बैल का जन्म लिया है तो मार से कहां तक बचेंगे ?'

'गया दो आदमियों के साथ दौड़ा आ रहा है, दोनों के हाथों में लाठियां हैं।'

मोती बोला—'कहो तो दिखा दूं मजा मैं भी, लाठी लेकर आ रहा है।'

हीरा ने समझाया—'नहीं भाई ! खड़े हो जाओ।'

'मुझे मारेगा तो मैं एक-दो को गिरा दूंगा।'

'नहीं हमारी जाति का यह धर्म नहीं है।'

मोती दिल में ऐंठकर रह गया। गया आ पहुंचा और दोनों को पकड़ कर ले चला। कुशल हुई कि उसने इस वक्त मारपीट न की, नहीं तो मोती पलट पड़ता। उसके तेवर देख गया और उसके सहायक समझ गए कि इस वक्त टाल जाना ही भलमनसाहत है।

आज दोनों के सामने फिर वही सूखा भूसा लाया गया, दोनों चुपचाप खड़े रहे। घर में लोग भोजन करने लगे। उस वक्त छोटी-सी लड़की दो रोटियां लिए निकली और दोनों के मुंह में देकर चली गई। उस एक रोटी से इनकी भूख तो क्या शान्त होती, पर दोनों के हृदय को मानो भोजन मिल गया। यहां भी किसी सज्जन का वास है। लड़की भैरो की थी। उसकी मां मर चुकी थी। सौतेली मां उसे मारती रहती थी, इसलिए इन बैलों से एक प्रकार की आत्मीयता हो गई थी।

दोनों दिन-भर जाते, डंडे खाते, अड़ते, शाम को थान पर बांध दिए जाते और रात को वही बालिका उन्हें दो रोटियां खिला जाती। प्रेम के इस प्रसाद की यह बरकत थी कि दो-दो गाल सूखा भूसा खाकर भी दोनों दुर्बल न होते थे, मगर दोनों की आंखों में रोम-रोम में विद्रोह भरा हुआ था।

एक दिन मोती ने मूक-भाषा में कहा—'अब तो नहीं सहा जाता हीरा !

'क्या करना चाहते हो ?'

'एकाध को सींगों पर उठाकर फेंक दूंगा।' 'लेकिन जानते हो, वह प्यारी लड़की, जो हमें रोटियां खिलाती है, उसी की लड़की है, जो इस घर का मालिक है, यह बेचारी अनाथ हो जाएगी।'

'तो मालकिन को फेंक दूं, वही तो इस लड़की को मारती है।

'लेकिन औरत जात पर सींग चलाना मना है, यह भूल जाते हो।'

'तुम तो किसी तरह निकलने ही नहीं देते, बताओ, तुड़ाकर भाग चलें।'

'हां, यह मैं स्वीकार करता, लेकिन इतनी मोटी रस्सी टूटेगी कैसे।'

इसका एक उपाय है, पहले रस्सी को थोड़ा चबा लो। फिर एक झटके में जाती है।'

रात को जब बालिका रोटियां खिला कर चली गई तो दोनों रस्सियां चबने लगे, पर मोटी रस्सी मुंह में न आती थी। बेचारे बार-बार जोर लगाकर रह जाते थे। साहसा घर का द्वार खुला और वह लड़की निकली। दोनों सिर झुकाकर उसका हाथ चाटने लगे। दोनों की पूंछें खड़ी हो गईं। उसने उनके माथे सहलाए और बोली—'खोल देती हूँ, चुपके से भाग जाओ, नहीं तो ये लोग मार डालेंगे। आज घर में सलाह हो रही है कि इनकी नाकों में नाथ डाल दी जाएं।'

उसने गरांव खोल दिया, पर दोनों चुप खड़े रहे।

मोती ने अपनी भाषा में पूछा-'अब चलते क्यों नहीं ?'

हीरा ने कहा-'चलें तो, लेकिन कल इस अनाथ पर आफत आएगी, सब इसी पर संदेह करेंगे। सहसा बालिका चिल्लाई-'दोनों फूफा वाले बैल भागे जा रहे हैं, ओ दादा! दादा! दोनों बैल भागे जा रहे हैं, ओ दादा! दादा! दोनों बैल भागे जा रहे हैं, जल्दी दौड़ो।

गया हड़बड़ाकर भीतर से निकला और बैलों को पकड़ने चला। वे दोनों भागे। गया ने पीछा किया, और भी तेज हुए, गया ने शोर मचाया। फिर गांव के कुछ आदमियों को भी साथ लेने के लिए लौटा। दोनों मित्रों को भागने का मौका मिल गया। सीधे दौड़ते चले गए। यहां तक कि मार्ग का ज्ञान रहा। जिस परिचित मार्ग से आए थे, उसका यहां पता न था। नए-नए गांव मिलने लगे। तब दोनों एक खेत के किनारे खड़े होकर सोचने लगे, अब क्या करना चाहिए।

हीरा ने कहा—'मुझे मालूम होता है, राह भूल गए।'

'तुम भी बेतहाशा भागे, वहीं उसे मार गिराना था।'

'उसे मार गिराते तो दुनिया क्या कहती ? वह अपने धर्म छोड़ दे, लेकिन हम अपना धर्म क्यों छोडें ?'

दोनों भूख से व्याकुल हो रहे थे। खेत में मटर खड़ी थी। चरने लगे। रह-रहकर आहट लेते रहे थे। कोई आता तो नहीं है।

जब पेट भर गया, दोनों ने आजादी का अनुभव किया तो मस्त होकर उछलने-कूदने लगे। पहले दोनों ने डकार ली। फिर सींग मिलाए और एक-दूसरे को ठेकने लगे। मोती ने हीरा को कई कदम पीछे हटा दिया, यहां तक कि वह खाई में गिर गया। तब उसे भी क्रोध आ गया। संभलकर उठा और मोती से भिड़ गया। मोती ने देखा कि खेल में झगड़ा हुआ चाहता है तो किनारे हट गया।

अरे ! यह क्या ? कोई सांड़ डौंकता चला आ रहा है। हां, सांड़ ही है। वह सामने आ पहुंचा। दोनों मित्र बगलें झांक रहे थे। सांड़ पूरा हाथी था। उससे भिड़ना जान से हाथ धोना है, लेकिन न भिड़ने पर भी जान बचती नजर नहीं आती। इन्हीं की तरफ आ भी रहा है। कितनी भयंकर सूरत है!

मोती ने मूक-भाषा में कहा—'बुरे फंसे, जान बचेगी ? कोई उपाय सोचो।'

हीरा ने चिंतित स्वर में कहा—'अपने घमंड में फूला हुआ है, आरजू-विनती न सुनेगा।'

'भाग क्यों न चलें?'

'भागना कायरता है।'

'तो फिर यहीं मरो। बंदा तो नौ दो ग्यारह होता है।'

'और जो दौड़ाए?'

' तो फिर कोई उपाए सोचो जल्द!'

'उपाय यह है कि उस पर दोनों जने एक साथ चोट करें। मैं आगे से रगेदता हूँ, तुम पीछे से रगेदो, दोहरी मार पड़ेगी तो भाग खड़ा होगा। मेरी ओर झपटे, तुम बगल से उसके पेट में सींग घुसेड़ देना। जान जोखिम है, पर दूसरा उपाय नहीं है।

दोनों मित्र जान हथेली पर लेकर लपके। सांड़ को भी संगठित शत्रुओं से लड़ने का तजुरबा न था। वह तो एक शत्रु से मल्लयुद्ध करने का आदी था। ज्यों-ही हीरा पर झपटा, मोती ने पीछे से दौड़ाया। सांड़ उसकी तरफ मुड़ा तो हीरा ने रगेदा। सांड़ चाहता था, कि एक-एक करके दोनों को गिरा ले, पर ये दोनों भी उस्ताद थे। उसे वह अवसर न देते थे। एक बार सांड़ झल्लाकर हीरा का अन्त कर देने के लिए चला कि मोती ने बगल से आकर उसके पेट में सींग भोंक दिया। सांड़ क्रोध में आकर पीछे फिरा तो हीरा ने दूसरे पहलू में सींग चुभा दिया। आखिर बेचारा जख्मी होकर भागा और दोनों मित्रों ने दूर तक उसका पीछा किया। यहां तक कि सांड़ बेदम होकर गिर पड़ा। तब दोनों ने उसे छोड़ दिया।

दोनों मित्र जीत के नशे में झूमते चले जाते थे।

मोती ने सांकेतिक भाषा में कहा—'मेरा जी चाहता था कि बचा को मार ही डालूं।' हीरा ने तिरस्कार किया—'गिरे हुए बैरी पर सींग न चलाना चाहिए।'

'यह सब ढोंग है, बैरी को ऐसा मारना चाहिए कि फिर न उठे।'

'अब घर कैसे पहुंचोगे वह सोचो।'

'पहले कुछ खा लें, तो सोचें।'

सामने मटर का खेत था ही, मोती उसमें घुस गया। हीरा मना करता रहा, पर उसने एक न सुनी। अभी दो ही चार ग्रास खाये थे कि आदमी लाठियां लिए दौड़ पड़े और दोनों मित्र को घेर लिया, हीरा तो मेड़ पर था निकल गया। मोती सींचे हुए खेत में था। उसके खुर कीचड़ में धंसने

लगे। न भाग सका। पकड़ लिया। हीरा ने देखा, संगी संकट में है तो लौट पड़ा। फंसेंगे तो दोनों फंसेंगे। रखवालों ने उसे भी पकड़ लिया।

प्रातःकाल दोनों मित्र कांजी हौस में बंद कर दिए गए।

दोनों मित्रों को जीवन में पहली बार ऐसा साबिका पड़ा था कि सारा दिन बीत गया और खाने को एक तिनका भी न मिला। समझ में न आता था, यह कैसा स्वामी है। इससे तो गया फिर भी अच्छा था। यहां कई भैंसें थीं, कई बकरियां, कई घोड़े, कई गधे, पर किसी के सामने चारा न था, सब जमीन पर मुर्दों की तरह पड़े थे। कई तो इतने कमजोर हो गये थे कि खड़े भी न हो सकते थे। सारा दिन मित्र फाटक की ओर टकटकी लगाए रहते, पर कोई चारा न लेकर आता दिखाई दिया। तब दोनों ने दीवार की नमकीन मिट्टी चाटनी शुरू की, पर इससे क्या तृप्ति होती।

रात को भी जब कुछ भोजन न मिला तो हीरा के दिल में विद्रोह की ज्वाला दहक उठी। मोती से बोला—'अब नहीं रहा जाता मोती !

मोती ने सिर लटकाए हुए जवाब दिया—'मुझे तो मालूम होता है कि प्राण निकल रहे हैं।'

'इतनी जल्दी हिम्मत न हारो भाई! यहां से भागने का कोई उपाय निकालना चाहिए।'

'आओ दीवार तोड़ डालें।'

'मुझसे तो अब कुछ नहीं होगा।'

'बस इसी बूते पर अकड़ते थे !'

'सारी अकड़ निकल गई।'

बाड़े की दीवार कच्ची थी। हीरा मजबूत तो था ही, अपने नुकीले सींग दीवार में गड़ा दिए और जोर मारा तो मिट्टी का एक चिप्पड़ निकल आया। फिर तो उसका साहस बढ़ा उसने दौड़-दौड़कर दीवार पर चोटें कीं और हर चोट में थोड़ी-थोड़ी मिट्टी गिराने लगा।

उसी समय कांजी हौस का चौकीदार लालटेन लेकर जानवरों की हाजिरी लेने आ निकला। हीरा का उद्दंडुपन्न देखकर उसे कई डंडे रसीद किए और मोटी-सी रस्सी से बांध दिया।

मोती ने पड़े-पड़े कहा—'आखिर मार खाई, क्या मिला?'

'अपने बूते-भर जोर तो मार दिया।'

'ऐसा जोर मारना किस काम का कि और बंधन में पड़ गए।'

'जोर तो मारता ही जाऊंगा, चाहे कितने ही बंधन पड़ते जाएं।'

'जान से हाथ धोना पड़ेगा।'

'कुछ परवाह नहीं। यों भी तो मरना ही है। सोचो, दीवार खुद जाती तो कितनी जानें बच जातीं। इतने भाई यहां बंद हैं। किसी की देह में जान नहीं है। दो-चार दिन यही हाल रहा तो मर जाएंगे।'

'हां, यह बात तो है। अच्छा, तो ला फिर मैं भी जोर लगाता हूँ।'

मोती ने भी दीवार में सींग मारा, थोड़ी-सी मिट्टी गिरी और फिर हिम्मत बढ़ी, फिर तो वह दीवार में सींग लगाकर इस तरह जोर करने लगा, मानो किसी प्रतिद्वंदी से लड़ रहा है। आखिर कोई दो घंटे की जोर-आजमाई के बाद दीवार ऊपर से लगभग एक हाथ गिर गई, उसने दूनी शक्ति से दूसरा धक्का मारा तो आधी दीवार गिर पड़ी।

दीवार का गिरना था कि अधमरे-से पड़े हुए सभी जानवर चेत उठे, तीनों घोड़ियां सरपट भाग निकलीं। फिर बकरियां निकलीं, इसके बाद भैंस भी खसक गई, पर गधे अभी तक ज्यों के त्यों खड़े थे।

हीरा ने पूछा—'तुम दोनों क्यों नहीं भाग जाते?'

एक गधे ने कहा—'जो कहीं फिर पकड़ लिए जाएं।'

'तो क्या हरज है, अभी तो भागने का अवसर है।'

'हमें तो डर लगता है। हम यहीं पड़े रहेंगे।'

आधी रात से ऊपर जा चुकी थी। दोनों गधे अभी तक खड़े सोच रहे थे कि भागें, या न भागें, और मोती अपने मित्र की रस्सी तोड़ने में लगा हुआ था। जब वह हार गया तो हीरा ने कहा—'तुम जाओ, मुझे यहीं पड़ा रहने दो, शायद कहीं भेंट हो जाए।'

मोती ने आंखों में आंसू लाकर कहा—'तुम मुझे इतना स्वार्थी समझते हो, हीरा हम और तुम इतने दिनों एक साथ रहे हैं। आज तुम विपत्ति में पड़ गए हो तो मैं तुम्हें छोड़कर अलग हो जाऊं ?'

हीरा ने कहा—'बहुत मार पड़ेगी, लोग समझ जाएंगे, यह तुम्हारी शरारत है।'

मोती ने गर्व से बोला—'जिस अपराध के लिए तुम्हारे गले में बंधना पड़ा, उसके लिए अगर मुझे मार पड़े, तो क्या चिंता। इतना तो हो ही गया कि नौ-दस प्राणियों की जान बच गई, वे सब तो आशीर्वाद देंगे।'

यह कहते हुए मोती ने दोनों गधों को सींगों से मार-मार कर बाड़े से बाहर निकाला और तब अपने बंधु के पास आकर सो रहा।

भोर होते ही मुंशी और चौकीदार तथा अन्य कर्मचारियों में कैसी खलबली मची, इसके लिखने की जरूरत नहीं। बस, इतना ही काफी है कि मोती की खूब मरम्मत हुई और उसे भी मोटी रस्सी से बांध दिया गया।

एक सप्ताह तक दोनों मित्र वहां बंधे पड़े रहे। किसी ने चारे का एक तृण भी न डाला। हां, एक बार पानी दिखा दिया जाता था। यही उनका आधार था। दोनों इतने दुर्बल हो गए थे कि उठा तक नहीं जाता था, ठठरियां निकल आईं थीं।

एक दिन बाड़े के सामने डुग्गी बजने लगी और दोपहर होते-होते वहां पचास-साठ आदमी जमा हो गए। तब दोनों मित्र निकाले गए और लोग आकर उनकी सूरत देखते और मन फीका करके चले जाते। ऐसे मृतक बैलों का कौन खरीददार होता ?

सहसा एक दढ़ियल आदमी, जिसकी आंखें लाल थीं और मुद्रा अत्यन्त कठोर, आया और दोनों मित्र के कूल्हों में उंगली गोदकर मुंशीजी से बातें करने लगा। चेहरा देखकर अंतर्ज्ञान से दोनों मित्रों के दिल कांप उठे। वह क्यों है और क्यों टटोल रहा है, इस विषय में उन्हें कोई संदेह न हुआ। दोनों ने एक-दूसरे को भीत नेत्रों से देखा और सिर झुका लिया।

हीरा ने कहा—'गया के घर से नाहक भागे, अब तो जान न बचेगी।'

मोती ने अश्रद्धा के भाव से उत्तर दिया—'कहते हैं, भगवान सबके ऊपर दया करते हैं, उन्हें हमारे ऊपर दया क्यों नहीं आती ?'

'भगवान के लिए हमारा जीना मरना दोनों बराबर है। चलो, अच्छा ही है, कुछ दिन उसके पास तो रहेंगे। एक बार उस भगवान ने उस लड़की के रूप में हमें बचाया था। क्या अब न बचाएंगे?'

'यह आदमी छुरी चलाएगा, देख लेना।'

'तो क्या चिंता है ? मांस, खाल, सींग, हड्डी सब किसी के काम आ जाएगा।'

नीलाम हो जाने के बाद दोनों मित्र उस दढ़ियल के साथ चले। दोनों की बोटी-बोटी कांप रही थी। बेचारे पांव तक न उठा सकते थे, पर भय के मारे गिरते-प़डते भागे जाते थे, क्योंकि वह जरा भी चाल धीमी हो जाने पर डंडा जमा देता था।

राह में गाय-बैलों का एक रेवड़ हरे-भरे हार में चरता नजर आया। सभी जानवर प्रसन्न थे, चिकने, चपल। कोई उछलता था, कोई आनंद से बैठा पागुर करता था कितना सुखी जीवन था इनका, पर कितने स्वार्थी हैं सब। किसी को चिंता नहीं कि उनके दो बाई बधिक के हाथ पड़े कैसे दुःखी हैं। सहसा दोनों को ऐसा मालूम हुआ कि परिचित राह है। हां, इसी रास्ते से गया उन्हें ले गया था। वही खेत, वही बाग, वही गांव मिलने लगे, प्रतिक्षण उनकी चाल तेज होने लगी। सारी थकान, सारी दुर्बलता गायब हो गई। आह ! यह लो ! अपना ही हार आ गया। इसी कुएँ पर हम पुर चलाने आया करते थे, यही कुआँ है।

मोती ने कहा—'हमारा घर नजदीक आ गया है।'

हीरा बोला—'भगवान की दया है।'

'मैं तो अब घर भागता हूँ।'

'यह जाने देगा ?'

इसे मैं मार गिराता हूँ।

'नहीं-नहीं, दौड़कर थान पर चलो। वहां से आगे हम न जाएंगे।'

दोनों उन्मत्त होकर बछड़ों की भांति कुलेलें करते हुए घर की ओर दौड़े। वह हमारा थान है। दोनों दौड़कर अपने थान पर आए और खड़े हो गए। दढ़ियल भी पीछे-पीछे दौड़ा चला आता था।

झूरी द्वार पर बैठा धूप खा रहा था। बैलों को देखते ही दौड़ा और उन्हें बारी-बारी से गले लगाने लगा। मित्रों की आंखों से आनन्द के आंसू बहने लगे। एक झूरी का हाथ चाट रहा था।

दढ़ियल ने जाकर बैलों की रस्सियां पकड़ लीं।

झूरी ने कहा—'मेरे बैल हैं।' 'तुम्हारे बैल कैसे हैं ? मैं मवेसीखाने से नीलाम लिए आता हूँ।'

"मैं तो समझता हूँ, चुराए लिए जाते हो! चुपके से चले जाओ, मेरे बैल हैं। मैं बेचूंगा तो बिकेंगे। किसी को मेरे बैल नीलाम करने का क्या अख्तियार है ?'

'जाकर थाने में रपट कर दूँगा।' 'मेरे बैल हैं। इसका सबूत यह है कि मेरे द्वार पर खड़े हैं।

दढ़ियल झल्लाकर बैलों को जबरदस्ती पकड़ ले जाने के लिए बढ़ा। उसी वक्त मोती ने सींग चलाया। दढ़ियल पीछे हटा। मोती ने पीछा किया। दढ़ियल भागा। मोती पीछे दौड़ा, गांव के बाहर निकल जाने पर वह रुका, पर खड़ा दढ़ियल का रास्ता वह देख रहा था, दढ़ियल दूर खड़ा धमकियां दे रहा था, गालियां निकाल रहा था, पत्थर फेंक रहा था, और मोती विजयी शूर की भांति उसका रास्ता रोके खड़ा था। गांव के लोग यह तमाशा देखते थे और हँसते थे।

जब दढ़ियल हारकर चला गया तो मोती अकड़ता हुआ लौटा।

हीरा ने कहा—'मैं तो डर गया था कि कहीं तुम गुस्से में आकर मार न बैठो।'

'अब न आएगा।'

'आएगा तो दूर से ही खबर लूंगा। देखूं, कैसे ले जाता है।'

'जो गोली मरवा दे ?'

'मर जाऊंगा, पर उसके काम न आऊंगा।'

'हमारी जान को कोई जान ही नहीं समझता।'

'इसलिए कि हम इतने सीधे हैं।'

जरा देर में नाँदों में खली भूसा, चोकर और दाना भर दिया गया और दोनों मित्र खाने लगे। झूरी खड़ा दोनों को सहला रहा था। बीसों लड़के तमाशा देख रहे थे। सारे गांव में उछाह-सा मालूम होता था।

झूरी की पत्नी भी भीतर से दौड़ी-दौड़ी आई। उस ने आकर दोनों बैलों के माथे चूम लिए।

❑

7 लेखक

लेखकों की समाज में प्रचलित छवि पर कटाक्ष किया गया है। लेखक का काम तो निरंतर तपस्या करना और दीपक की भांति जलते रहना है। आमंत्रित लेखक को समझ आ गया कि साहित्य सेवा पूरी तपस्या है।

प्रात:काल महाशय प्रवीण ने बीस दफा उबाली हुई चाय का प्याला तैयार किया और बिना शक्कर और दूध के पी गये। यही उनका नाश्ता था। महीनों से मीठी, दूधिया चाय न मिली थी। दूध और शक्कर उनके लिए जीवन के आवश्यक पदार्थों में न थे। घर में गये जरूर, कि पत्नी को जगाकर पैसे माँगें; पर उसे फटे-मैले लिहाफ़ में निद्रा-मग्न देखकर जगाने की इच्छा न हुई। सोचा, शायद मारे सर्दी के बेचारी को रात भर नींद न आयी होगी, इस वक्त जाकर आँख लगी है। कच्ची नींद जगा देना उचित न था। चुपके से चले आये।

चाय पीकर उन्होंने कलम-दवात सँभाली और किताब लिखने में तल्लीन हो गये, जो उनके विचार में इस शताब्दी की सबसे बड़ी रचना होगी, जिसका प्रकाशन उन्हें गुमनाम से निकालकर ख्याति और समृद्धि के स्वर्ग पर पहुँचा देगा।

आध घण्टे बाद पत्नी आँखें मलती हुई आकर बोली—क्या तुम चाय पी चुके?

प्रवीण ने सहास्य मुख से कहा—हाँ, पी चुका। बहुत अच्छी बनी थी।

'पर दूध और शक्कर कहाँ से लाये?'

'दूध और शक्कर तो कई दिन से नहीं मिलता। मुझे आजकल सादा चाय ज्यादा स्वादिष्ट लगती है। दूध और शक्कर मिलाने से उसका स्वाद बिगड़ जाता है। डाक्टरों की भी यही राय है कि चाय हमेशा सादा पीनी चाहिए। योरोप में तो दूध का बिलकुल रिवाज नहीं है। यह तो हमारे यहाँ के मधुर-प्रिय रईसों की ईजाद है।'

'जाने तुम्हें फीकी चाय कैसे अच्छी लगती है! मुझे जगा क्यों न लिया? पैसे तो रखे थे।'

महाशय प्रवीण फिर लिखने लगे। जवानी ही में उन्हें यह रोग लग गया था, और आज बीस साल से वह उसे पाले हुए थे। इस रोग में देह घुल गयी, स्वास्थ्य घुल गये, और चालीस की अवस्था में बुढ़ापे ने आ घेरा; पर यह रोग असाध्य था। सूर्योदय से आधी रात तक यह साहित्य का उपासक अन्तर्जगत् में डूबा हुआ, समस्त संसार से मुँह मोड़े, हृदय के पुष्प और नैवेद्य चढ़ाता रहता था। पर भारत में सरस्वती की उपासना लक्ष्मी की अभक्ति है। मन तो एक ही था। दोनों देवियों को एक साथ कैसे प्रसन्न करता, दोनों के वरदान का पात्र क्योंकर बनता? और लक्ष्मी की यह अकृपा केवल धनाभाव के रूप में न प्रकट होती थी। उसकी सबसे निर्दय क्रीड़ा यह थी कि पत्रों के सम्पादक और पुस्तकों के प्रकाशक उदारता-पूर्वक सहायता का दान भी न देते थे। कदाचित् सारी दुनिया ने उसके विरुद्ध कोई षड्यन्त्र-सा रच डाला था। यहाँ तक कि इस निरन्तर

अभाव ने उसके आत्म-विश्वास को जैसे कुचल दिया था। कदाचित् अब उसे यह ज्ञात होने लगा था, कि उसकी रचनाओं में कोई सार, कोई प्रतिभा नहीं है, और यह भावना अत्यन्त हृदय-विदारक थी। यह दुर्लभ मानव-जीवन यों ही नष्ट हो गया! यह तस्कीन भी नहीं कि संसार ने चाहे उसका सम्मान न किया हो, पर उसकी जीवनकृति इतनी तुच्छ नहीं। जीवन की आवश्यकताएँ घटते-घटते संन्यास की सीमा को भी पार कर चुकी थीं। अगर कोई सन्तोष था, तो उसकी जीवन-सहचरी त्याग और तप में उनसे भी दो कदम आगे थी। सुमित्रा इस दशा में भी प्रसन्न थी। प्रवीणजी को दुनिया से शिकायत हो, पर सुमित्रा जैसे गेंद में भरी हुई वायु की भाँति उन्हें बाहर की ठोकरें से बचाती रहती थी। अपने भाग्य का रोना तो दूर की बात थी, इस देवी ने कभी माथे पर बल भी न आने दिया।

सुमित्रा ने चाय का प्याला समेटते हुए कहा—तो जाकर घण्टा-आध-घण्टा कहीं घूम फिर क्यों नहीं आते? जब मालूम हो गया कि प्राण देकर काम करने से भी कोई नतीजा नहीं, तो व्यर्थ क्यों सिर खपाते हो?

प्रवीण ने बिना मस्तक उठाये, कागज पर कलग चलाते हुए कहा—लिखने में कम-से-कम यह सन्तोष तो होता है कि कुछ कर रहा हूँ। सैर करने में तो मुझे ऐसा जान पड़ता कि समय का नाश कर रहा हूँ।

'यह इतने पढ़े-लिखे आदमी नित्य-प्रति हवा खाने जाते हैं, तो अपने समय का नाश करते हैं?'

'मगर इनमें अधिकांश वही लोग हैं, जिनके सैर करने से उनकी आमदनी में बिल्कुल कमी नहीं होती। अधिकांश तो सरकारी नौकर हैं, जिनको मासिक वेतन मिलता है, या तो ऐसे पेशों के लोग हैं, जिनका लोग आदर करते हैं। मैं तो मिल का मजूर हूँ। तुमने किसी मजूर को हवा खाते देखा है? जिन्हें भोजन की कमी नहीं, उन्हीं को हवा खाने की भी जरूरत है। जिनको रोटियों के लाले हैं, वे हवा खाने नहीं जाते। फिर स्वास्थ्य और जीवन-वृद्धि की जरूरत उन लोगों को है जिनके जीवन में आनन्द और स्वाद है। मेरे लिए तो जीवन भार है। इस भार को सिर पर कुछ दिन और बनाये रहने की अभिलाषा मुझे नहीं है।

सुमित्रा निराशा में डूबे हुये शब्द सुनकर आँखों में आँसू भरे अन्दर चली गयी। उसका दिल कहता था, इस तपस्वी की कीर्ति-कौमुदी एक दिन अवश्य फैलेगी। चाहे लक्ष्मी की अकृपा बनी रहे। किन्तु प्रवीण महोदय अब निराशा की उस सीमा तक पहुँच चुके थे, जहाँ से प्रतिकूल दिशा में उदय होने वाली आशामय उषा की लाली भी नहीं दिखाई देती थी।

एक रईस के यहाँ कोई उत्सव है। उसने महाशय प्रवीण को भी निमन्त्रित किया है। आज उनका मन आनन्द के घोड़े पर बैठा हुआ नाच रहा है। सारे दिन वह इसी कल्पना में मग्न रहे। राजा साहब किन शब्दों में उनका स्वागत करेंगे और वह किन शब्दों में उनको धन्यवाद देंगे, किन प्रसंगों पर वार्तालाप होगा, और वहाँ किन महानुभावों से उनका परिचय होगा, सारे दिन वह इन्हीं कल्पनाओं का आनन्द उठाते रहे। इस अवसर के लिए उन्होंने एक कविता भी रची, जिसमें

उन्होंने जीवन की एक उद्यान से तुलना की थी। अपनी सारी धारणाओं की उन्होंने आज उपेक्षा कर दी, क्योंकि रईसों के मनोभावों को वह आघात न पहुँचा सकते थे।

दोपहर ही से उन्होंने तैयारियाँ शुरू कीं। हजामत बनायी, साबुन से नहाया, सिर में तेल डाला। मुश्किल कपड़ों की थी। मुद्दत गुजरी, जब उन्होंने एक अचकन बनवाई थी। उसकी दशा भी उन्हीं की दशा जैसी जीर्ण हो चुकी थी। जैसा जरा-सी सर्दी या गर्मी से उन्हें जुकाम या सिरदर्द हो जाता था, उसी तरह वह अचकन भी नाजुक-मिजाज थी। उसे निकाला और झाड़-पोंछकर रखा।

सुमित्रा ने कहा—तुमने व्यर्थ ही यह निमन्त्रण स्वीकार किया। लिख देते, मेरी तबियत अच्छी नहीं है। इन फटेहालों जाना तो और भी बुरा है।

प्रवीण ने दार्शनिक गम्भीरता से कहा—जिन्हें ईश्वर ने हृदय और परख दी है, वे आदमियों की पोशाक नहीं देखते-उनके गुण और चरित्र देखते हैं। आखिर कुछ बात तो है कि राजा साहब ने मुझे निमन्त्रित किया। मैं कोई ओहदेदार नहीं, जमींदार नहीं, जागीरदार नहीं, ठेकेदार नहीं, केवल एक साधारण लेखक हूँ। लेखक का मूल्य उसकी रचनाएँ होती हैं। इस एतबार से मुझे किसी भी लेखक से लज्जित होने का कारण नहीं है।

सुमित्रा उनकी सरलता पर दया करके बोली—तुम कल्पनाओं के संसार में रहते-रहते प्रत्यक्ष संसार से अलग हो गये हो। मैं कहती हूँ, राजा साहब के यहाँ लोगों की निगाह सबसे ज्यादा कपड़ों पर ही पड़ेगी। सरलता जरूर अच्छी चीज है, पर इसका अर्थ यह तो नहीं कि आदमी फूहड़ बन जाए।

प्रवीण को इस कथन में कुछ सार जान पड़ा। विद्वज्जनों की भाँति उन्हें भी अपनी भूलों को स्वीकार करने में कुछ विलम्ब न होता था। बोले—मैं समझता हूँ, दीपक जल जाने के बाद जाऊँ।

'मैं तो कहती हूँ, जाओ ही क्यों?

'अब तुम्हें कैसे समझाऊँ, प्रत्येक प्राणी के मन में आदर और सम्मान की एक क्षुधा होती है। तुम पूछोगी, यह क्षुधा क्यों होती है? इसलिए कि यह हमारे आत्मविश्वास की एक मंजिल है। हम उस महान सत्ता के सूक्ष्मांश हैं, जो समस्त ब्रह्माण्ड में व्याप्त हैं। अंश में पूर्ण के गुणों का होना लाजिमी है। इसलिए कीर्ति और सम्मान, आत्मोन्नति और ज्ञान की ओर हमारी स्वाभाविक रुचि है। मैं इस लालसा को बुरा नहीं समझता।'

सुमित्रा ने गला छुड़ाने के लिए कहा—अच्छा भाई, जाओ। मैं तुमसे बहस नहीं करती, लेकिन कल के लिए कोई व्यवस्था करते आना; क्योंकि मेरे पास केवल एक आना और रह गया है। जिनसे उधार मिल सकता था, उनसे ले चुकी और जिससे लिया उसे देने की नौबत नहीं आयी। मुझे तो और अब कोई उपाय नहीं सूझता।

प्रवीण ने एक क्षण के बाद कहा—दो पत्रिकाओं से मेरे लेखों के रुपये आने वाले हैं। शायद कल तक आ जायँ। और अगर कल उपवास ही करना पड़े तो क्या चिन्ता? हमारा धर्म है काम करना। हम काम करते हैं और तन-मन से करते हैं। अगर इस पर भी हमें फाका करना पड़े, तो मेरा दोष नहीं। मर ही तो जाऊँगा। हमारे जैसे लाखों आदमी रोज मरते हैं। संसार का काम ज्यों-

का-त्यों चलता रहता है। फिर इसका क्या गम कि हम भूखों मर जाएँगे? मौत डरने की वस्तु नहीं। मैं तो कबीरपन्थियों का कायल हूँ, जो अर्थी को गाते-बजाते ले जाते हैं। मैं इससे नहीं डरता। तुम्हीं कहो, मैं जो कुछ करता हूँ, इससे अधिक और कुछ मेरी शक्ति के बाहर है या नहीं। सारी दुनिया मीठी नींद सोती होती है ओर मैं क़लम लिये बैठा रहता हूँ। लोग हँसी-दिल्लगी, आमोद-प्रमोद करते रहते हैं, मेरे लिए वह सब हराम है। यहाँ तक कि महीनों से हँसने की नौबत नहीं आयी। होली के दिन भी मैंने तातील नहीं मनाई। बीमार भी होता हूँ, तो लिखने की फिक्र सिर पर सवार रहती है। सोचो, तुम बीमार थीं, और मैं वैद्य के यहाँ जाने के लिए समय न पाता था। अगर दुनिया नहीं कदर करती, न करे। इसमें दुनिया का ही नुकसान है। मेरी कोई हानि नहीं! दीपक का काम है जलना। उसका प्रकाश फैलता है या उसके सामने कोई ओट है, उसे इससे प्रयोजन नहीं।

मेरा भी ऐसा कौन मित्र, परिचित या सम्बन्धी है, जिसका मैं आभारी नहीं? यहाँ तक कि अब घर से निकलते शर्म आती है। सन्तोष इतना ही है कि लोग मुझे बदनीयत नहीं समझते। वे मेरी कुछ अधिक मदद न कर सकें, पर उन्हें मुझसे सहानुभूति अवश्य है। मेरी खुशी के लिए इतना ही काफी है कि आज वह अवसर तो आया कि एक रईस ने मेरा सम्मान किया।

फिर सहसा उन पर एक नशा-सा छा गया। गर्व से बोले—नहीं, मैं अब रात को न जाऊँगा। मेरी ग़रीबी अब रुसवाई की हद तक पहुँच चुकी है। उस पर परदा डालना व्यर्थ है। मैं इसी वक्त जाऊँगा। जिसे रईस और राजे आमन्त्रित करें, वह कोई ऐसा-वैसा आदमी नहीं हो सकता। राजा साहब साधारण रईस नहीं हैं। वह इस नगर के ही नहीं, भारत के विख्यात रईसों में हैं। अगर अब भी मुझे कोई नीचा समझे, तो वह खुद नीचा है।

सन्ध्या का समय है। प्रवीणजी अपनी फटी-पुरानी अचकन और सड़े हुए जूते और बेढंगी-सी टोपी पहने घर से निकले। खामख्वाह बाँगड़ू उचक्के-से मालूम होते थे। डीलडौल और चेहरे-मुहरे के आदमी होते, तो इस ठाठ में भी एक शान होती। स्थूलता स्वयं रोब डालने वाली वस्तु है। पर साहित्य-सेवा और स्थूलता में विरोध है। अगर कोई साहित्य-सेवी मोटा-ताजा, डबल आदमी है, तो समझ लो, उसमें माधुर्य नहीं, लोच नहीं, हृदय नहीं। दीपक का काम है, जलना। दीपक वही लबालब भरा होगा, जो जला न हो। फिर भी आप अकड़े जाते हैं। एक-एक अंग से गर्व टपक रहा है।

यों घर से निकलकर वह दूकानदारों से आँखें चुराते, गलियों से निकल जाते थे। पर आज वह गरदन उठाये, उनके सामने से जा रहे हैं। आज वह उनके तकाजों का दन्दाँशिकन जवाब देने को तैयार थे। पर सन्ध्या का समय है, हरेक दूकान पर ग्राहक बैठे हुए हैं। कोई उनकी तरफ नहीं देखता। जिस रकम को वह अपनी हीनावस्था में दुर्विचार समझते थे, वह दूकानदारों की निगाह में इतनी जोखिम न थीं, कि एक जाने-पहचाने आदमी को सारे-बाज़ार टोकते, विशेषकर जब वह आज किसी से मिलने जाते हुए मालूम होते थे।

प्रवीण ने एक बार सरे-बाज़ार का चक्कर लगाया, पर जी न भरा तब दूसरा चक्कर लगाया, पर वह भी निष्फल। तब वह खुद हाफ़िज समद की दूकान पर जाकर खड़े हो गये। हाफ़िजजी बिसाते का कारोबार करते थे। बहुत दिन हुए प्रवीण इस दूकान से एक छतरी ले गये थे और अभी तक

दाम न चुका सके थे। प्रवीण को देखकर बोले-महाशयजी, अभी तक छतरी के दाम नहीं मिले। ऐसे सौ-पचास ग्राहक मिल जाएँ, तो दिवाला ही हो जाए। अब तो बहुत दिन हुए।

प्रवीण की बाछें खिल गईं। दिली मुराद पूरी हुई। बोले—मैं भूला नहीं हूँ हाफ़िजजी, इन दिनों काम इतना ज्यादा था कि घर से निकलना मुश्किल था। रुपये तो नहीं हाथ आते, पर आपकी दुआ से क़दरशिनासों की कमी नहीं। दो-चार आदमी घेरे ही रहते हैं। इस वक़्त भी राजा साहब—अजी वही जो नुक्कड़ वाले बँगले में रहते हैं—उन्हीं के यहाँ जा रहा हूँ। दावत है। रोज ऐसा कोई-न-कोई मौक़ा आता ही रहता है।

हाफ़िज समद प्रभावित होकर बोला—अच्छा! आज राजा साहब के यहाँ तशरीफ़ ले जा रहे हैं। ठीक है, आप जैसे बाक़मालों की कदर रईस ही कर सकते हैं, और कौन करेगा? सुभानल्लाह! आप इस जमाने में यकता हैं। अगर कोई मौका हाथ आ जाय, तो गरीबों को न भूल जाइएगा। राजा साहब की अगर इधर निगाह हो जाय, तो फिर क्या पूछना! एक पूरा बिसाता तो उन्हीं के लिए चाहिए। ढाई-तीन लाख सालाना की आमदनी है।

प्रवीण को ढाई-तीन लाख कुछ तुच्छ जान पड़े। जबानी जमाखर्च है, तो दस-बीस लाख कहने से क्या हानि? बोले-ढाई-तीन लाख! आप तो उन्हें गालियाँ देते हैं। उनकी आमदनी दस लाख से कम नहीं। एक साहब का अन्दाज तो बीस लाख का है। इलाका है, मकानात हैं, दूकानें हैं, ठीका है, अमानती रुपये हैं और फिर सबसे बड़ी सरकार बहादुर की निगाह है।

हाफ़िज ने बड़ी नम्रता से कहा—यह दूकान आप की है जनाब, बस इतनी ही अरज है। अरे मुरादी, जरा दो पैसे के अच्छे-से पान बना ला आपके लिए। आइए दो मिनट बैठिए। कोई चीज पसन्द हो तो दिखाऊँ। आपसे तो घर का वास्ता है।

प्रवीण ने पान खाते हुए कहा—इस वक्त तो मुआफ़ रखिए। वहाँ देर होगी। फिर कभी हाज़िर हूँगा।

यहाँ से उठकर वह एक कपड़े वाले की दूकान के सामने रुके। मनोहरदास नाम था। इन्हें खड़े देखकर आँखें उठायीं। बेचारा इनके नाम को रो बैठा था। समझ लिया, शायद इस शहर में हैं ही नहीं। समझा रुपये देने आये हैं। बोले—भाई प्रवीणजी, आपने तो बहुत दिनों दर्शन ही नहीं दिये। रुक्का कई बार भेजा, मगर प्यादे को आपके घर का पता ही न मिला। मुनीमजी, जरा देखो तो आपके नाम क्या है।

प्रवीण के प्राण तकाजों से सूख जाते थे; पर आज वह इस तरह खड़े थे, मानों उन्होंने कवच धारण कर लिया है, जिस पर किसी अस्त्र का आघात नहीं हो सकता। बोले—जरा इन राजा साहब के यहाँ से लौट आऊँ, तो निश्चित होकर बैठूँ। इस समय जल्दी में हूँ। राजा साहब पर मनोहरदास के कई हज़ार रुपये आते थे। फिर भी उनका दामन न छोड़ता था। एक के तीन वसूल करता। उसने प्रवीणजी को ऊँची श्रेणी में रखा जिनका पेशा रईसों को लूटना है। बोला— 'पान तो खाते जाइए महाशय!' राजा साहब एक दिन के हैं। हम तो बारहों मास के हैं, भाई साहब! कुछ कपड़े दरकार हों तो ले जाइए। अब तो होली आ रही है। मौका हो, तो जरा राजा साहब के खजानची से

कहिएगा पुराना हिसाब बहुत दिन से पड़ा हुआ है, अब तो सफ़ाई हो जाए! हम सब ऐसा कौन-सा नफ़ा लेते हैं कि दो-दो साल हिसाब ही न हो?

प्रवीण ने कहा—इस समय तो पान-वान रहने दो भाई? देर हो जाएगी। जब उन्हें मुझसे मिलने का इतना शौक है और मेरा इतना सम्मान करते हैं, तो अपना भी धर्म है कि उनको मेरे कारण कष्ट न हो। हम तो गुणग्राहक चाहते हैं, दौलत के भूखे नहीं। कोई अपना सम्मान करे, तो उसकी गुलामी करें। अगर किसी को रियासत का घमण्ड हो, तो हमें उसकी परवाह नहीं।

प्रवीणजी राजा साहब के विशाल भवन के सामने पहुँचे, तो दीये जल चुके थे। अमीरों और रईसों की मोटरें खड़ी थीं। वरदी-पोश दरबान द्वार पर खड़े थे। एक सज्जन मेहमानों का स्वागत कर रहे थे। प्रवीणजी को देखकर वह जरा झिझके। फिर उन्हें सिर से पाँव तक देखकर बोले—आपके पास नवेद है?

प्रवीण की जेब में नवेद था। पर इस भेदभाव पर उन्हें क्रोध आ गया। उन्हीं से क्यों नवेद माँगा जाय? औरों से भी क्यों न पूछा जाय? बोले—जी नहीं, मेरे पास नवेद नहीं है। अगर आप अन्य महाशयों से माँगते हों; तो मैं भी दिखा सकता हूँ। वरना मैं इस भेद को अपने लिए अपमान की बात समझता हूँ। आप राजा साहब से कह दीजिए, 'प्रवीणजी आये थे और द्वार से लौट गये।'

'नहीं-नहीं, महाशय अन्दर चलिए। मुझे आपसे परिचय न था। बेअदबी माफ कीजिए। आप ही ऐसे महानुभावों से तो महफिल की शोभा है। ईश्वर ने आपको वह वाणी प्रदान की है, कि क्या कहना।'

इस व्यक्ति ने प्रवीण को कभी न देखा था। लेकिन जो कुछ उसने कहा, वह हरेक साहित्य-सेवी के विषय में कह सकते हैं, और हमें विश्वास है कि कोई साहित्य-सेवी इस दाद की उपेक्षा नहीं कर सकता।

प्रवीण अन्दर पहुँचे तो देखा, बारहदरी के सामने विस्तृत और सुसज्जित प्रांगण में बिजली के कुमकुमे अपना प्रकाश फैला रहे हैं। मध्य में एक हौज है, हौज में संगमरमर की परी, परी के सिर पर फौवारा, फौवारे की फुहारें रंगीन कुमकुमों से रंजित होकर ऐसी मालूम होती थीं, मानो इन्द्र-धनुष पिघलकर ऊपर से बरस रहा है। हौज के चारों ओर मेजें लगी हुई थीं। मेजों पर सुफेद मेज-पोश, ऊपर सुन्दर गुलदस्ते।

प्रवीण को देखते ही राजा साहब ने स्वागत किया—इए, आइए! अबकी 'हंस' में आपका लेख देखकर दिल फड़क उठा। मैं तो चकित हो गया। मालूम ही न था, कि इस नगर में आप-जैसे रत्न भी छिपे हुए हैं।

फिर उपस्थित सज्जनों से उनका परिचय देने लगे—आपने महाशय प्रवीण का नाम तो सुना होगा। वह आप ही हैं। क्या माधुर्य है, क्या ओज है, क्या भाव है, क्या भाषा है, क्या सूझ है, क्या चमत्कार है, क्या प्रवाह है कि वाह! वाह! मेरी तो आत्मा जैसे नृत्य करने लगती है।

एक सज्जन न, जो अँगरेजी सूट में थे, प्रवीण को ऐसी निगाह से देखा मानो वह चिड़िया-घर के कोई जीव हों और बोले—आपने अँग्रेजी के कवियों का भी अध्ययन किया है—बायरन, शेली, कीट्स आदि।

प्रवीण ने रुखाई से जवाब दिया—जी हाँ, थोड़ा-बहुत देखा तो है।

'आप इन महाकवियों में से किसी की रचनाओं का अनुवाद कर दें, तो आज हिन्दी-भाषा की अमर सेवा करें।'

प्रवीण अपने को बायरन, शेली आदि से जौ-भर भी कम न समझते थे। वह अँग्रेजी के कवि थे। उनकी भाषा, शैली, विषय-व्यंजना सभी अँग्रेज की रुचि के अनुकूल था। उनका अनुवाद करना वह अपने लिए गौरव की बात न समझते थे, उसी तरह जैसे वे उनकी रचनाओं का अनुवाद करना अपने लिए गौरव की वस्तु न समझते। बोले—हमारे यहाँ आत्म-दर्शन का अभी इतना अभाव नहीं है, कि हम विदेशी कवियों से भिक्षा माँगें। मेरा विचार है कि कम-से-कम इस विषय में भारत अब भी पश्चिम को कुछ सिखा सकता है।

यह अनर्गल बात थी। अँग्रेजी के भक्त महाशय ने प्रवीण को पागल समझा।

राजा साहब ने प्रवीण को ऐसी आँखों से देखा, जो कह रही थीं—जरा मौका-महल देखकर बातें करो! और बोले—अंग्रेजी साहित्य का क्या पूछना! कविता में तो वह अपना जोड़ नहीं रखता।

अंग्रेजी के भक्त महाशय ने प्रवीण को सगर्व नेत्रों से देखा—हमारे कवियों ने अभी तक कविता का अर्थ ही नहीं समझा, अभी तक वियोग और नख-शिख को कविता का आधार बनाये हुए हैं।

प्रवीण ने ईंट का जवाब पत्थर से दिया—मेरा विचार है कि आपने वर्तमान कवियों का अध्ययन नहीं किया, या किया तो उतरी आँखों से।

राजा साहब ने अब प्रवीण की जबान बन्द कर देने का निश्चय किया-आप मिस्टर परांजपे हैं, प्रवीण जी! आपके लेख अंग्रेजी पत्रों में छपते हैं और बड़े आदर की दृष्टि से देखे जाते हैं।

उसका आशय यह था, कि अब आप न बहकिए।

प्रवीण समझ गये। परांजपे के सामने उन्हें नीचा देखना पड़ा। विदेशी वेश-भूषा और भाषा का यह भक्त जाति-द्रोही होकर भी इतना सम्मान पाये, यह उनके लिए असह्य था। पर क्या करते?

उसी भेष के एक-दूसरे सज्जन आये। राजा साहब ने तपाक से उनका अभिवादन किया—आइए डाक्टर चड्ढा! कैसे मिजाज हैं?

डाक्टर साहब ने राजा साहब से हाथ मिलाया और फिर प्रवीण की ओर जिज्ञासा-भरी आँखों से देखकर पूछा—आपकी तारीफ़?

राजा साहब ने प्रवीण का परिचय दिया—आप महाशय प्रवीण हैं। आप भाषा के अच्छे कवि और लेखक हैं।

डाक्टर साहब ने एक खास अन्दाज से कहा—अच्छा! आप कवि हैं! और बिना कुछ पूछे आगे बढ़ गये।

फिर उसी भेष में एक और महाशय पधारे। यह नामी बैरिस्टर थे। राजा साहब ने उनसे भी प्रवीण का परिचय कराया। उन्होंने भी उसी अन्दाज में कहा—अच्छा! आप कवि हैं? और आगे बढ़ गये। यही अभिनय कई बार हुआ। और हर बार प्रवीण को यही दाद मिली— 'अच्छा! आप कवि हैं?'

यह वाक्य हर बार प्रवीण के हृदय पर एक नया आघात पहुँचाता था। उसके नीचे जो भाव था उसे प्रवीण खूब समझते थे। उसका सीधा-सादा आशय यह था कि तुम अपने खयाली-पुलाव पकाते हो, पकाओ! यहाँ तुम्हारा क्या प्रयोजन? तुम्हारा इतना साहस कि तुम इस सभ्य-समाज में बेधड़क आओ।

प्रवीण मन-ही-मन अपने ऊपर झुँझला रहे थे। निमन्त्रण पाकर उन्होंने अपने को धन्य माना था, पर यहाँ आकर उनका जितना अपमान हो रहा था, उसके देखते तो वह सन्तोष की कुटिया स्वर्ग थी। उन्होंने अपने मन को धिक्कारा—तुम जैसे सम्मान के लोभियों का यह दण्ड है। अब तो आँखें खुलीं, तुम कितने सम्मान के पात्र हो! तुम इस स्वार्थमय संसार में किसी के काम नहीं आ सकते। वकील-बैरिस्टर तुम्हारा सम्मान क्यों करें? तुम उनके मुवक्किल नहीं हो सकते, न उन्हें तुम्हारे द्वारा कोई मुकदमा पाने की आशा है। डाक्टर या हकीम तुम्हारा सम्मान क्यों करें? उन्हें तुम्हारे घर बिना फीस आने की इच्छा नहीं। तुम लिखने के लिए बने हो, लिखे जाओ। बस, और संसार में तुम्हारा कोई प्रयोजन नहीं।

सहसा लोगों में हलचल पड़ गयी। आज के प्रधान अतिथि का आगमन हुआ। यह महाशय हाईकोर्ट के जज नियुक्त हुए थे। इसी उपलक्ष्य में यह जलसा हो रहा था। राजा साहब ने लपककर जल्द हाथ मिलाया और आकर प्रवीणजी से बोले—आप अपनी कविता तो लिख ही लाये होंगे?

प्रवीण ने कहा—मैंने कोई कविता नहीं लिखी।

'सच! तब तो आपने ग़जब ही कर दिया। अरे भले आदमी, अबसे कोई चीज लिख डालो। दो-ही चार पंक्तियाँ हो जाएँ। बस! ऐसे अवसर पर एक कविता का पढ़ा जाना लाज़िमी है।'

'मैं इतनी जल्दी कोई चीज नहीं लिख सकता।'

'मैंने व्यर्थ ही इतने आदमियों से आपका परिचय कराया?'

'बिल्कुल व्यर्थ।'

'अरे भाई जान, किसी प्राचीन कवि की ही कोई चीज सुना दीजिए। यहाँ कौन जानता है।'

'जी नहीं, क्षमा कीजिएगा। मैं भाट नहीं हूँ, न कथक हूँ।'

यह कहते हुए प्रवीणजी तुरन्त वहाँ से चल दिये। घर पहुँचे तो उनका चेहरा खिला हुआ था।

सुमित्रा ने प्रसन्न होकर पूछा—इतनी जल्दी कैसे आ गये?

'मेरी वहाँ कोई जरूरत न थी।'

'चलो, चेहरा खिला हुआ है खूब सम्मान हुआ होगा।'

'हाँ सम्मान तो, जैसी आशा न थी वैसा हुआ।'

'खुश बहुत हो।'

इसी से कि आज मुझे हमेशा के लिए सबक मिल गया। मैं दीपक हूँ और जलने के लिए बना हूँ। आज मैं इस तत्व को भूल गया था। ईश्वर ने मुझे ज्यादा बहकने न दिया। मेरी यह कुटिया ही मेरे लिए स्वर्ग है। मैं आज यह तत्व पा गया कि साहित्य-सेवा पूरी तपस्या है। ❐

8 ठाकुर का कुआँ

पेयजल की चिरन्तन समस्या पर आधारित रचना, जो जल आबंटन में भी जाति-पातिवाद के पिशाच से त्रस्त है। जोखू जैसे नीच के नसीब में स्वच्छ जल कहां।

जोखू ने लोटा मुँह से लगाया तो पानी में सख्त बदबू आयी । गंगी से बोला—यह कैसा पानी है ? मारे बास के पिया नहीं जाता गला सूखा जा रहा है और तू सड़ा पानी पिलाये देती है !

गंगी प्रतिदिन शाम पानी भर लिया करती थी । कुआँ दूर था, बार-बार जाना मुश्किल था। कल वह पानी लायी, तो उसमें बू बिलकुल न थी, आज पानी में बदबू कैसी ! लोटा नाक से लगाया, तो सचमुच बदबू थी । जरुर कोई जानवर कुएँ में गिरकर मर गया होगा, मगर दूसरा पानी आवे कहाँ से?

ठाकुर के कुएँ पर कौन चढ़ने देगा ? दूर से लोग डाँट बतायेंगे । साहू का कुआँ गाँव के उस सिरे पर है, परंतु वहाँ भी कौन पानी भरने देगा ? कोई तीसरा कुआँ गाँव में है नहीं।

जोखू कई दिन से बीमार है। कुछ देर तक तो प्यास रोके चुप पड़ा रहा, फिर बोला—अब तो मारे प्यास के रहा नहीं जाता । ला, थोड़ा पानी नाक बंद करके पी लूँ ।

गंगी ने पानी न दिया । खराब पानी से बीमारी बढ़ जायगी इतना जानती थी, परंतु यह न जानती थी कि पानी को उबाल देने से उसकी खराबी जाती रहती है। बोली—यह पानी कैसे पियोगे? न जाने कौन जानवर मरा है। कुएँ से मैं दूसरा पानी लाये देती हूँ।

जोखू ने आश्चर्य से उसकी ओर देखा—पानी कहाँ से लायेगी ?

ठाकुर और साहू के दो कुएँ तो हैं। क्या एक लोटा पानी न भरने देंगे?

'हाथ-पाँव तुड़वा आयेगी और कुछ न होगा । बैठ चुपके से । ब्रह्म-देवता आशीर्वाद देंगे, ठाकुर लाठी मारेंगे, साहूजी एक के पाँच लेंगे । गरीबों का दर्द कौन समझता है ! हम तो मर भी जाते है, तो कोई दुआर पर झाँकने नहीं आता, कंधा देना तो बड़ी बात है। ऐसे लोग कुएँ से पानी भरने देंगे ?'

इन शब्दों में कड़वा सत्य था । गंगी क्या जवाब देती, किन्तु उसने वह बदबूदार पानी पीने को न दिया ।

रात के नौ बजे थे । थके-माँदे मजदूर तो सो चुके थे, ठाकुर के दरवाजे पर दस-पाँच बेफिक्रे जमा थे। मैदानी बहादुरी का तो अब न जमाना रहा है, न मौका। कानूनी बहादुरी की बातें हो रही थीं । कितनी होशियारी से ठाकुर ने थानेदार को एक खास मुकदमे में रिश्वत दी और साफ निकल गये।कितनी अक्लमंदी से एक मार्के के मुकदमे की नकल ले आये । नाजिर और मोहतमिम,

सभी कहते थे, नकल नहीं मिल सकती । कोई पचास माँगता, कोई सौ। यहाँ बेपैसे–कौड़ी नकल उड़ा दी । काम करने का ढंग चाहिए ।

इसी समय गंगी कुएँ से पानी लेने पहुँची।

कुप्पी की धुँधली रोशनी कुएँ पर आ रही थी । गंगी जगत की आड़ में बैठी मौके का इंतजार करने लगी । इस कुएँ का पानी सारा गाँव पीता है । किसी के लिए रोका नहीं, सिर्फ ये बदनसीब नहीं भर सकते ।

गंगी का विद्रोही दिल रिवाजी पाबंदियों और मजबूरियों पर चोटें करने लगा–हम क्यों नीच हैं और ये लोग क्यों ऊँच हैं ? इसलिए कि ये लोग गले में तागा डाल लेते हैं ? यहाँ तो जितने हैं, एक–से-एक छँटे हैं । चोरी ये करें, जाल-फरेब ये करें, झूठे मुकदमे ये करें। अभी इस ठाकुर ने तो उस दिन बेचारे गड़रिये की भेड़ चुरा ली थी और बाद में मारकर खा गया। इन्हीं पंडित के घर में तो बारहों मास जुआ होता है। यही साहू जी तो घी में तेल मिलाकर बेचते हैं। काम करा लेते हैं, मजूरी देते नानी मरती है । किस-किस बात में हमसे ऊँचे हैं, हम गली-गली चिल्लाते नहीं कि हम ऊँचे हैं, हम ऊँचे । कभी गाँव में आ जाती हूँ, तो रस-भरी आँख से देखने लगते हैं। जैसे सबकी छाती पर साँप लोटने लगता है, परंतु घमंड यह कि हम ऊँचे हैं!

कुएँ पर किसी के आने की आहट हुई । गंगी की छाती धक-धक करने लगी । कहीं देख लें तो गजब हो जाय । एक लात भी तो नीचे न पड़े । उसने घड़ा और रस्सी उठा ली और झुककर चलती हुई एक वृक्ष के अंधेरे साये में जा खड़ी हुई । कब इन लोगों को दया आती है किसी पर ! बेचारे महँगू को इतना मारा कि महीनों लहू थूकता रहा। इसीलिए तो कि उसने बेगार न दी थी । इस पर ये लोग ऊँचे बनते हैं ?

कुएँ पर स्त्रियाँ पानी भरने आयी थीं। इनमें बात हो रही थी ।

'खाना खाने चले और हुक्म हुआ कि ताजा पानी भर लाओ । घड़े के लिए पैसे नहीं हैं।'

'हम लोगों को आराम से बैठे देखकर जैसे मरदों को जलन होती है ।'

'हाँ, यह तो न हुआ कि कलसिया उठाकर भर लाते। बस, हुकुम चला दिया कि ताजा पानी लाओ, जैसे हम लौंडियाँ ही तो हैं।'

'लौंडियाँ नहीं तो और क्या हो तुम? रोटी-कपड़ा नहीं पातीं ? दस-पाँच रुपये भी छीन–झपटकर ले ही लेती हो। और लौडियाँ कैसी होती हैं!'

'मत लजाओ, दीदी! छिन-भर आराम करने को जी तरसकर रह जाता है। इतना काम किसी दूसरे के घर कर देती, तो इससे कहीं आराम से रहती। ऊपर से वह एहसान मानता ! यहाँ काम करते–करते मर जाओ; पर किसी का मुँह ही सीधा नहीं होता ।'

दोनों पानी भरकर चली गयीं, तो गंगी वृक्ष की छाया से निकली और कुएँ की जगत के पास आयी। बेफिक्रे चले गऐ थे । ठाकुर भी दरवाजा बंद कर अंदर आँगन में सोने जा रहे थे। गंगी ने क्षणिक सुख की साँस ली। किसी तरह मैदान तो साफ हुआ। अमृत चुरा लाने के लिए जो

राजकुमार किसी जमाने में गया था, वह भी शायद इतनी सावधानी के साथ और समझ-बूझकर न गया हो । गंगी दबे पाँव कुएँ की जगत पर चढ़ी, विजय का ऐसा अनुभव उसे पहले कभी न हुआ था।

उसने रस्सी का फंदा घड़े में डाला । दायें-बायें चौकन्नी दृष्टि से देखा जैसे कोई सिपाही रात को शत्रु के किले में सुराख कर रहा हो । अगर इस समय वह पकड़ ली गयी, तो फिर उसके लिए माफी या रियायत की रत्ती-भर उम्मीद नहीं । अंत मे देवताओं को याद करके उसने कलेजा मजबूत किया और घड़ा कुएँ में डाल दिया ।

घड़े ने पानी में गोता लगाया, बहुत ही आहिस्ता । जरा भी आवाज न हुई । गंगी ने दो—चार हाथ जल्दी-जल्दी मारे ।घड़ा कुएँ के मुँह तक आ पहुँचा । कोई बड़ा शहजोर पहलवान भी इतनी तेजी से न खींच सकता था।

गंगी झुकी कि घड़े को पकड़कर जगत पर रखे कि एकाएक ठाकुर साहब का दरवाजा खुल गया । शेर का मुँह इससे अधिक भयानक न होगा।

गंगी के हाथ से रस्सी छूट गयी । रस्सी के साथ घड़ा धड़ाम से पानी में गिरा और कई क्षण तक पानी में हिलकोरे की आवाजें सुनाई देती रहीं ।

ठाकुर कौन है, कौन है ? पुकारते हुए कुएँ की तरफ आ रहे थे और गंगी जगत से कूदकर भागी जा रही थी ।

घर पहुँचकर देखा कि जोखू लोटा मुँह से लगाये वही मैला-गंदा पानी पी रहा है।

❐

9 बेटों वाली विधवा

पिता की मृत्यु के बाद बेटों का मां से निरंकुश व्यवहार संतान की लालची एवं स्वार्थी प्रवृत्ति का उद्‌पाटन करता है। एकाकीपन के लबादे को ओढ़ती विधवा मां धीरे-धीरे चुप्पी और अपने ही बुने हुए एकांत की सुरंग में उतरती चली जाती है।

पंडित अयोध्यानाथ का देहांत हुआ तो सबने कहा, ईश्वर आदमी की ऐसी ही मौत दे। चार जवान बेटे थे, एक लड़की। चारों लड़कों के विवाह हो चुके थे, केवल लड़की क्वाँरी थी। संपत्ति भी काफी छोड़ी थी। एक पक्का मकान, दो बगीचे, कई हजार के गहने और बीस हजार नकद। विधवा फूलमती को शोक तो हुआ और कई दिन तक बेहाल पड़ी रही, लेकिन जवान बेटों को सामने देखकर उसे ढाढ़स हुआ। चारों लड़के एक-से-एक सुशील,चारों बहुएँ एक-से-एक बढ़कर आज्ञाकारिणी। जब वह रात को लेटती, तो चारों बारी-बारी से उसके पाँव दबातीं; वह स्नान करके उठती, तो उसकी साड़ी छाँटतीं। सारा घर उसके इशारे पर चलता था। बड़ा लड़का कामता एक दफ्तर में 50 रु. पर नौकर था, छोटा उमानाथ डाक्टरी पास कर चुका था और कहीं औषधालय खोलने की फिक्र में था, तीसरा दयानाथ बी. ए. में फेल हो गया था और पत्रिकाओं में लेख लिखकर कुछ-न-कुछ कमा लेता था, चौथा सीतानाथ चारों में सबसे कुशाग्र बुद्धि और होनहार था और अबकी साल बी. ए. प्रथम श्रेणी में पास करके एम. ए. की तैयारी में लगा हुआ था। किसी लड़के में वह दुर्व्यसन, वह छैलापन, वह लुटाऊपन न था, जो माता-पिता को जलाता और कुल-मर्यादा को डुबाता है। फूलमती घर की मालकिन थी। गोकि कुंजियाँ बड़ी बहू के पास रहती थीं – बुढ़िया में वह अधिकार-प्रेम न था, जो वृद्धजनों को कटु और कलहशील बना दिया करता है; किन्तु उसकी इच्छा के बिना कोई बालक मिठाई तक न मँगा सकता था।

संध्या हो गयी थी। पंडित को मरे आज बारहवाँ दिन था। कल तेरही है। ब्रह्मभोज होगा। बिरादरी के लोग निमंत्रित होंगे। उसी की तैयारियाँ हो रही थीं। फूलमती अपनी कोठरी में बैठी देख रही थी, पल्लेदार बोरे में आटा लाकर रख रहे हैं। घी के टिन आ रहे हैं। शाक-भाजी के टोकरे, शक्कर की बोरियाँ, दही के मटके चले आ रहे हैं। महापात्र के लिए दान की चीजें लायी गयीं– बर्तन, कपड़े, पलंग, बिछावन, छाते, जूते, छड़ियाँ, लालटेनें आदि; किन्तु फूलमती को कोई चीज नहीं दिखायी गयी। नियमानुसार ये सब सामान उसके पास आने चाहिए थे। वह प्रत्येक वस्तु को देखती उसे पसंद करती, उसकी मात्रा में कमी-बेशी का फैसला करती; तब इन चीजों को भंडारे में रखा जाता। क्यों उसे दिखाने और उसकी राय लेने की जरूरत नहीं समझी गयी? अच्छा वह आटा तीन ही बोरा क्यों आया? उसने तो पाँच बोरों के लिए कहा था। घी भी पाँच ही कनस्तर है। उसने तो दस कनस्तर मँगवाए थे। इसी तरह शाक-भाजी, शक्कर, दही आदि में भी कमी की गयी होगी। किसने उसके हुक्म में हस्तक्षेप किया? जब उसने एक बात तय कर दी, तब किसे उसको घटाने-बढ़ाने का अधिकार है?

आज चालीस वर्षों से घर के प्रत्येक मामले में फूलमती की बात सर्वमान्य थी। उसने सौ कहा तो सौ खर्च किये गये, एक कहा तो एक। किसी ने मीन-मेख न की। यहाँ तक कि पं. अयोध्यानाथ भी उसकी इच्छा के विरूद्ध कुछ न करते थे; पर आज उसकी आँखों के सामने प्रत्यक्ष रूप से उसके हुक्म की उपेक्षा की जा रही है! इसे वह क्योंकर स्वीकार कर सकती?

कुछ देर तक तो वह जब्त किये बैठी रही; पर अंत में न रहा गया। स्वायत्त शासन उसका स्वभाव हो गया था। वह क्रोध में भरी हुई आयी और कामतानाथ से बोली—क्या आटा तीन ही बोरे लाये? मैंने तो पाँच बोरों के लिए कहा था। और घी भी पाँच ही टिन मँगवाया! तुम्हें याद है, मैंने दस कनस्तर कहा था? किफायत को मैं बुरा नहीं समझती; लेकिन जिसने यह कुआँ खोदा, उसी की आत्मा पानी को तरसे, यह कितनी लज्जा की बात है!

कामतानाथ ने क्षमा-याचना न की, अपनी भूल भी स्वीकार न की, लज्जित भी नहीं हुआ। एक मिनट तो विद्रोही भाव से खड़ा रहा, फिर बोला—हम लोगों की सलाह तीन ही बोरों की हुई और तीन बोरे के लिए पाँच टिन घी काफी था। इसी हिसाब से और चीजें भी कम कर दी गयी हैं।

फूलमती उग्र होकर बोली—किसकी राय से आटा कम किया गया?

'हम लोगों की राय से।'

'तो मेरी राय कोई चीज नहीं है?'

'है क्यों नहीं; लेकिन अपना हानि-लाभ तो हम समझते हैं?'

फूलमती हक्की-बक्की होकर उसका मुँह ताकने लगी। इस वाक्य का आशय उसकी समझ में न आया। अपना हानि-लाभ! अपने घर में हानि-लाभ की जिम्मेदार वह आप है। दूसरों को, चाहे वे उसके पेट के जन्मे पुत्र ही क्यों न हों, उसके कामों में हस्तक्षेप करने का क्या अधिकार? यह लौंडा तो इस ढिठाई से जवाब दे रहा है, मानो घर उसी का है, उसी ने मर-मरकर गृहस्थी जोड़ी है, मैं तो गैर हूँ! जरा इसकी हेकड़ी तो देखो।

उसने तमतमाये हुए मुख से कहा—मेरे हानि-लाभ के जिम्मेदार तुम नहीं हो। मुझे अख्तियार है, जो उचित समझूँ, वह करूँ। अभी जाकर दो बोरे आटा और पाँच टिन घी और लाओ और आगे के लिए खबरदार, जो किसी ने मेरी बात काटी।

अपने विचार में उसने काफी तम्बीह कर दी थी। शायद इतनी कठोरता अनावश्यक थी। उसे अपनी उग्रता पर खेद हुआ। लड़के ही तो हैं, समझे होंगे कुछ किफायत करनी चाहिए। मुझसे इसलिए न पूछा होगा कि अम्माँ तो खुद हरेक काम में किफायत करती हैं। अगर इन्हें मालूम होता कि इस काम में मैं किफायत पसंद न करूँगी, तो कभी इन्हें मेरी उपेक्षा करने का साहस न होता। यद्यपि कामतानाथ अब भी उसी जगह खड़ा था और उसकी भावभंगी से ऐसा ज्ञात होता था कि इस आज्ञा का पालन करने के लिए वह बहुत उत्सुक नहीं, पर फूलमती निश्चिंत होकर अपनी कोठरी में चली गयी। इतनी तम्बीह पर भी किसी को उसकी अवज्ञा करने की सामर्थ्य हो सकती है, इसकी संभावना का ध्यान भी उसे न आया।

पर ज्यों-ज्यों समय बीतने लगा, उस पर यह हकीकत खुलने लगी कि इस घर में अब उसकी वह हैसियत नहीं रही, जो दस-बारह दिन पहले थी। संबंधियों के यहाँ के नेवते में शक्कर, मिठाई, दही, अचार आदि आ रहे थे। बड़ी बहू इन वस्तुओं को स्वामिनी-भाव से सँभाल-सँभालकर रख रही थी। कोई भी उससे पूछने नहीं आता। बिरादरी के लोग जो कुछ पूछते हैं, कामतानाथ से या बड़ी बहू से। कामतानाथ कहाँ का बड़ा इंतजामकार है, रात-दिन भंग पिये पड़ा रहता है किसी तरह रो-धोकर दफ्तर चला जाता है। उसमें भी महीने में पंद्रह नागों से कम नहीं होते। वह तो कहो, साहब पंडितजी का लिहाज करता है, नहीं अब तक कभी का निकाल देता। और बड़ी बहू जैसी फूहड़ औरत भला इन सब बातों को क्या समझेगी! अपने कपड़े-लत्ते तक तो जतन से रख नहीं सकती, चली है गृहस्थी चलाने! भद होगी और क्या। सब मिलकर कुल की नाक कटवायेंगे। वक्त पर कोई-न-कोई चीज कम हो जायेगी। इन कामों के लिए बड़ा अनुभव चाहिए। कोई चीज तो इतनी बन जायेगी कि मारी-मारी फिरेगी। कोई चीज इतनी कम बनेगी कि किसी पत्तल पर पहुँचेगी, किसी पर नहीं। आखिर इन सबों को हो क्या गया है! अच्छा, बहू तिजोरी क्यों खोल रही है? वह मेरी आज्ञा के बिना तिजोरी खोलनेवाली कौन होती है? कुंजी उसके पास है अवश्य; लेकिन जब तक मैं रुपये न निकलवाऊँ, तिजोरी नहीं खुलती। आज तो इस तरह खोल रही है, मानो मैं कुछ हूँ ही नहीं। यह मुझसे न बर्दाश्त होगा!

वह झमककर उठी और बहू के पास जाकर कठोर स्वर में बोली—तिजोरी क्यों खोलती हो बहू, मैंने तो खोलने को नहीं कहा?

बड़ी बहू ने निस्संकोच भाव से उत्तर दिया—बाजार से सामान आया है, तो दाम न दिया जायेगा।

'कौन चीज किस भाव में आयी है और कितनी आयी है, यह मुझे कुछ नहीं मालूम! जब तक हिसाब-किताब न हो जाये, रुपये कैसे दिये जायँ?'

'हिसाब-किताब सब हो गया है।'

'किसने किया?'

'अब मैं क्या जानूँ किसने किया? जाकर मरदों से पूछो! मुझे हुक्म मिला, रुपये लाकर दे दो, रुपये लिये जाती हूँ!'

फूलमती खून का घूँट पीकर रह गयी। इस वक्त बिगड़ने का अवसर न था। घर में मेहमान स्त्री-पुरुष भरे हुए थे। अगर इस वक्त उसने लड़कों को डाँटा, तो लोग यही कहेंगे कि इनके घर में पंडितजी के मरते ही फूट पड़ गयी। दिल पर पत्थर रखकर फिर अपनी कोठरी में चली गयी। जब मेहमान विदा हो जायेंगे, तब वह एक-एक की खबर लेगी। तब देखेगी, कौन उसके सामने आता है और क्या कहता है। इनकी सारी चौकड़ी भुला देगी।

किन्तु कोठरी के एकांत में भी वह निश्चिंत न बैठी थी। सारी परिस्थिति को गिद्ध दृष्टि से देख रही थी, कहाँ सत्कार का कौन-सा नियम भंग होता है, कहाँ मर्यादाओं की उपेक्षा की जाती है। भोज आरम्भ हो गया। सारी बिरादरी एक साथ पंगत में बैठा दी गयी। आँगन में मुश्किल से दो सौ

आदमी बैठ सकते हैं। ये पाँच सौ आदमी इतनी-सी जगह में कैसे बैठ जायेंगे? क्या आदमी के ऊपर आदमी बिठाए जायेंगे? दो पंगतों में लोग बिठाये जाते तो क्या बुराई हो जाती? यही तो होता कि बारह बजे की जगह भोज दो बजे समाप्त होता; मगर यहाँ तो सबको सोने की जल्दी पड़ी हुई है। किसी तरह यह बला सिर से टले और चैन से सोयें! लोग कितने सटकर बैठे हुए हैं कि किसी को हिलने की भी जगह नहीं। पत्तल एक-पर-एक रखे हुए हैं। पूरियाँ ठंडी हो गईं। लोग गरम-गरम माँग रहे हैं। मैदे की पूरियाँ ठंडी होकर चिमड़ी हो जाती हैं। इन्हें कौन खायेगा? रसोइये को कढ़ाव पर से न जाने क्यों उठा दिया गया? यही सब बातें नाक काटने की हैं।

सहसा शोर मचा, तरकारियों में नमक नहीं। बड़ी बहू जल्दी-जल्दी नमक पीसने लगी। फूलमती क्रोध के मारे ओठ चबा रही थी, पर इस अवसर पर मुँह न खोल सकती थी। नमक पिसा और पत्तलों पर डाला गया। इतने में फिर शोर मचा—पानी गरम है, ठंडा पानी लाओ! ठंडे पानी का कोई प्रबन्ध न था, बर्फ भी न मँगाई गयी। आदमी बाजार दौड़ाया गया, मगर बाजार में इतनी रात गये बर्फ कहाँ? आदमी खाली हाथ लौट आया। मेहमानों को वही नल का गरम पानी पीना पड़ा। फूलमती का बस चलता, तो लड़कों का मुँह नोच लेती। ऐसी छीछालेदर उसके घर में कभी न हुई थी। उस पर सब मालिक बनने के लिए मरते हैं। बर्फ जैसी जरूरी चीज मँगवाने की भी किसी को सुधि न थी! सुधि कहाँ से रहे—जब किसी को गप लड़ाने से फुर्सत मिले। मेहमान अपने दिल में क्या कहेंगे कि चले हैं बिरादरी को भोज देने और घर में बर्फ तक नहीं!

अच्छा, फिर यह हलचल क्यों मच गयी? अरे, लोग पंगत से उठे जा रहे हैं। क्या मामला है?

फूलमती उदासीन न रह सकी। कोठरी से निकलकर बरामदे में आयी और कामतानाथ से पूछा—'क्या बात हो गयी लल्ला? लोग उठे क्यों जा रहे हैं?'कामता ने कोई जवाब न दिया। वहाँ से खिसक गया। फूलमती झुँझलाकर रह गयी। सहसा कहारिन मिल गयी। फूलमती ने उससे भी यह प्रश्न किया। मालूम हुआ, किसी के शोरबे में मरी हुई चुहिया निकल आयी। फूलमती चित्रलिखित-सी वहीं खड़ी रह गयी। भीतर ऐसा उबाल उठा कि दीवार से सिर टकरा ले! अभागे भोज का प्रबन्ध करने चले थे। इस फूहड़पन की कोई हद है, कितने आदमियों का धर्म सत्यानाश हो गया! फिर पंगत क्यों न उठ जाये? आँखों से देखकर अपना धर्म कौन गँवायेगा? हा! सारा किया-धरा मिट्टी में मिल गया। सैकड़ों रुपये पर पानी फिर गया! बदनामी हुई वह अलग।

मेहमान उठ चुके थे। पत्तलों पर खाना ज्यों-का-त्यों पड़ा हुआ था। चारों लड़के आँगन में लज्जित खड़े थे। एक दूसरे को इलजाम दे रहा था। बड़ी बहू अपनी देवरानियों पर बिगड़ रही थी। देवरानियाँ सारा दोष कुमुद के सिर डालती थी। कुमुद खड़ी रो रही थी। उसी वक्त फूलमती झल्लायी हुई आकर बोली—'मुँह में कालिख लगी कि नहीं या अभी कुछ कसर बाकी है? डूब मरो, सब-के-सब जाकर चिल्लू-भर पानी में! शहर में कहीं मुँह दिखाने लायक भी नहीं रहे।' किसी लड़के ने जवाब न दिया।

फूलमती और भी प्रचंड होकर बोली—'तुम लोगों को क्या? किसी को शर्म-हया तो है नहीं। आत्मा तो उनकी रो रही है, जिन्होंने अपनी जिन्दगी घर की मरजाद बनाने में खराब कर दी।

उनकी पवित्र आत्मा को तुमने यों कलंकित किया? शहर में थुड़ी-थुड़ी हो रही है। अब कोई तुम्हारे द्वार पर पेशाब करने तो आयेगा नहीं!'

कामतानाथ कुछ देर तक तो चुपचाप खड़ा सुनता रहा। आखिर झुँझला कर बोला—"अच्छा, अब चुप रहो अम्माँ। भूल हुई, हम सब मानते हैं, बड़ी भयंकर भूल हुई, लेकिन अब क्या उसके लिए घर के प्राणियों को हलाल-कर डालोगी? सभी से भूलें होती हैं। आदमी पछताकर रह जाता है। किसी की जान तो नहीं मारी जाती? "

बड़ी बहू ने अपनी सफाई दी—'हम क्या जानते थे कि बीबी (कुमुद) से इतना-सा काम भी न होगा। इन्हें चाहिए था कि देखकर तरकारी कढ़ाव में डालतीं। टोकरी उठाकर कढ़ाव में डाल दी! हमारा क्या दोष!'

कामतानाथ ने पत्नी को डाँटा—'इसमें न कुमुद का कसूर है, न तुम्हारा, न मेरा। संयोग की बात है। बदनामी भाग में लिखी थी, वह हुई। इतने बड़े भोज में एक-एक मुट्ठी तरकारी कढ़ाव में नहीं डाली जाती! टोकरे-के-टोकरे उड़ेल दिए जाते हैं। कभी-कभी ऐसी दुर्घटना होती है। पर इसमें कैसी जग-हँसाई और कैसी नक-कटाई। तुम खामखाह जले पर नमक छिड़कती हो!'

फूलमती ने दाँत पीसकर कहा—'शरमाते तो नहीं, उलटे और बेहयाई की बातें करते हो।'

कामतानाथ ने नि:संकोच होकर कहा—'शरमाऊँ क्यों, किसी की चोरी की है? चीनी में चींटे और आटे में घुन, यह नहीं देखे जाते। पहले हमारी निगाह न पड़ी, बस, यहीं बात बिगड़ गयी। नहीं, चुपके से चुहिया निकालकर फेंक देते। किसी को खबर भी न होती।'

फूलमती ने चकित होकर कहा—'क्या कहता है, मरी चुहिया खिलाकर सबका धर्म बिगाड़ देता?'

कामता हँसकर बोला—'क्या पुराने जमाने की बातें करती हो अम्माँ। इन बातों से धर्म नहीं जाता? यह धर्मात्मा लोग जो पत्तल पर से उठ गये हैं,इनमें से कौन है, जो भेड़-बकरी का मांस न खाता हो? तालाब के कछुए और घोंघे तक तो किसी से बचते नहीं। जरा-सी चुहिया में क्या रखा था!'

फूलमती को ऐसा प्रतीत हुआ कि अब प्रलय आने में बहुत देर नहीं है। जब पढे-लिखे आदमियों के मन मे ऐसे अधार्मिक भाव आने लगे, तो फिर धर्म की भगवान ही रक्षा करें। अपना-सा मुँह लेकर चली गयी।

दो महीने गुजर गये हैं। रात का समय है। चारों भाई दिन के काम से छुट्टी पाकर कमरे में बैठे गप-शप कर रहे हैं। बड़ी बहू भी षड्यंत्र में शरीक है। कुमुद के विवाह का प्रश्न छिड़ा हुआ है।

कामतानाथ ने मसनद पर टेक लगाते हुए कहा—'दादा की बात दादा के साथ गयी। पंडित विद्वान भी हैं और कुलीन भी होंगे। लेकिन जो आदमी अपनी विद्या और कुलीनता को रुपयों पर बेचे, वह नीच है। ऐसे नीच आदमी के लड़के से हम कुमुद का विवाह सेंत में भी न करेंगे, पाँच हजार तो दूर की बात है। उसे बताओ धता और किसी दूसरे वर की तलाश करो। हमारे पास कुल

बीस हजार ही तो हैं। एक-एक के हिस्से में पाँच-पाँच हजार आते हैं। पाँच हजार दहेज में दे दें, और पाँच हजार नेग-न्योछावर, बाजे-गाजे में उड़ा दें, तो फिर हमारी बधिया ही बैठ जायेगी।'

उमानाथ बोले—'मुझे अपना औषधालय खोलने के लिए कम-से-कम पाँच हजार की जरूरत है। मैं अपने हिस्से में से एक पाई भी नहीं दे सकता। फिर खुलते ही आमदनी तो होगी नहीं। कम-से-कम साल-भर घर से खाना पड़ेगा।'

दयानाथ एक समाचार-पत्र देख रहे थे। आँखों से ऐनक उतारते हुए बोले—मेरा विचार भी एक पत्र निकालने का है। प्रेस और पत्र में कम-से-कम दस हजार का कैपिटल चाहिए। पाँच हजार मेरे रहेंगे तो कोई-न-कोई साझेदार भी मिल जायेगा। पत्रों में लेख लिखकर मेरा निर्वाह नहीं हो सकता।

कामतानाथ ने सिर हिलाते हुए कहा—'अजी, राम भजो, सेंत में कोई लेख छापता नहीं, रुपये कौन देता है।'

दयानाथ ने प्रतिवाद किया—'नहीं, यह बात तो नहीं है। मैं तो कहीं भी बिना पेशगी पुरस्कार लिये नहीं लिखता।'

कामता ने जैसे अपने शब्द वापस लिये—'तुम्हारी बात मैं नहीं कहता भाई। तुम तो थोड़ा-बहुत मार लेते हो, लेकिन सबको तो नहीं मिलता।'

बड़ी बहू ने श्रद्धा भाव ने कहा—'कन्या भाग्यवान हो तो दरिद्र घर में भी सुखी रह सकती है। अभागी हो, तो राजा के घर में भी रोयेगी। यह सब नसीबों का खेल है।'

कामतानाथ ने स्त्री की ओर प्रशंसा-भाव से देखा—'फिर इसी साल हमें सीता का विवाह भी तो करना है।'

सीतानाथ सबसे छोटा था। सिर झुकाये भाइयों की स्वार्थ-भरी बातें सुन-सुनकर कुछ कहने के लिए उतावला हो रहा था। अपना नाम सुनते ही बोला—'मेरे विवाह की आप लोग चिन्ता न करें। मैं जब तक किसी धंधे में न लग जाऊँगा, विवाह का नाम भी न लूँगा; और सच पूछिये तो मैं विवाह करना ही नहीं चाहता। देश को इस समय बालकों की जरूरत नहीं, काम करने वालों की जरूरत है। मेरे हिस्से के रुपये आप कुमुद के विवाह में खर्च कर दें। सारी बातें तय हो जाने के बाद यह उचित नहीं है कि पंडित मुरारीलाल से संबंध तोड़ लिया जाये।'

उमा ने तीव्र स्वर में कहा—'दस हजार कहाँ से आयेंगे?'

सीता ने डरते हुए कहा—'मैं तो अपने हिस्से के रुपये देने को कहता हूँ।'

'और शेष?'

'मुरारीलाल से कहा जाये कि दहेज में कुछ कमी कर दें। वे इतने स्वार्थांध नहीं हैं कि इस अवसर पर कुछ बल खाने को तैयार न हो जायें, अगर वह तीन हजार में संतुष्ट हो जाएं तो पाँच हजार में विवाह हो सकता है।

उमा ने कामतानाथ से कहा—सुनते हैं भाई साहब, इसकी बातें।

दयानाथ बोल उठे—तो इसमें आप लोगों का क्या नुकसान है? मुझे तो इस बात से खुशी हो रही है कि भला, हममें कोई तो त्याग करने योग्य है। इन्हें तत्काल रुपये की जरूरत नहीं है। सरकार से वजीफा पाते ही हैं। पास होने पर कहीं-न-कहीं जगह मिल जायेगी। हम लोगों की हालत तो ऐसी नहीं है।

कामतानाथ ने दूरदर्शिता का परिचय दिया—नुकसान की एक ही कही। हममें से एक को कष्ट हो तो क्या और लोग बैठे देखेंगे? यह अभी लड़के हैं,इन्हें क्या मालूम, समय पर एक रुपया एक लाख का काम करता है। कौन जानता है, कल इन्हें विलायत जाकर पढ़ने के लिए सरकारी वजीफा मिल जाये या सिविल सर्विस में आ जायें। उस वक्त सफर की तैयारियों में चार-पाँच हजार लग जाएँगे। तब किसके सामने हाथ फैलाते फिरेंगे? मैं यह नहीं चाहता कि दहेज के पीछे इनकी जिन्दगी नष्ट हो जाये।

इस तर्क ने सीतानाथ को भी तोड़ लिया। सकुचाता हुआ बोला—हाँ, यदि ऐसा हुआ तो बेशक मुझे रुपये की जरूरत होगी।

'क्या ऐसा होना असंभव है?'

'असभंव तो मैं नहीं समझता; लेकिन कठिन अवश्य है। वजीफे उन्हें मिलते हैं, जिनके पास सिफारिशें होती हैं, मुझे कौन पूछता है।'

'कभी-कभी सिफारिशें धरी रह जाती हैं और बिना सिफारिश वाले बाजी मार ले जाते हैं।'

'तो आप जैसा उचित समझें। मुझे यहाँ तक मंजूर है कि चाहे मैं विलायत न जाऊँ; पर कुमुद अच्छे घर जाये।'

कामतानाथ ने निष्ठा-भाव से कहा—अच्छा घर दहेज देने ही से नहीं मिलता भैया! जैसा तुम्हारी भाभी ने कहा, यह नसीबों का खेल है। मैं तो चाहता हूँ कि मुरारीलाल को जवाब दे दिया जाये और कोई ऐसा घर खोजा जाये, जो थोड़े में राजी हो जाये। इस विवाह में मैं एक हजार से ज्यादा नहीं खर्च कर सकता। पंडित दीनदयाल कैसे हैं?

उमा ने प्रसन्न होकर कहा—बहुत अच्छे। एम.ए., बी.ए. न सही, यजमानों से अच्छी आमदनी है।

दयानाथ ने आपत्ति की—अम्माँ से भी पूछ तो लेना चाहिए।

कामतानाथ को इसकी कोई जरूरत न मालूम हुई। बोले—उनकी तो जैसे बुद्धि ही भ्रष्ट हो गयी। वही पुराने युग की बातें! मुरारीलाल के नाम पर उधार खाये बैठी हैं। यह नहीं समझतीं कि वह जमाना नहीं रहा। उनको तो बस, कुमुद मुरारी पंडित के घर जाये, चाहे हम लोग तबाह हो जायें।

उमा ने एक शंका उपस्थित की—अम्माँ अपने सब गहने कुमुद को दे देंगी, देख लीजिएगा।

कामतानाथ का स्वार्थ नीति से विद्रोह न कर सका। बोले—गहनों पर उनका पूरा अधिकार है। यह उनका स्त्रीधन है। जिसे चाहें, दे सकती हैं।

उमा ने कहा—स्त्रीधन है तो क्या वह उसे लुटा देंगी। आखिर वह भी तो दादा ही की कमाई है।

'किसी की कमाई हो। स्त्रीधन पर उनका पूरा अधिकार है!'

'यह कानूनी गोरखधंधे हैं। बीस हजार में तो चार हिस्सेदार हों और दस हजार के गहने अम्माँ के पास रह जायें। देख लेना, इन्हीं के बल पर वह कुमुद का विवाह मुरारी पंडित के घर करेंगी।'

उमानाथ इतनी बड़ी रकम को इतनी आसानी से नहीं छोड़ सकता। वह कपट-नीति में कुशल है। कोई कौशल रचकर माता से सारे गहने ले लेगा। उस वक्त तक कुमुद के विवाह की चर्चा करके फूलमती को भड़काना उचित नहीं। कामतानाथ ने सिर हिलाकर कहा—भाई, मैं इन चालों को पसंद नहीं करता।

उमानाथ ने खिसियाकर कहा—गहने दस हजार से कम के न होंगे।

कामता अविचलित स्वर में बोले—कितने ही के हों; मैं अनीति में हाथ नहीं डालना चाहता।

'तो आप अलग बैठिए। हाँ, बीच में भांजी न मारिएगा।'

'मैं अलग रहूँगा।'

'और तुम सीता?'

'अलग रहूँगा।'

लेकिन जब दयानाथ से यही प्रश्न किया गया, तो वह उमानाथ से सहयोग करने को तैयार हो गया। दस हजार में ढ़ाई हजार तो उसके होंगे ही। इतनी बड़ी रकम के लिए यदि कुछ कौशल भी करना पड़े तो क्षम्य है।

फूलमती रात को भोजन करके लेटी थी कि उमा और दया उसके पास जा कर बैठ गये। दोनों ऐसा मुँह बनाए हुए थे, मानो कोई भारी विपत्ति आ पड़ी है। फूलमती ने सशंक होकर पूछा—तुम दोनों घबड़ाये हुए मालूम होते हो?

उमा ने सिर खुजलाते हुए कहा—समाचार-पत्रों में लेख लिखना बड़े जोखिम का काम है अम्माँ! कितना ही बचकर लिखो, लेकिन कहीं-न-कहीं पकड़ हो ही जाती है। दयानाथ ने एक लेख लिखा था। उस पर पाँच हजार की जमानत माँगी गयी है। अगर कल तक जमा न कर दी गयी, तो गिरफ्तार हो जायेंगे और दस साल की सजा ठुक जायेगी।

फूलमती ने सिर पीटकर कहा—ऐसी बातें क्यों लिखते हो बेटा? जानते नहीं हो, आजकल हमारे अदिन आए हुए हैं। जमानत किसी तरह टल नहीं सकती?

दयानाथ ने अपराधी-भाव से उत्तर दिया—मैंने तो अम्माँ, ऐसी कोई बात नहीं लिखी थी; लेकिन किस्मत को क्या करूँ। हाकिम जिला इतना कड़ा है कि जरा भी रियायत नहीं करता। मैंने जितनी दौड़-धूप हो सकती थी, वह सब कर ली।

'तो तुमने कामता से रुपये का प्रबन्ध करने को नहीं कहा?'

उमा ने मुँह बनाया—उनका स्वभाव तो तुम जानती हो अम्माँ, उन्हें रुपये प्राणों से प्यारे हैं। इन्हें चाहे कालापानी ही हो जाये, वह एक पाई न देंगे।

दयानाथ ने समर्थन किया—मैंने तो उनसे इसका जिक्र ही नहीं किया।

फूलमती ने चारपाई से उठते हुए कहा—चलो, मैं कहती हूँ, देगा कैसे नहीं? रुपये इसी दिन के लिए होते हैं कि गाड़कर रखने के लिए?

उमानाथ ने माता को रोककर कहा—नहीं अम्माँ, उनसे कुछ न कहो। रुपये तो न देंगे, उल्टे और हाय-हाय मचायेंगे। उनको अपनी नौकरी की खैरियत मनानी है, इन्हें घर में रहने भी न देंगे। अफ़सरों में जाकर खबर दे दें तो आश्चर्य नहीं।

फूलमती ने लाचार होकर कहा—तो फिर जमानत का क्या प्रबन्ध करोगे? मेरे पास तो कुछ नहीं है। हाँ, मेरे गहने हैं, इन्हें ले जाओ, कहीं गिरों रखकर जमानत दे दो। और आज से कान पकड़ो कि किसी पत्र में एक शब्द भी न लिखोगे।

दयानाथ कानों पर हाथ रखकर बोला—यह तो नहीं हो सकता अम्माँ, कि तुम्हारे जेवर लेकर मैं अपनी जान बचाऊँ। दस-पाँच साल की कैद ही तो होगी, झेल लूँगा। यहीं बैठा-बैठा क्या कर रहा हूँ!

फूलमती छाती पीटते हुए बोली—कैसी बातें मुँह से निकालते हो बेटा, मेरे जीते-जी तुम्हें कौन गिरफ्तार कर सकता है! उसका मुँह झुलस दूँगी। गहने इसी दिन के लिए हैं या और किसी दिन के लिए! जब तुम्हीं न रहोगे, तो गहने लेकर क्या आग में झोकूँगी!

उसने पिटारी लाकर उसके सामने रख दी।

दया ने उमा की ओर जैसे फरियाद की आँखों से देखा और बोला—आपकी क्या राय है भाई साहब? इसी मारे मैं कहता था, अम्माँ को बताने की जरूरत नहीं। जेल ही तो हो जाती या और कुछ?

उमा ने जैसे सिफारिश करते हुए कहा—यह कैसे हो सकता था कि इतनी बड़ी वारदात हो जाती और अम्माँ को खबर न होती। मुझसे यह नहीं हो सकता था कि सुनकर पेट में डाल लेता; मगर अब करना क्या चाहिए, यह मैं खुद निर्णय नहीं कर सकता। न तो यही अच्छा लगता है कि तुम जेल जाओ और न यही अच्छा लगता है कि अम्माँ के गहने गिरों रखे जायें।

फूलमती ने व्यथित कंठ से पूछा—क्या तुम समझते हो, मुझे गहने तुमसे ज्यादा प्यारे हैं? मैं तो प्राण तक तुम्हारे ऊपर न्योछावर कर दूँ, गहनों की बिसात ही क्या है।

दया ने दृढ़ता से कहा—अम्माँ, तुम्हारे गहने तो न लूँगा, चाहे मुझ पर कुछ ही क्यों न आ पड़े। जब आज तक तुम्हारी कुछ सेवा न कर सका, तो किस मुँह से तुम्हारे गहने उठा ले जाऊँ? मुझ जैसे कपूत को तो तुम्हारी कोख से जन्म ही न लेना चाहिए था। सदा तुम्हें कष्ट ही देता रहा।

फूलमती ने भी उतनी ही दृढ़ता से कहा—अगर यों न लोगे, तो मैं खुद जाकर इन्हें गिरों रख दूँगी और खुद हाकिम जिला के पास जाकर जमानत जमा कर आऊँगी; अगर इच्छा हो तो यह

परीक्षा भी ले लो। आँखें बंद हो जाने के बाद क्या होगा, भगवान् जानें, लेकिन जब तक जीती हूँ तुम्हारी ओर कोई तिरछी आँखों से देख नहीं सकता।

उमानाथ ने मानो माता पर एहसान रखकर कहा—अब तो तुम्हारे लिए कोई रास्ता नहीं रहा दयानाथ। क्या हरज है, ले लो; मगर याद रखो, ज्यों ही हाथ में रुपये आ जायें, गहने छुड़ाने पड़ेंगे। सच कहते हैं, मातृत्व दीर्घ तपस्या है। माता के सिवाय इतना स्नेह और कौन कर सकता है? हम बड़े अभागे हैं कि माता के प्रति जितनी श्रद्धा रखनी चाहिए, उसका शतांश भी नहीं रखते।

दोनों ने जैसे बड़े धर्मसंकट में पड़कर गहनों की पिटारी सँभाली और चलते बने। माता वात्सल्य-भरी आँखों से उनकी ओर देख रही थी और उसकी संपूर्ण आत्मा का आशीर्वाद जैसे उन्हें अपनी गोद में समेट लेने के लिए व्याकुल हो रहा था। आज कई महीने के बाद उसके भग्न मातृ-हृदय को अपना सर्वस्व अर्पण करके जैसे आनन्द की विभूति मिली। उसकी स्वामिनी कल्पना इसी त्याग के लिए, इसी आत्मसमर्पण के लिए जैसे कोई मार्ग ढूँढ़ती रहती थी। अधिकार या लोभ या ममता की वहाँ गँध तक न थी। त्याग ही उसका आनन्द और त्याग ही उसका अधिकार है। आज अपना खोया हुआ अधिकार पाकर अपनी सिरजी हुई प्रतिमा पर अपने प्राणों की भेंट करके वह निहाल हो गयी।

तीन महीने और गुजर गये। माँ के गहनों पर हाथ साफ करके चारों भाई उसकी दिलजोई करने लगे थे। अपनी स्त्रियों को भी समझाते थे कि उसका दिल न दुखायें। अगर थोड़े-से शिष्टाचार से उसकी आत्मा को शांति मिलती है, तो इसमें क्या हानि है। चारों करते अपने मन की, पर माता से सलाह ले लेते या ऐसा जाल फैलाते कि वह सरला उनकी बातों में आ जाती और हरेक काम में सहमत हो जाती। बाग को बेचना उसे बहुत बुरा लगता था;लेकिन चारों ने ऐसी माया रची कि वह उसे बेचने पर राजी हो गयी, किन्तु कुमुद के विवाह के विषय में मतैक्य न हो सका। माँ पं. मुरारीलाल पर जमी हुई थी, लड़के दीनदयाल पर अड़े हुए थे। एक दिन आपस में कलह हो गयी।

फूलमती ने कहा—माँ-बाप की कमाई में बेटी का हिस्सा भी है। तुम्हें सोलह हजार का एक बाग मिला, पच्चीस हजार का एक मकान। बीस हजार नकद में क्या पाँच हजार भी कुमुद का हिस्सा नहीं है?

कामता ने नम्रता से कहा—अम्माँ, कुमुद आपकी लड़की है, तो हमारी बहन है। आप दो-चार साल में प्रस्थान कर जायेंगी; पर हमारा और उसका बहुत दिनों तक संबंध रहेगा। तब हम यथाशक्ति कोई ऐसी बात न करेंगे, जिससे उसका अमंगल हो; लेकिन हिस्से की बात कहती हो, तो कुमुद का हिस्सा कुछ नहीं। दादा जीवित थे, तब और बात थी। वह उसके विवाह में जितना चाहते, खर्च करते। कोई उनका हाथ न पकड़ सकता था; लेकिन अब तो हमें एक-एक पैसे की किफायत करनी पड़ेगी। जो काम हजार में हो जाये, उसके लिए पाँच हजार खर्च करना कहाँ की बुद्धिमानी है?

उमानाथ ने सुधारा—पाँच हजार क्यों, दस हजार कहिए।

कामता ने भवें सिकोड़कर कहा—नहीं, मैं पाँच हजार ही कहूँगा; एक विवाह में पाँच हजार खर्च करने की हमारी हैसियत नहीं है।

फूलमती ने जिद पकड़कर कहा—विवाह तो मुरारीलाल के पुत्र से ही होगा, पाँच हजार खर्च हों, चाहे दस हजार। मेरे पति की कमाई है। मैंने मर-मरकर जोड़ा है। अपनी इच्छा से खर्च करूँगी। तुम्हीं ने मेरी कोख से नहीं जन्म लिया है। कुमुद भी उसी कोख से आयी है। मेरी आँखों में तुम सब बराबर हो। मैं किसी से कुछ माँगती नहीं। तुम बैठे तमाशा देखो, मैं सब-कुछ कर लूँगी। बीस हजार में पाँच हजार कुमुद का है।

कामतानाथ को अब कड़वे सत्य की शरण लेने के सिवा और मार्ग न रहा। बोला—अम्माँ, तुम बरबस बात बढ़ाती हो। जिन रुपयों को तुम अपना समझती हो, वह तुम्हारे नहीं हैं; तुम हमारी अनुमति के बिना उनमें से कुछ नहीं खर्च कर सकती।

फूलमती को जैसे सर्प ने डस लिया—क्या कहा! फिर तो कहना! मैं अपने ही संचे रुपये अपनी इच्छा से नहीं खर्च कर सकती?

'वह रुपये तुम्हारे नहीं रहे, हमारे हो गये।'

'तुम्हारे होंगे; लेकिन मेरे मरने के पीछे।'

'नहीं, दादा के मरते ही हमारे हो गये!'

उमानाथ ने बेहयाई से कहा—अम्माँ, कानून-कायदा तो जानतीं नहीं, नाहक उछलती हैं।

फूलमती क्रोध-विह्वल होकर बोली—भाड़ में जाये तुम्हारा कानून। मैं ऐसे कानून को नहीं जानती। तुम्हारे दादा ऐसे कोई धन्नासेठ नहीं थे। मैंने ही पेट और तन काटकर यह गृहस्थी जोड़ी है, नहीं आज बैठने की छाँह न मिलती! मेरे जीते-जी तुम मेरे रुपये नहीं छू सकते। मैंने तीन भाइयों के विवाह में दस-दस हजार खर्च किये हैं। वही मैं कुमुद के विवाह में भी खर्च करूँगी।

कामतानाथ भी गर्म पड़ा—आपको कुछ भी खर्च करने का अधिकार नहीं है।

उमानाथ ने बड़े भाई को डाँटा—आप खामख्वाह अम्माँ के मुँह लगते हैं भाई साहब! मुरारीलाल को पत्र लिख दीजिए कि तुम्हारे यहाँ कुमुद का विवाह न होगा। बस, छुट्टी हुई। कायदा-कानून तो जानतीं नहीं, व्यर्थ की बहस करती हैं।

फूलमती ने संयमित स्वर में कहा—अच्छा, क्या कानून है, जरा मैं भी सुनूँ।

उमा ने निरीह भाव से कहा—कानून यही है कि बाप के मरने के बाद जायदाद बेटों की हो जाती है। माँ का हक केवल रोटी-कपड़े का है।

फूलमती ने तड़पकर पूछा—किसने यह कानून बनाया है?

उमा शांत स्थिर स्वर में बोला—हमारे ऋषियों ने, महाराज मनु ने, और किसने?

फूलमती एक क्षण अवाक् रहकर आहत कंठ से बोली—तो इस घर में मैं तुम्हारे टुकड़ों पर पड़ी हुई हूँ?

उमानाथ ने न्यायाधीश की निर्ममता से कहा—तुम जैसा समझो।

फूलमती की संपूर्ण आत्मा मानो इस वज्रपात से चीत्कार करने लगी। उसके मुख से जलती हुई चिनगारियों की भाँति यह शब्द निकल पड़े—मैंने घर बनवाया, मैंने संपत्ति जोड़ी, मैंने तुम्हें जन्म दिया, पाला और आज मैं इस घर में गैर हूँ? मनु का यही कानून है? और तुम उसी कानून पर चलना चाहते हो? अच्छी बात है। अपना घर-द्वार लो। मुझे तुम्हारी आश्रिता बनकर रहना स्वीकार नहीं। इससे कहीं अच्छा है कि मर जाऊँ। वाह रे अंधेर! मैंने पेड़ लगाया और मैं ही उसकी छाँह में खड़ी नहीं हो सकती; अगर यही कानून है, तो इसमें आग लग जाये।

चारों युवकों पर माता के इस क्रोध और आतंक का कोई असर न हुआ। कानून का फौलादी कवच उनकी रक्षा कर रहा था। इन काँटों का उन पर क्या असर हो सकता था?

जरा देर में फूलमती उठकर चली गयी। आज जीवन में पहली बार उसका वात्सल्य मग्न मातृत्व अभिशाप बनकर उसे धिक्कारने लगा। जिस मातृत्व को उसने जीवन की विभूति समझा था, जिसके चरणों पर वह सदैव अपनी समस्त अभिलाषाओं और कामनाओं को अर्पित करके अपने को धन्य मानती थी, वही मातृत्व आज उसे अग्निकुंड-सा जान पड़ा, जिसमें उसका जीवन जलकर भस्म हो गया।

संध्या हो गयी थी। द्वार पर नीम का वृक्ष सिर झुकाए, निस्तब्ध खड़ा था, मानो संसार की गति पर क्षुब्ध हो रहा हो। अस्ताचल की ओर प्रकाश और जीवन का देवता फूलवती के मातृत्व ही की भाँति अपनी चिता में जल रहा था।

फूलमती अपने कमरे में जाकर लेटी, तो उसे मालूम हुआ, उसकी कमर टूट गयी है। पति के मरते ही अपने पेट के लड़के उसके शत्रु हो जायेंगे, उसको स्वप्न में भी अनुमान न था। जिन लड़कों को उसने अपना हृदय-रक्त पिला-पिलाकर पाला, वही आज उसके हृदय पर यों आघात कर रहे हैं! अब वह घर उसे काँटों की सेज हो रहा था। जहाँ उसकी कुछ कद्र नहीं, कुछ गिनती नहीं, वहाँ अनाथों की भाँति पड़ी रोटियाँ खाये, यह उसकी अभिमानी प्रकृति के लिए असह्य था। पर उपाय ही क्या था? वह लड़कों से अलग होकर रहे भी तो नाक किसकी कटेगी! संसार उसे थूके तो क्या, और लड़कों को थूके तो क्या; बदनामी तो उसी की है। दुनिया यही तो कहेगी कि चार जवान बेटों के होते बुढ़िया अलग पड़ी हुई मजूरी करके पेट पाल रही है! जिन्हें उसने हमेशा नीच समझा, वही उस पर हँसेंगे। नहीं, वह अपमान इस अनादर से कहीं ज्यादा हृदयविदारक था। अब अपना और घर का परदा ढका रखने में ही कुशल है। हाँ, अब उसे अपने को नयी परिस्थितियों के अनुकूल बनाना पड़ेगा। समय बदल गया है। अब तक स्वामिनी बनकर रही,अब लौंडी बनकर रहना पड़ेगा। ईश्वर की यही इच्छा है। अपने बेटों की बातें और लातें गैरों की बातों और लातों की अपेक्षा फिर भी गनीमत हैं।

वह बड़ी देर तक मुँह ढाँपे अपनी दशा पर रोती रही। सारी रात इसी आत्म-वेदना में कट गयी। शरद का प्रभाव डरता-डरता उषा की गोद से निकला,जैसे कोई कैदी छिपकर जेल से भाग आया हो। फूलमती अपने नियम के विरूद्ध आज तड़के ही उठी, रात-भर में उसका मानसिक

परिवर्तन हो चुका था। सारा घर सो रहा था और वह आँगन में झाडू लगा रही थी। रात-भर ओस में भीगी हुई उसकी पक्की जमीन उसके नंगे पैरों में काँटों की तरह चुभ रही थी। पंडितजी उसे कभी इतने सवेरे उठने न देते थे। शीत उसके लिए बहुत हानिकारक था। पर अब वह दिन नहीं रहे। प्रकृति उस को भी समय के साथ बदल देने का प्रयत्न कर रही थी। झाडू से फुरसत पाकर उसने आग जलायी और चावल-दाल की कंकड़ियाँ चुनने लगी। कुछ देर में लड़के जागे। बहुएँ उठीं। सभी ने बुढ़िया को सर्दी से सिकुड़े हुए काम करते देखा; पर किसी ने यह न कहा कि अम्माँ, क्यों हलकान होती हो? शायद सब-के-सब बुढ़िया के इस मान-मर्दन पर प्रसन्न थे।

आज से फूलमती का यही नियम हो गया कि जी तोड़कर घर का काम करना और अंतरंग नीति से अलग रहना। उसके मुख पर जो एक आत्मगौरव झलकता रहता था, उसकी जगह अब गहरी वेदना छायी हुई नजर आती थी। जहाँ बिजली जलती थी, वहाँ अब तेल का दिया टिमटिमा रहा था, जिसे बुझा देने के लिए हवा का एक हलका-सा झोंका काफी है।

मुरारीलाल को इनकारी-पत्र लिखने की बात पक्की हो चुकी थी। दूसरे दिन पत्र लिख दिया गया। दीनदयाल से कुमुद का विवाह निश्चित हो गया। दीनदयाल की उम्र चालीस से कुछ अधिक थी, मर्यादा में भी कुछ हेठे थे, पर रोटी-दाल से खुश थे। बिना किसी ठहराव के विवाह करने पर राजी हो गये। तिथि नियत हुई, बारात आयी, विवाह हुआ और कुमुद बिदा कर दी गयी फूलमती के दिल पर क्या गुजर रही थी, इसे कौन जान सकता है; पर चारों भाई बहुत प्रसन्न थे, मानो उनके हृदय का काँटा निकल गया हो। ऊँचे कुल की कन्या, मुँह कैसे खोलती? भाग्य में सुख भोगना लिखा होगा, सुख भोगेगी; दुख भोगना लिखा होगा, दुख झेलेगी। हरि-इच्छा बेकसों का अंतिम अवलंब है। घरवालों ने जिससे विवाह कर दिया, उसमें हजार ऐब हों, तो भी वह उसका उपास्य, उसका स्वामी है। प्रतिरोध उसकी कल्पना से परे था।

फूलमती ने किसी काम में दखल न दिया। कुमुद को क्या दिया गया, मेहमानों का कैसा सत्कार किया गया, किसके यहाँ से नेवते में क्या आया,किसी बात से भी उसे सरोकार न था। उससे कोई सलाह भी ली गयी तो यही कहा—बेटा, तुम लोग जो करते हो, अच्छा ही करते हो। मुझसे क्या पूछते हो!

जब कुमुद के लिए द्वार पर डोली आ गयी और कुमुद माँ के गले लिपटकर रोने लगी, तो वह बेटी को अपनी कोठरी में ले गयी और जो कुछ सौ पचास रुपये और दो-चार मामूली गहने उसके पास बच रहे थे, बेटी की अंचल में डालकर बोली—बेटी, मेरी तो मन की मन में रह गयी, नहीं तो क्या आज तुम्हारा विवाह इस तरह होता और तुम इस तरह विदा की जाती!

आज तक फूलमती ने अपने गहनों की बात किसी से न कही थी। लड़कों ने उसके साथ जो कपट-व्यवहार किया था, इसे चाहे अब तक न समझी हो, लेकिन इतना जानती थी कि गहने फिर न मिलेंगे और मनोमालिन्य बढ़ने के सिवा कुछ हाथ न लगेगा; लेकिन इस अवसर पर उसे अपनी सफाई देने की जरूरत मालूम हुई। कुमुद यह भाव मन में लेकर जाये कि अम्माँ ने अपने गहने बहुओं के लिए रख छोड़े, इसे वह किसी तरह न सह सकती थी, इसलिए वह उसे अपनी कोठरी में ले गयी थी। लेकिन कुमुद को पहले ही इस कौशल की टोह मिल चुकी थी; उसने गहने और रुपये

आँचल से निकालकर माता के चरणों में रख दिये और बोली—अम्माँ, मेरे लिए तुम्हारा आशीर्वाद लाखों रुपयों के बराबर है। तुम इन चीजों को अपने पास रखो। न जाने अभी तुम्हें किन विपत्तियों का सामना करना पड़े।

फूलमती कुछ कहना ही चाहती थी कि उमानाथ ने आकर कहा—क्या कर रही है कुमुद? चल, जल्दी कर। साइत टली जाती है। वह लोग हाय-हाय कर रहे हैं, फिर तो दो-चार महीने में आयेगी ही, जो कुछ लेना-देना हो, ले लेना।

फूलमती के घाव पर जैसे मनों नमक पड़ गया। बोली—मेरे पास अब क्या है भैया, जो इसे मैं दूँगी? जाओ बेटी, भगवान् तुम्हारा सोहाग अमर करें।

कुमुद विदा हो गयी। फूलमती पछाड़ खाकर गिर पड़ी। जीवन की लालसा नष्ट हो गयी।

एक साल बीत गया।

फूलमती का कमरा घर में सब कमरों से बड़ा और हवादार था। कई महीनों से उसने बड़ी बहू के लिए खाली कर दिया था और खुद एक छोटी-सी कोठरी में रहने लगी, जैसे कोई भिखारिन हो। बेटों और बहुओं से अब उसे जरा भी स्नेह न था, वह अब घर की लौंडी थी। घर के किसी प्राणी, किसी वस्तु, किसी प्रसंग से उसे प्रयोजन न था। वह केवल इसलिए जीती थी कि मौत न आती थी। सुख या दु:ख का अब उसे लेशमात्र भी ज्ञान न था।उमानाथ का औषधालय खुला, मित्रों की दावत हुई, नाच-तमाशा हुआ। दयानाथ का प्रेस खुला, फिर जलसा हुआ। सीतानाथ को वजीफा मिला और विलायत गया, फिर उत्सव हुआ। कामतानाथ के बड़े लड़के का यज्ञोपवीत संस्कार हुआ, फिर धूम-धाम हुई; लेकिन फूलमती के मुख पर आनंद की छाया तक न आयी! कामताप्रसाद टाइफाइड में महीने-भर बीमार रहा और मरकर उठा। दयानाथ ने अबकी अपने पत्र का प्रचार बढ़ाने के लिए वास्तव में एक आपत्तिजनक लेख लिखा और छ: महीने की सजा पायी। उमानाथ ने एक फौजदारी के मामले में रिश्वत लेकर गलत रिपोर्ट लिखी और उसकी सनद छीन ली गयी; पर फूलमती के चेहरे पर रंज की परछायीं तक न पड़ी। उसके जीवन में अब कोई आशा, कोई दिलचस्पी, कोई चिन्ता न थी। बस, पशुओं की तरह काम करना और खाना, यही उसकी जिन्दगी के दो काम थे। जानवर मारने से काम करता है; पर खाता है मन से। फूलमती बेकहे काम करती थी; पर खाती थी विष के कौर की तरह। महीनों सिर में तेल न पड़ता, महीनों कपड़े न धुलते, कुछ परवाह नहीं। चेतनाशून्य हो गयी थी।

सावन की झड़ी लगी हुई थी। मलेरिया फैल रहा था। आकाश में मटियाले बादल थे, जमीन पर मटियाला पानी। आर्द्र वायु शीत-ज्वर और श्वास का वितरण करती फिरती थी। घर की महरी बीमार पड़ गयी। फूलमती ने घर के सारे बरतन माँजे, पानी में भीग-भीगकर सारा काम किया। फिर आग ज़लायी और चूल्हे पर पतीलियाँ चढ़ा दीं। लड़कों को समय पर भोजन मिलना चाहिए। सहसा उसे याद आया, कामतानाथ नल का पानी नहीं पीते। उसी वर्षा में गंगाजल लाने चली।

कामतानाथ ने पलंग पर लेटे-लेटे कहा—रहने दो अम्माँ, मैं पानी भर लाऊँगा, आज महरी खूब बैठ रही।

फूलमती ने मटियाले आकाश की ओर देखकर कहा—तुम भीग जाओगे बेटा, सर्दी हो जायगी।

कामतानाथ बोले—तुम भी तो भीग रही हो। कहीं बीमार न पड़ जाओ।

फूलमती निर्मम भाव से बोली—मैं बीमार न पडूँगी। मुझे भगवान् ने अमर कर दिया है।

उमानाथ भी वहीं बैठा हुआ था। उसके औषधालय में कुछ आमदनी न होती थी, इसलिए बहुत चिन्तित था। भाई-भावज की मुँहदेखी करता रहता था। बोला—जाने भी दो भैया! बहुत दिनों बहुओं पर राज कर चुकी हैं, उसका प्रायश्चित तो करने दो।

गंगा बढ़ी हुई थी, जैसे समुद्र हो। क्षितिज के सामने के कूल से मिला हुआ था। किनारों के वृक्षों की केवल फुनगियाँ पानी के ऊपर रह गयी थीं। घाट ऊपर तक पानी में डूब गये थे। फूलमती कलसा लिये नीचे उतरी, पानी भरा और ऊपर जा रही थी कि पाँव फिसला। सँभल न सकी। पानी में गिर पड़ी। पल-भर हाथ-पाँव चलाये, फिर लहरें उसे नीचे खींच ले गयीं। किनारे पर दो-चार पंडे चिल्लाए—'अरे दौड़ो, बुढ़िया डूबी जाती है।' दो-चार आदमी दौड़े भी लेकिन फूलमती लहरों में समा गयी थी, उन बल खाती हुई लहरों में, जिन्हें देखकर ही हृदय काँप उठता था।

एक ने पूछा—यह कौन बुढ़िया थी?

'अरे, वही पंडित अयोध्यानाथ की विधवा है।'

'अयोध्यानाथ तो बड़े आदमी थे?'

'हाँ थे तो, पर इसके भाग्य में ठोकर खाना लिखा था।'

'उनके तो कई लड़के बड़े-बड़े हैं और सब कमाते हैं?'

'हाँ, सब हैं भाई; मगर भाग्य भी तो कोई वस्तु है!

❐

10 मृतक भोज

मृतक भोज बिरादरी के ठेकेदार पंचों की मनमानी एवं निर्धन पं. रामनाथ के शोषण की कहानी है। चाहे मकान बिक जाए लेकिन मृतक भोज का आयोजन जरूरी है। झाबरमल (जो पचास साल का है) की लार रामनाथ की बेटी रेवती पर टपकती है, ...

सेठ रामनाथ ने रोग-शय्या पर पड़े-पड़े निराशापूर्ण दृष्टि से अपनी स्त्री सुशीला की ओर देखकर कहा, 'मैं बड़ा अभागा हूँ, शीला। मेरे साथ तुम्हें सदैव ही दुख भोगना पड़ा। जब घर में कुछ न था, तो रात-दिन गृहस्थी के धन्धों और बच्चों के लिए मरती थी। जब जरा कुछ सँभला और तुम्हारे आराम करने के दिन आये, तो यों छोड़े चला जा रहा हूँ। आज तक मुझे आशा थी, पर आज वह आशा टूट गयी। देखो शीला, रोओ मत। संसार में सभी मरते हैं, कोई दो साल आगे, कोई दो साल पीछे। अब गृहस्थी का भार तुम्हारे ऊपर है। मैंने रुपये नहीं छोड़े; लेकिन जो कुछ है, उससे तुम्हारा जीवन किसी तरह कट जायगा ... यह राजा क्यों रो रहा है ? सुशीला ने आँसू पोंछकर कहा, ज़िद्दी हो गया है और क्या। आज सबेरे से रट लगाये हुए है कि मैं मोटर लूँगा। 50 रु. से कम में आयेगी मोटर ? सेठजी को इधर कुछ दिनों से दोनों बालकों पर बहुत स्नेह हो गया था। बोले तो मँगा दो न एक। बेचारा कब से रो रहा है, क्या-क्या अरमान दिल में थे। सब धूल में मिल गये। रानी के लिए विलायती गुड़िया भी मँगा दो। दूसरों के खिलौने देखकर तरसती रहती है। जिस धन को प्राणों से भी प्रिय समझा, वह अन्त को डाक्टरों ने खाया। बच्चे मुझे क्या याद करेंगे कि बाप था। अभागे बाप ने तो धन को लड़के-लड़की से प्रिय समझा। कभी पैसे की चीज भी लाकर नहीं दी।'

अन्तिम समय जब संसार की असारता कठोर सत्य बनकर आँखों के सामने खड़ी हो जाती है, तो जो कुछ न किया, उसका खेद और जो कुछ किया, उस पर पश्चात्ताप, मन को उदार और निष्कपट बना देता है। सुशीला ने राजा को बुलाया और उसे छाती से लगाकर रोने लगी। वह मातृस्नेह, जो पति की कृपणता से भीतर-ही-भीतर तड़पकर रह जाता था, इस समय जैसे खौल उठा। लेकिन मोटर के लिए रुपये कहाँ थे ? सेठजी ने पूछा, 'मोटर लोगे बेटा; अपनी अम्माँ से रुपये लेकर भैया के साथ चले जाओ। खूब अच्छी मोटर लाना।'

राजा ने माता के आँसू और पिता का यह स्नेह देखा, तो उसका बालहठ जैसे पिघल गया। बोला, 'अभी नहीं लूँगा।'

सेठजी ने पूछा, 'क्यों ?'

'जब आप अच्छे हो जायँगे तब लूँगा।' सेठजी फूट-फूटकर रोने लगे।

तीसरे दिन सेठ रामनाथ का देहान्त हो गया। धनी के जीने से दुःख बहुतों को होता है, सुख थोड़ों को। उनके मरने से दुःख थोड़ों को होता है, सुख बहुतों को। महाब्राह्मणों की मण्डली अलग

सुखी है, पण्डितजी अलग खुश हैं, और शायद बिरादरी के लोग भी प्रसन्न हैं; इसलिए कि एक बराबर का आदमी कम हुआ। दिल से एक काँटा दूर हुआ। और पट्टीदारों का तो पूछना ही क्या। अब वह पुरानी कसर निकालेंगे। हृदय को शीतल करने का ऐसा अवसर बहुत दिनों के बाद मिला है। आज पाँचवाँ दिन है। वह विशाल भवन सूना पड़ा है। लड़के न रोते हैं, न हँसते हैं। मन मारे माँ के पास बैठे हैं और विधवा भविष्य की अपार चिन्ताओं के भार से दबी हुई निर्जीव-सी पड़ी है। घर में जो रुपये बच रहे थे, वे दाह-क्रिया की भेंट हो गये और अभी सारे संस्कार बाकी पड़े हैं। भगवान्, कैसे बेड़ा पार लगेगा।

किसी ने द्वार पर आवाज दी। महरा ने आकर सेठ धनीराम के आने की सूचना दी। दोनों बालक बाहर दौड़े। सुशीला का मन भी एक क्षण के लिए हरा हो गया। सेठ धनीराम बिरादरी के सरपंच थे। अबला का क्षुब्ध हृदय सेठजी की इस कृपा से पुलकित हो उठा। आखिर बिरादरी के मुखिया हैं। ये लोग अनाथों की खोज-खबर न लें तो कौन ले। धन्य हैं ये पुण्यात्मा लोग जो मुसीबत में दीनों की रक्षा करते हैं। यह सोचती हुई सुशीला घूँघट निकाले बरोठे में आकर खड़ी हो गयी। देखा तो धनीरामजी के अतिरिक्त और भी कई सज्जन खड़े हैं।

धनीराम बोले 'बहूजी, भाई रामनाथ की अकाल-मृत्यु से हम लोगों को जितना दुःख हुआ है, वह हमारा दिल ही जानता है। अभी उनकी उम्र ही क्या थी; लेकिन भगवान् की इच्छा। अब तो हमारा यही धर्म है कि ईश्वर पर भरोसा रखें और आगे के लिए कोई राह निकालें। काम ऐसा करना चाहिए कि घर की आबरू भी बनी रहे और भाईजी की आत्मा संतुष्ट भी हो।' कुबेरदास ने सुशीला को कनखियों से देखते हुए कहा, 'मर्यादा बड़ी चीज है। उसकी रक्षा करना हमारा धर्म है। लेकिन कमली के बाहर पाँव निकालना भी तो उचित नहीं। कितने रुपये हैं तेरे पास, बहू ? क्या कहा, कुछ नहीं ?'

सुशीला—'घर में रुपये कहाँ हैं, सेठजी। जो थोड़े-बहुत थे, वह बीमारी में उठ गये।'

धनीराम—'तो यह नयी समस्या खड़ी हुई। ऐसी दशा में हमें क्या करना चाहिए, कुबेरदासजी ?'

कुबेरदास—'ज़ैसे हो, भोज तो करना ही पड़ेगा। हाँ, अपनी सामर्थ्य देखकर काम करना चाहिए। मैं कर्ज लेने को न कहूँगा। हाँ, घर में जितने रुपयों का प्रबन्ध हो सके, उसमें हमें कोई कसर न छोड़नी चाहिए। मृत-जीव के साथ भी तो हमारा कुछ कर्तव्य है। अब तो वह फिर कभी न आयेगा, उससे सदैव के लिए नाता टूट रहा है। इसलिए सबकुछ हैसियत के मुताबिक होना चाहिए। ब्राह्मणों को तो भोज देना ही पड़ेगा जिससे कि मर्यादा का निर्वाह हो !'

धनीराम—'तो क्या तुम्हारे पास कुछ भी नहीं है, बहूजी ? दो-चार हजार भी नहीं !'

सुशीला—'मैं आपसे सत्य कहती हूँ, मेरे पास कुछ नहीं है। ऐसे समय झूठ बोलूँगी।'

धनीराम ने कुबेरदास की ओर अर्ध-अविश्वास से देखकर कहा, 'तब तो यह मकान बेचना पड़ेगा।'

कुबेरदास—'इसके सिवा और क्या हो सकता है। नाक कटारा तो अच्छा नहीं। रामनाथ का कितना नाम था, बिरादरी के स्तंभ थे। यही इस समय एक उपाय है। 10 हजार रु. मेरे आते हैं। सूद-बट्टा लगाकर कोई 15 हजार रु. मेरे हो जायँगे। बाकी भोज में खर्च हो जायेगा। अगर कुछ बच रहा, तो बाल-बच्चों के काम आ जायगा।'

धनीराम—'आपके यहाँ कितने पर बंधक रखा था ?'

कुबेरदास—'10 हजार रुपये पर। रुपये सैकड़े सूद।'

धनीराम—'मैंने तो कुछ कम सुना है।'

कुबेरदास—'उसका तो रेहननामा रखा है। जबानी बातचीत थोड़े ही है। मैं दो-चार हजार के लिए झूठ नहीं बोलूँगा।'

धनीराम—'नहीं-नहीं, यह मैं कब कहता हूँ। तो तूने सुन लिया, बाई ! पंचों की सलाह है कि मकान बेच दिया जाय।'

सुशीला का छोटा भाई संतलाल भी इसी समय आ पहुँचा। यह अन्तिम वाक्य उसके कान में पड़ गया। बोल उठा, 'क़िसलिए मकान बेच दिया जाय ? बिरादरी के भोज के लिए ? बिरादरी तो खा-पीकर राह लेगी, इन अनाथों की रक्षा कैसे होगी ? इनके भविष्य के लिए भी तो कुछ सोचना चाहिए।'

धनीराम ने कोप-भरी आँखों से देखकर कहा, 'आपको इन मामलों में टाँग अड़ाने का कोई अधिकार नहीं। केवल भविष्य की चिन्ता करने से काम नहीं चलता। मृतक का पीछा भी किसी तरह सुधारना ही पड़ता है। आपका क्या बिगड़ेगा। हँसी तो हमारी होगी। संसार में मर्यादा से प्रिय कोई वस्तु नहीं ! मर्यादा के लिए प्राण तक दे देते हैं। जब मर्यादा ही न रही, तो क्या रहा। अगर हमारी सलाह पूछोगे, तो हम यही कहेंगे। आगे बाई का अखतियार है, जैसा चाहे करे; पर हमसे कोई सरोकार न रहेगा। चलिए कुबेरदासजी, चलें।'

सुशीला ने भयभीत होकर कहा, 'भैया की बातों का विचार न कीजिए, इनकी तो यह आदत है। मैंने तो आपकी बात नहीं टाली; आप मेरे बड़े हैं। घर का हाल आपको मालूम है। मैं अपने स्वामी की आत्मा को दुखी करना नहीं चाहती, लेकिन जब उनके बच्चे ठोकरें खायेंगे, तो क्या उनकी आत्मा दुखी न होगी ? बेटी का ब्याह करना ही है। लड़के को पढ़ाना-लिखाना है ही। ब्राह्मणों को खिला दीजिए; लेकिन बिरादरी करने की मुझमें सामर्थ नहीं है।'

दोनों महानुभावों को जैसे थप्पड़ लगी इतना बड़ा अधर्म। भला ऐसी बात भी जबान से निकाली जाती है। पंच लोग अपने मुँह में कालिख न लगने देंगे। दुनिया विधवा को न हँसेगी, हँसी होगी पंचों की। यह जग-हँसाई वे कैसे सह सकते हैं। ऐसे घर के द्वार पर झाँकना भी पाप है। सुशीला रोकर बोली, 'मैं अनाथ हूँ, नादान हूँ, मुझ पर क्रोध न कीजिए। आप लोग ही मुझे छोड़ देंगे, तो मेरा कैसे निर्वाह होगा।'

इतने में दो महाशय और आ बिराजे। एक बहुत मोटे और दूसरे बहुत दुबले। नाम भी गुणों के अनुसार ही भीमचन्द और दुर्बलदास। धनीराम ने संक्षेप में यह परिस्थिति उन्हें समझा दी।

दुर्बलदास ने सहृदयता से कहा, 'तो ऐसा क्यों नहीं करते कि हम लोग मिलकर कुछ रुपये दे दें। जब इसका लड़का सयाना हो जायगा, तो रुपये मिल ही जायेंगे। अगर न भी मिले तो एक मित्र के लिए कुछ बल खा जाना कोई बड़ी बात नहीं।'

संतलाल ने प्रसन्न होकर कहा, 'इतनी दया आप करेंगे, तो क्या पूछना।'

कुबेरदास त्योरी चढ़ाकर बोले, 'तुम तो बेसिर-पैर की बातें करने लगे दुर्बलदासजी ! इस बखत के बाजार में किसके पास फालतू रुपये रखे हुए हैं।'

भीमचन्द—'सो तो ठीक है, बाजार की ऐसी मंदी तो कभी देखी नहीं; पर निबाह तो करना चाहिए।'

कुबेरदास अकड़ गये। वह सुशीला के मकान पर दाँत लगाये हुए थे। ऐसी बातों से उनके स्वार्थ में बाधा पड़ती थी। वह अपने रुपये अब वसूल करके छोड़ेंगे। भीमचन्द ने उन्हें किसी तरह सचेत किया; 'लेकिन भोज तो देना ही पड़ेगा। उस कर्तव्य का पालन न करना समाज की नाक कटाना है।'

सुशीला ने दुर्बलदास में सहृदयता का आभास देखा। उनकी ओर दीन नेत्रों से देखकर बोली, 'मैं आप लोगों से बाहर थोड़े ही हूँ। आप लोग मालिक हैं, जैसा उचित समझें वैसा करें।'

दुर्बलदास—'तेरे पास कुछ थोड़े-बहुत गहने तो होंगे, बाई ?'

'हाँ गहने हैं। आधे तो बीमारी में बिक गये, आधे बचे हैं।' सुशीला ने सारे गहने लाकर पंचों के सामने रख दिये; 'पर यह तो मुश्किल से तीन हजार में उठेंगे।' दुर्बलदास ने पोटली को हाथ में तौलकर कहा, 'तीन हजार को कैसे जायँगे। मैं साढ़े तीन हजार दिला दूँगा।'

भीमचन्द ने फिर पोटली को तौलकर कहा, 'मेरी बोली, चार हजार की है।'

कुबेरदास को मकान की बिक्री का प्रश्न छेड़ने का अवसर फिर मिला, 'चार हजार ही में क्या हुआ जाता है। बिरादरी का भोज है या दोष मिटाना है। बिरादरी में कम-से-कम दस हजार का खरचा है। मकान तो निकालना ही पड़ेगा।'

सन्तलाल ने ओंठ चबाकर कहा, 'मैं कहता हूँ, आप लोग क्या इतने निर्दयी हैं ! आप लोगों को अनाथ बालकों पर भी दया नहीं आती ! क्या उन्हें रास्ते का भिखारी बनाकर छोड़ेंगे ?' लेकिन सन्तलाल की फरियाद पर किसी ने ध्यान न दिया। मकान की बातचीत अब नहीं टाली जा सकती थी। बाजार मंदा है। 30 हजार से बेसी नहीं मिल सकते, 15 हजार तो कुबेरदास के हैं। पाँच हजार बचेंगे। चार हजार गहनों से आ जायँगे। इस तरह 9 हजार में बड़ी किफायत से ब्रह्मभोज और बिरादरी-भोज दोनों निपटा दिये जायँगे। सुशीला ने दोनों बालकों को सामने करके करबद्ध होकर कहा, 'पंचो, मेरे बच्चों का मुँह देखिए। मेरे घर में जो कुछ है; वह आप सब ले लीजिए; लेकिन मकान छोड़ दीजिए मुझे कहीं ठिकाना न मिलेगा। मैं आपके पैरों पड़ती हूँ मकान इस समय न बेचें।'

इस मूर्खता का क्या जवाब दिया जाय। पंच लोग तो खुद चाहते थे कि मकान न बेचना पड़े। उन्हें अनाथों से कोई दुश्मनी नहीं थी; किन्तु बिरादरी का भोज और किस तरह किया जाय। अगर विधवा कम-से-कम पाँच हजार रु. का जोगाड़ और कर दे, तो मकान बच सकता है, पर वह ऐसा नहीं कर सकती, तो मकान बेचने के सिवा और कोई उपाय नहीं।

कुबेर ने अन्त में कहा, 'देख बाई, बाजार की दशा इस समय खराब है। रुपये किसी से उधार नहीं मिल सकते। बाल-बच्चों के भाग में लिखा होगा, तो भगवान् और किसी हीले से देगा। हीले रोजी, बहाने मौत। बाल-बच्चों की चिंता मत कर। भगवान् जिसको जन्म देते हैं, उसकी जीविका की जुगत पहले ही से कर देते हैं। हम तुझे समझाकर हार गये। अगर तू अब भी अपना हठ न छोड़ेगी, तो हम बात भी न पूछेंगे। फिर यहाँ तेरा रहना मुश्किल हो जायगा। शहरवाले तेरे पीछे पड़ जायँगे।'

विधवा सुशीला अब और क्या करती। पंचों से लड़कर वह कैसे रह सकती थी। पानी में रहकर मगर से कौन बैर कर सकता है। घर में जाने के लिए उठी पर वहीं मूर्छित होकर गिर पड़ी। अभी तक आशा सँभाले हुई थी। बच्चों के पालन-पोषण में वह अपना वैधव्य भूल सकती थी; पर अब तो अंधकार था, चारों ओर। सेठ रामनाथ के मित्रों का उनके घर पर पूरा अधिकार था। मित्रों का अधिकार न हो तो किसका हो। स्त्री कौन होती है। जब वह इतनी मोटी-सी बात नहीं समझती कि बिरादरी करना और धूम-धाम से दिल खोलकर करना लाजिमी बात है, तो उससे और कुछ कहना व्यर्थ है। गहने कौन खरीदे ? भीमचन्द चार हजार दाम लगा चुके थे, लेकिन अब उन्हें मालूम हुआ कि उनसे भूल हुई थी। दुर्बलदास ने तीन हजार लगाये थे। इसलिए सौदा इन्हीं के हाथ हुआ। इस बात पर दुर्बलदास और भीमचन्द में तकरार भी हो गयी; लेकिन भीमचन्द को मुँह की खानी पड़ी। न्याय दुर्बल के पक्ष में था। धनीराम ने कटाक्ष किया 'देखो दुर्बलदास, माल तो ले जाते हो; पर तीन हजार से बेसी का है। मैं नीति की हत्या न होने दूँगा।'

कुबेरदास बोले, 'अजी, तो घर में ही तो है, कहीं बाहर तो नहीं गया। एक दिन मित्रों की दावत हो जायगी !'

इस पर चारों महानुभाव हँसे। इस काम से फुरसत पाकर अब मकान का प्रश्न उठा। कुबेरदास 30 हजार देने पर तैयार थे; पर कानूनी कार्रवाई किये बिना संदेह की गुंजाइश थी। यह गुंजाइश क्योंकर रखी जाय। एक दलाल बुलाया गया। नाटा-सा आदमी था, पोपला मुँह, कोई 50 की अवस्था। नाम था चोखेलाल।

कुबेरदास ने कहा, 'चोखेलालजी से हमारी तीस साल की दोस्ती है। आदमी क्या रत्न हैं।'

भीमचन्द—'देखो चोखेलाल, हमें यह मकान बेचना है। इसके लिए कोई अच्छा ग्राहक लाओ। तुम्हारी दलाली पक्की।'

कुबेरदास—'बाजार का हाल अच्छा नहीं है; लेकिन फिर भी हमें यह तो देखना पड़ेगा कि रामनाथ के बाल-बच्चों को टोटा न हो। (कान में) तीस से आगे न जाना।'

भीमचन्द—'देखिए कुबेरदास, यह अच्छी बात नहीं है।'

कुबेरदास—'तो मैं क्या कर रहा हूँ। मैं तो यही कह रहा था कि अच्छे दाम लगवाना।'

चोखेलाल—'आप लोगों को मुझसे यह कहने की जरूरत नहीं। मैं अपना धर्म समझता हूँ। रामनाथजी मेरे भी मित्र थे। मुझे यह भी मालूम है कि इस मकान के बनवाने में एक लाख से कम एक पाई भी नहीं लगे, लेकिन बाजार का हाल क्या आप लोगों से छिपा है। इस समय इसके 25 हजार से बेसी नहीं मिल सकते। सुभीते से तो कोई ग्राहक से दस-पाँच हजार और मिल जायँगे; लेकिन इस समय तो कोई ग्राहक भी मुश्किल से मिलेंगे। लो दही और लाव दही की बात है।'

धनीराम—'25 हजार रु. तो बहुत कम है भाई, और न सही 30 हजार रु. तो करा दो।'

चोखेलाल—'30 क्या मैं तो 40 करा दूँ, पर कोई ग्राहक तो मिले। आप लोग कहते हैं तो मैं 30 हजार रु. की बातचीत करूँगा।'

धनीराम—'ज़ब तीस हजार में ही देना है तो कुबेरदासजी ही क्यों न ले लें। इतना सस्ता माल दूसरों को क्यों दिया जाय।'

कुबेरदास—'आप सब लोगों की राय हो, तो ऐसा ही कर लिया जाय। धनीराम ने 'हाँ, हाँ' कहकर हामी भरी। भीमचन्द मन में ऐंठकर रह गये। यह सौदा भी पक्का हो गया। आज ही वकील ने बैनामा लिखा। तुरन्त रजिस्ट्री भी हो गयी। सुशीला के सामने बैनामा लाया गया, तो उसने एक ठण्डी साँस ली और सजल नेत्रों से उस पर हस्ताक्षर कर दिये। अब उसे उसके सिवा और कहीं शरण नहीं है। बेवफा मित्र की भाँति यह घर भी सुख के दिनों में साथ देकर दु:ख के दिनों में उसका साथ छोड़ रहा है।

पंच लोग सुशीला के आँगन में बैठे बिरादरी के रुक्के लिख रहे हैं और अनाथ विधवा ऊपर झरोखे पर बैठी भाग्य को रो रही है। इधर रुक्का तैयार हुआ, उधर विधवा की आँखों से आँसू की बूँदें निकलकर रुक्के पर गिर पड़ीं। धनीराम ने ऊपर देखकर कहा, 'पानी का छींटा कहाँ से आया ? '

सन्तलाल—'बाई बैठी रो रही है। उसने रुक्के पर अपने रक्त के आँसुओं की मुहर लगा दी है।'

धनीराम (ऊँचे स्वर में) 'अरे, तो तू रो क्यों रही है, बाई ? यह रोने का समय नहीं है, तुझे तो प्रसन्न होना चाहिए कि पंच लोग तेरे घर में आज यह शुभ-कार्य करने के लिए जमा हैं। जिस पति के साथ तूने इतने दिनों भोग-विलास किया, उसी का पीछा सुधरने में तू दु:ख मानती है ? '

बिरादरी में रुक्का फिरा। इधर तीन-चार दिन पंचों ने भोज की तैयारियों में बिताये। घी धनीरामजी की आढ़त से आया। मैदा, चीनी की आढ़त भी उन्हीं की थी। पाँचवें दिन प्रात:काल ब्रह्म-भोज हुआ। संध्या-समय बिरादरी का ज्योनार। सुशीला के द्वार पर बग्घियों और मोटरों की कतारें खड़ी थीं। भीतर मेहमानों की पंगतें थीं। आँगन, बैठक, दालान, बरोठा, ऊपर की छत नीचे-ऊपर मेहमानों से भरा हुआ था। लोग भोजन करते थे और पंचों को सराहते थे। खर्च तो सभी करते हैं; पर इन्तजाम का सलीका चाहिए। ऐसे स्वादिष्ट पदार्थ बहुत कम खाने में आते हैं।

'सेठ चम्पाराम के भोज के बाद ऐसा भोज रामनाथजी का ही हुआ है।'

'अमृतियाँ कैसी कुरकुरी हैं !'

'रसगुल्ले मेवों से भरे हैं।'

'सारा श्रेय पंचों को है।'

धनीराम ने नम्रता से कहा, 'आप भाइयों की दया है जो ऐसा कहते हो। रामनाथ से भाई-चारे का व्यवहार था। हम न करते तो कौन करता। चार दिन से सोना नसीब नहीं हुआ।'

'आप धन्य हैं ! मित्र हों तो ऐसे हों।'

'क्या बात है ! आपने रामनाथजी का नाम रख लिया। बिरादरी यही खाना-खिलाना देखती है। रोकड़ देखने नहीं जाती।'

मेहमान लोग बखान-बखान कर माल उड़ा रहे थे और उधर कोठरी में बैठी हुई सुशीला सोच रही थी संसार में ऐसे स्वार्थी लोग हैं ! सारा संसार स्वार्थमय हो गया है ! सब पेटों पर हाथ फेर-फेर कर भोजन कर रहे हैं।

कोई इतना भी नहीं पूछता कि अनाथों के लिए कुछ बचा या नहीं। एक महीना गुजर गया। सुशीला को एक-एक पैसे की तंगी हो रही थी। नकद था ही नहीं, गहने निकल ही गये थे। अब थोड़े से बरतन बच रहे थे। उधर छोटे-छोटे बहुत-से बिल चुकाने थे। कुछ रुपये डाक्टर के, कुछ दरजी के, कुछ बनियों के। सुशीला को यह रकमें घर का बचा-खुचा सामान बेचकर चुकानी पड़ीं। और महीना पूरा होते-होते उसके पास कुछ न बचा। बेचारा सन्तलाल एक दूकान पर मुनीम था। कभी-कभी वह आकर एक-आधा रुपये दे देता। इधर खर्च का हाथ फैला हुआ था। लड़के अवस्था को समझते थे। माँ को छेड़ते न थे, पर मकान के सामने से कोई खोंचेवाला निकल जाता और वे दूसरे लड़कों को फल या मिठाई खाते देखते, तो उनके मुँह में पानी भरकर आँखों में भर जाता था। ऐसी ललचायी हुई आँखों से ताकते थे कि दया आती। वही बच्चे, जो थोड़े दिन पहले मेवे-मिठाई की ओर ताकते न थे अब एक-एक पैसे की चीज को तरसते थे। वही सज्जन, जिन्होंने बिरादरी का भोज करवाया था, अब घर के सामने से निकल जाते; पर कोई झाँकता न था।

शाम हो गयी थी। सुशीला चूल्हा जलाये रोटियाँ सेंक रही थी और दोनों बालक चूल्हे के पास रोटियों को क्षुधित नेत्रों से देख रहे थे। चूल्हे के दूसरे ऐले पर दाल थी। दाल के पकने का इन्तजार था। लड़की ग्यारह साल की थी, लड़का आठ साल का। मोहन अधीर होकर बोला, अम्माँ, 'मुझे रूखी रोटियाँ ही दे दो। बड़ी भूख लगी है।' सुशीला—'अभी दाल कच्ची है भैया।'

रेवती—'मेरे पास एक पैसा है। मैं उसका दही लिये आती हूँ।'

सुशीला—'तूने पैसा कहाँ पाया ? '

रेवती—'मुझे कल अपनी गुड़ियों की पेटारी में मिल गया था।'

सुशीला—'लेकिन जल्द आइयो।'

रेवती दौड़कर बाहर गयी और थोड़ी देर में एक पत्ते पर जरा-सा दही ले आयी। माँ ने रोटी-सेंककर दे दी। दही से खाने लगा। आम लड़कों की भाँति वह भी स्वार्थी था। बहन से पूछा भी नहीं। सुशीला ने कड़ी आँखों से देखकर कहा, 'बहन को भी दे दे। अकेला ही खा जायगा।'

मोहन लज्जित हो गया। उसकी आँखें डबडबा आयीं। रेवती बोली, 'नहीं अम्माँ, कितना मिला ही है। तुम खाओ मोहन, तुम्हें जल्दी नींद आ जाती है। मैं तो दाल पक जायगी तो खाऊँगी।'

उसी वक्त दो आदमियों ने आवाज दी। रेवती ने बाहर जाकर पूछा, यह सेठ कुबेरदास के आदमी थे। मकान खाली कराने आये थे। क्रोध से सुशीला की आँखें लाल हो गयीं। बरोठे में आकर कहा, 'अभी मेरे पति को पीछे हुए महीना भी नहीं हुआ, मकान खाली कराने की धुन सवार हो गयी। मेरा 50 हजार का घर 30 हजार में ले लिया, पाँच हजार सूद के उड़ाये, फिर भी तस्कीन नहीं होती। कह दो, मैं अभी खाली नहीं करूँगी।'

मुनीम ने नम्रता से कहा, 'बाई जी, मेरा क्या अख्तियार है। मैं तो केवल संदेसिया हूँ। जब चीज दूसरे की हो गयी, तो आपको छोड़नी ही पड़ेगी। झंझट करने से क्या मतलब।'

सुशीला भी समझ गयी, 'ठीक ही कहता है। गाय हत्या के बल कै दिन खेत चरेगी। नर्म होकर बोली, 'सेठजी से कहो, मुझे दस-पाँच दिन की मुहलत दें। लेकिन नहीं, कुछ मत कहो। क्यों दस-पाँच दिन के लिए किसी का एहसान लूँ। मेरे भाग्य में इस घर में रहना लिखा होता, तो निकलता ही क्यों।'

मुनीम ने पूछा, 'तो कल सबेरे तक खाली हो जायगा ? '

सुशीला—"हाँ, हाँ, कहती तो हूँ; लेकिन सबेरे तक क्यों, मैं अभी खाली किये देती हूँ। मेरे पास कौन-सा बड़ा सामान ही है। तुम्हारे सेठजी का रात-भर का किराया मारा जायगा। जाकर ताला-वाला लाओ या लाये हो ? '

मुनीम—'ऐसी क्या जल्दी है, बाई। कल सावधानी से खाली कर दीजिएगा।'

सुशीला—'क़ल का झगड़ा क्या रखूँ। मुनीमजी, आप जाइए, ताला लाकर डाल दीजिए। यह कहती हुई सुशीला अन्दर गयी, बच्चों को भोजन कराया, एक रोटी आप किसी तरह निगली, बरतन धोये, फिर एक एक्का मँगवाकर उस पर अपना मुख्तसर सामान लादा और भारी हृदय से उस घर से हमेशा के लिए विदा हो गयी।

जिस वक्त यह घर बनवाया था, मन में कितनी उमंगें थीं। इसके प्रवेश में कई हजार ब्राह्मणों का भोज हुआ था। सुशीला को इतनी दौड़-धूप करनी पड़ी थी कि वह महीने भर बीमार रही थी। इसी घर में उसके दो लड़के मरे थे। यहीं उसका पति मरा था। मरनेवालों की स्मृतियों ने उसकी एक-एक ईंट को पवित्र कर दिया था। एक-एक पत्थर मानो उसके हर्ष से खुशी और उसके शोक से दुखी होता था। वह घर आज उससे छूटा जा रहा है।

उसने रात एक पड़ोसी के घर में काटी और दूसरे दिन 10 रु. महीने पर एक गली में दूसरा मकान ले लिया।

इस नये कमरे में इन अनाथों ने तीन महीने जिस कष्ट से काटे, वह समझनेवाले ही समझ सकते हैं। भला हो बेचारे सन्तलाल का। वह दस-पाँच रुपये से मदद कर दिया करता था। अगर सुशीला दरिद्र घर की होती, तो पिसाई करती, कपड़े सीती, किसी के घर में टहल करती; पर जिन कामों को बिरादरी नीचा समझती है, उनका सहारा कैसे लेती। नहीं तो लोग कहते, यह सेठ रामनाथ की स्त्री है ! उस नाम की भी तो लाज रखनी थी। समाज के चक्रव्यूह से किसी तरह तो छुटकारा नहीं होता। लड़की के दो-एक गहने बच रहे थे। वह भी बिक गये। जब रोटियों ही के लाले थे, तो घर का किराया कहाँ से आता। तीन महीने बाद घर का मालिक, जो उसी बिरादरी का एक प्रतिष्ठित व्यक्ति था और जिसने मृतक-भोज में खूब बढ़-बढ़कर हाथ मारे थे, अधीर हो उठा। बेचारा कितना धैर्य रखता। 30 रु. का मामला है, रुपये-आठ-आने की बात नहीं है। इतनी बड़ी रकम नहीं छोड़ी जाती। आखिर एक दिन सेठजी ने आकर लाल-लाल आँखें करके कहा, 'अगर तू किराया नहीं दे सकती, तो घर खाली कर दे। मैंने बिरादरी के नाते इतनी मुरौवत की। अब किसी तरह काम नहीं चल सकता।

सुशीला बोली, 'सेठजी, मेरे पास रुपये होते, तो पहले आपका किराया देकर तब पानी पीती। आपने इतनी मुरौवत की, इसके लिए मेरा सिर आपके चरणों पर है, लेकिन अभी मैं बिलकुल खाली-हाथ हूँ। यह समझ लीजिए कि एक भाई के बाल-बच्चों की परवरिश कर रहे हैं। और क्या कहूँ।'

सेठ—'चल-चल, इस तरह की बातें बहुत सुन चुका। बिरादरी का आदमी है, तो उसे चूस लो। कोई मुसलमान होता, तो उसे चुपके से महीने-महीने दे देती, नहीं तो उसने निकाल बाहर किया होता, मैं बिरादरी का हूँ, इसलिए मुझे किराया देने की दरकार नहीं। मुझे माँगना ही नहीं चाहिए। यही तो बिरादरी के साथ करना चाहिए।'

इसी समय रेवती भी आकर खड़ी हो गयी। सेठजी ने उसे सिर से पाँव तक देखा और तब किसी कारण से बोले 'अच्छा, यह लड़की तो सयानी हो गयी। कहीं इसकी सगाई की बातचीत नहीं की ? '

रेवती तुरंत भाग गयी। सुशीला ने इन शब्दों में आत्मीयता की झलक पाकर पुलकित कंठ से कहा, 'अभी तो कहीं बातचीत नहीं हुई, सेठजी। घर का किराया तक तो अदा नहीं कर सकती, सगाई क्या करूँगी; फिर अभी छोटी भी तो है।'

सेठजी ने तुरंत शास्त्रों का आधार दिया। कन्याओं के विवाह की यही अवस्था है। धर्म को कभी नहीं छोड़ना चाहिए। किराये की कोई बात नहीं है। हमें क्या मालूम था कि सेठ रामनाथ के परिवार की यह दशा है।'

सुशीला—'तो आपकी निगाह में कोई अच्छा घर है ! यह तो आप जानते ही हैं, मेरे पास लेने-देने को कुछ नहीं है।'

झाबरमल—'(इन सेठजी का यही नाम था) लेने-देने का कोई झगड़ा नहीं होगा; बाईजी। ऐसा घर है कि लड़की आजीवन सुखी रहेगी। लड़का भी उसके साथ रह सकता है। कुल का सच्चा; हर तरह से संपन्न परिवार है। हाँ, वह दोहाजू (दूजवर) है।'

सुशीला—'उम्र अच्छी होनी चाहिए, दोहाजू होने से क्या होता है।'

झाबरमल—'उम्र भी कुछ ज्यादा नहीं, अभी चालीसवाँ ही साल है उसका, पर देखने में अच्छा हृष्ट-पुष्ट है। मर्द की उम्र उसका भोजन है। बस यह समझ लो कि परिवार का उद्धार हो जायगा।'

सुशीला ने अनिच्छा के भाव से कहा, 'अच्छा, मैं सोचकर जवाब दूँगी। एक बार मुझे दिखा देना।

झाबरमल—'दिखाने को कहीं नहीं जाना है, बाई। वह तो तेरे सामने ही खड़ा है।'

सुशीला ने घृणापूर्ण नेत्रों से उसकी ओर देखा। इस पचास साल के बुड्ढे की यह हबस ! छाती का मांस लटककर नाभी तक आ पहुँचा है, फिर भी विवाह की धुन सवार है। यह दुष्ट समझता है कि प्रलोभनों में पड़कर मैं अपनी लड़की उसके गले बाँध दूँगी। वह अपनी बेटी को आजीवन क्वांरी रखेगी; पर ऐसे मृतक से विवाह करके उसका जीवन नष्ट न करेगी, पर उसने अपने क्रोध को शांत किया। समय का फेर है, नहीं तो ऐसों को उससे ऐसा प्रस्ताव करने का साहस ही क्यों होता। बोली, 'आपकी इस कृपा के लिए आपको धन्यवाद देती हूँ, सेठजी, पर मैं कन्या का विवाह आपसे नहीं कर सकती।'

झाबरमल—'तो और क्या तू समझती है कि तेरी कन्या के लिए बिरादरी में कोई कुमार मिल जायगा ? '

सुशीला—'मेरी लड़की क्वांरी रहेगी।'

झाबरमल—'और रामनाथजी के नाम को कलंकित करेगी ? '

सुशीला—'तुम्हें मुझसे ऐसी बातें करते लाज नहीं आती ? नाम के लिए घर खोया, संपत्ति खोयी, पर कन्या कुएँ में नहीं डुबा सकती।'

झाबरमल—'तो मेरा केराया दे दे।'

सुशीला—'अभी मेरे पास रुपये नहीं हैं।'

झाबरमल ने भीतर घुसकर गृहस्थी की एक-एक वस्तु निकालकर गली में फेंक दी। घड़ा फूट गया, मटके टूट गये। संदूक के कपड़े बिखर गये। सुशीला तटस्थ खड़ी अपने अदिन की यह क्रूर क्रीड़ा देखती रही। घर का यों विध्वंस करके झाबरमल ने घर में ताला डाल दिया और अदालत से रुपये वसूल करने की धमकी देकर चले गये। बड़ों के पास धन होता है, छोटों के पास हृदय होता है। धन से बड़े-बड़े व्यापार होते हैं; बड़े-बड़े महल बनते हैं, नौकर-चाकर होते हैं, सवारी-शिकारी होती है; हृदय से समवेदना होती है, आँसू निकलते हैं।

उसी मकान से मिली हुई एक साग-भाजी बेचनेवाली खटकिन की दूकान थी। वृद्धा, विधवा निपूती स्त्री थी, बाहर से आग, भीतर से पानी। झाबरमल को सैकड़ों सुनायी और सुशीला की

एक-एक चीज उठाकर अपने घर में ले गयी। 'मेरे घर में रहो बहू। मुरौवत में आ गयी, नहीं तो उसकी मूँछें उखाड़ लेती। मौत सिर पर नाच रही है, आगे नाथ, न पीछे पगहा ! और धन के पीछे मरा जाता है। जाने छाती पर लादकर ले जायगा। तुम चलो मेरे घर में रहो। मेरे यहाँ किसी बात का खटका नहीं बस मैं अकेली हूँ। एक टुकड़ा मुझे भी दे देना।'

सुशीला ने डरते-डरते कहा, 'माता, मेरे पास सेर-भर आटे के सिवा और कुछ नहीं है। मैं तुम्हें केराया कहाँ से दूँगी।'

बुढ़िया ने कहा, 'मैं झाबरमल नहीं हूँ बहू, न कुबेरदास हूँ। मैं तो समझती हूँ, जिन्दगी में सुख भी है, दुख भी है। सुख में इतराओ मत, दुःख में घबड़ाओ मत। तुम्हीं से चार पैसे कमाकर अपना पेट पालती हूँ। तुम्हें उस दिन भी देखा था; जब तुम महल में रहती थी और आज भी देख रही हूँ, जब तुम अनाथ हो। जो मिजाज तब था, वही अब है। मेरे धन्य भाग कि तुम मेरे घर में आओ। मेरी आँखें फूटी हैं, जो तुमसे केराया माँगने जाऊँगी।' इन सांत्वना से भरे हुए सरल शब्दों ने सुशीला के हृदय का बोझ हल्का कर दिया। उसने देखा, सच्च' सज्जनता भी दरिद्रों और नीचों ही के पास रहती है। बड़ों की दया भी होती है, अहंकार का दूसरा रूप !

इस खटकिन के साथ रहते हुए सुशीला को छः महीने हो गये थे। सुशीला का उससे दिन-दिन स्नेह बढ़ता जाता था। वह जो कुछ पाती, लाकर सुशीला के हाथ में रख देती। दोनों बालक उसकी दो आँखें थीं। मजाल न थी कि पड़ोस का कोई आदमी उन्हें कड़ी आँखों से देख ले। बुढ़िया दुनिया सिर पर उठा लेती। सन्तलाल हर महीने कुछ-न-कुछ दे दिया करता था। इससे रोटी-दाल चली जाती थी।

कातिक का महीना था ज्वर का प्रकोप हो रहा था। मोहन एक दिन खेलता-कूदता बीमार पड़ गया और तीन दिन तक अचेत पड़ा रहा। ज्वर इतने जोर का था कि पास खड़े रहने से लपट-सी निकलती थी। बुढ़िया ओझे-सयानों के पास दौड़ती फिरती थी; पर ज्वर उतरने का नाम न लेता था। सुशीला को भय हो रहा था, यह टाइफाइड है। इससे उसके प्राण सूख रहे थे। चौथे दिन उसने रेवती से कहा, 'बेटी, तूने बड़े पंचजी का घर तो देखा है। जाकर उनसे कह भैया बीमार है, कोई डाक्टर भेज दें।'

रेवती को कहने भर की देरी थी। दौड़ती हुई सेठ कुबेरदास के पास गयी। कुबेरदास बोले ड़ाक्टर की फीस 16रु. है। तेरी माँ दे देगी ? '

रेवती ने निराश होकर कहा, 'अम्माँ के पास रुपये कहाँ हैं ? '

कुबेरदास—'तो फिर किस मुँह से मेरे डाक्टर को बुलाती है। तेरा मामा कहाँ है ? उनसे जाकर कह, सेवा समिति से कोई डाक्टर बुला ले जायँ, नहीं तो खैराती अस्पताल में क्यों नहीं लड़के को ले जाती ? या अभी वही पुरानी बू समाई हुई है। कैसी मूर्ख स्त्री है, घर में टका नहीं और डाक्टर का हुकुम लगा दिया। समझती होगी, फीस पंचजी दे देंगे। पंचजी क्यों फीस दें ? बिरादरी का धन धर्म-कार्य के लिए है, यों उड़ाने के लिए नहीं है।'

रेवती माँ के पास लौटी; पर जो कुछ सुना था, वह उससे न कह सकी। घाव पर नमक क्यों छिड़के। बहाना कर दिया, बड़े पंचजी कहीं गये हैं। सुशीला तो मुनीम से क्यों नहीं कहा, ? यहाँ क्या कोई मिठाई खाये जाता था, जो दौड़ी चली आयी ? इसी वक्त सन्तलाल एक वैद्यजी को लेकर आ पहुँचा। वैद्य भी एक दिन आकर दूसरे दिन न लौटे। सेवा-समिति के डाक्टर भी दो दिन बड़ी मिन्नतों से आये। फिर उन्हें भी अवकाश न रहा और मोहन की दशा दिनोंदिन बिगड़ती जाती थी। महीना बीत गया; पर ज्‍वर ऐसा चढ़ा कि एक क्षण के लिए भी न उतरा। उसका चेहरा इतना सूख गया था कि देख कर दया आती थी। न कुछ बोलता, न कहता, यहाँ तक कि करवट भी न बदल सकता था। पड़े-पड़े देह की खाल फट गयी, सिर के बाल गिर गये। हाथ-पाँव लकड़ी हो गये। सन्तलाल काम से छुट्टी पाता तो आ जाता, पर इससे क्या होता; तीमारदारी दवा तो नहीं है।

एक दिन सन्ध्या समय उसके हाथ ठण्डे हो गये। माता के प्राण पहले ही से सूखे हुए थे। यह हाल देखकर रोने-पीटने लगी। मिन्नतें तो बहुतेरी हो चुकी थीं। रोती हुई मोहन की खाट के सात फेरे करके हाथ बाँधकर बोली, 'भगवान् ! यही मेरे जन्म की कमाई है। अपना सर्वस्व खोकर भी मैं बालक को छाती से लगाए हुए सन्तुष्ट थी; लेकिन यह चोट न सही जायगी। तुम इसे अच्छा कर दो। इसके बदले मुझे उठा लो। बस, मैं यही दया चाहती हूँ, दयामय ? '

संसार के रहस्य को कौन समझ सकता है ! क्या हममें से बहुतों को यह अनुभव नहीं कि जिस दिन हमने बेईमानी करके कुछ रकम उड़ायी, उसी दिन उस रकम का दुगुना नुकसान हो गया। सुशीला को उसी दिन रात को ज्वर आ गया और उसी दिन मोहन का ज्वर उतर गया। बच्चे की सेवा-शुश्रूषा में आधी तो यों ही रह गयी थी, इस बीमारी ने ऐसा पकड़ा कि फिर न छोड़ा। मालूम नहीं, देवता बैठे सुन रहे थे या क्या, उसकी याचना अक्षरशः पूरी हुई। पन्द्रहवें दिन मोहन चारपाई से उठकर माँ के पास आया और उसकी छाती पर सिर रखकर रोने लगा। माता ने उसके गले में बाँहें डालकर उसे छाती से लगा लिया और बोली, 'क्यों रोते हो बेटा ! मैं अच्छी हो जाऊँगी। अब मुझे क्या चिंता। भगवान् पालनेवाले हैं। वही तुम्हारे रक्षक हैं। वही तुम्हारे पिता हैं। अब मैं सब तरफ से निष्चिंत हूँ। जल्द अच्छी हो जाऊँगी।'

मोहन बोला, 'ज़िया तो कहती है, अम्माँ अब न अच्छी होंगी।'

सुशीला ने बालक का चुम्बन लेकर कहा, 'ज़िया पगली है, उसे कहने दो। मैं तुम्हें छोड़कर कहीं न जाऊँगी। मैं सदा तुम्हारे साथ रहूँगी। हाँ, जिस दिन तुम कोई अपराध करोगे, किसी की कोई चीज उठा लोगे, उसी दिन मैं मर जाऊँगी ? '

मोहन ने प्रसन्न होकर कहा, 'तो तुम मेरे पास से कभी नहीं जाओगी माँ ? '

सुशीला ने कहा, 'क़भी नहीं बेटा, कभी नहीं।'

उसी रात को दुःख और विपत्ति की मारी हुई यह अनाथ विधवा दोनों अनाथ बालकों को भगवान् पर छोड़कर परलोक सिधार गयी।

इस घटना को तीन साल हो गये हैं, मोहन और रेवती दोनों उसी वृद्धा के पास रहते हैं। बुढ़िया माँ तो नहीं है; लेकिन माँ से बढ़कर है। रोज मोहन को रात की रखी रोटियाँ खिलाकर गुरुजी की पाठशाला में पहुँचा आती है।

छुट्टी के समय जाकर लिवा आती है। रेवती का अब चौदहवाँ साल है। वह घर का सारा काम पीसना-कूटना, चौका-बरतन, झाड़ू-बुहारू करती है। बुढ़िया सौदा बेचने चली जाती है, तो वह दूकान पर भी आ बैठती है।

एक दिन बड़े पंच सेठ कुबेरदास ने उसे बुला भेजा और बोले, ' तुझे दूकान पर बैठते शर्म नहीं आती, सारी बिरादरी की नाक कटा रही है। खबरदार, जो कल से दूकान पर बैठी। मैंने तेरे पाणिग्रहण के लिए झाबरमल जी को पक्का कर लिया है।'

सेठानी ने समर्थन किया, 'तू अब सयानी हुई बेटी, अब तेरा इस तरह बैठना अच्छा नहीं। लोग तरह-तरह की बातें करने लगते हैं। सेठ झाबरमल तो राजी ही न होते थे, हमने बहुत कह-सुनकर राजी किया है। बस, समझ ले कि रानी हो जायगी। लाखों की सम्पत्ति है, लाखों की। तेरे धन्य भाग कि ऐसा वर मिला। तेरा छोटा भाई है, उसको भी कोई दूकान करा दी जायगी। सेठ बिरादरी की कितनी बदनामी है ! सेठानी है ही।'

रेवती ने लज्जित होकर कहा, 'मैं क्या जानूँ, आप मामा से कहें।'

सेठ–' वह कौन होता है ! टके पर मुनीमी करता है। उससे मैं क्या पूछूँ। मैं बिरादरी का पंच हूँ। मुझे अधिकार है, जिस काम से बिरादरी का कल्याण देखूँ, वह करूँ। मैंने और पंचों से राय ले ली है। सब मुझसे सहमत हैं। अगर तू यों नहीं मानेगी, तो हम अदालती कार्रवाई करेंगे। तुझे खरच-बरच का काम होगा, यह लेती जा।'

यह कहते हुए उन्होंने 20 रु. के नोट रेवती की तरफ फेंक दिये। रेवती ने उठाकर वहीं पुरजे-पुरजे कर डाले और तमतमाये मुख से बोली, 'बिरादरी ने तब हम लोगों की बात न पूछी; जब हम रोटियों को मुहताज थे। मेरी माता मर गयी; कोई झाँकने तक न आया। मेरा भाई बीमार हुआ, किसी ने खबर तक न ली। ऐसी बिरादरी की मुझे परवाह नहीं है।' रेवती चली गयी, तो झाबरमल कोठरी से निकल आये। चेहरा उदास था।

सेठानी ने कहा, 'लड़की बड़ी घमंडिन है। आँख का पानी मर गया है।'

झाबरमल–'बीस रुपये खराब हो गये। ऐसा फाड़ा है कि जुड़ भी नहीं सकते।'

कुबेरदास–'तुम घबड़ाओ नहीं; मैं इसे अदालत से ठीक करूँगा। जाती कहाँ है।'

झाबरमल–'अब तो आपका ही भरोसा है।'

बिरादरी के बड़े पंच की बात कहीं मिथ्या हो सकती है ? रेवती नाबालिग थी। माता-पिता नहीं थे। ऐसी दशा में पंचों का उस पर पूरा अधिकार था। वह बिरादरी के दबाव में नहीं रहना चाहती है, न चाहे। कानून बिरादरी के अधिकार की उपेक्षा नहीं कर सकता। सन्तलाल ने यह माजरा सुना; तो दाँत पीसकर बोले न जाने इस बिरादरी का भगवान् कब अंत करेंगे।

रेवती—'क्या बिरादरी मुझे जबरदस्ती अपने अधिकार में ले सकती है ? '

सन्तलाल—' हाँ बेटी, धनिकों के हाथ में तो कानून भी है।'

रेवती—'मैं कह दूँगी कि मैं उनके पास नहीं रहना चाहती।'

सन्तलाल—'तेरे कहने से क्या होगा। तेरे भाग्य में यही लिखा था, तो किसका बस है। मैं जाता हूँ बड़े पंच के पास। '

रेवती—'नहीं मामाजी, तुम कहीं न जाव। जब भाग्य ही का भरोसा है; तो जो कुछ भाग्य में लिखा होगा वह होगा।'

रात तो रेवती ने घर में काटी। बार-बार निद्रा-मग्न भाई को गले लगाती। यह अनाथ अकेला कैसे रहेगा, यह सोचकर उसका मन कातर हो जाता; पर झाबरमल की सूरत याद करके उसका संकल्प दृढ़ हो जाता। प्रात:काल रेवती गंगा-स्नान करने गयी। यह इधर कई महीनों से उसका नित्य का नियम था। आज जरा अँधेरा था; पर यह कोई सन्देह की बात न थी। सन्देह तब हुआ, जब आठ बज गये और वह लौटकर न आयी।

तीसरे पहर सारी बिरादरी में खबर फैल गई सेठ रामनाथ की कन्या गंगा में डूब गई। उसकी लाश पाई गई।

कुबेरदास ने कहा, 'चलो, अच्छा हुआ; बिरादरी की बदनामी तो न होगी।'

झाबरमल ने दुखी मन से कहा, 'मेरे लिए अब कोई और उपाय कीजिए।'

उधर मोहन सिर पीट-पीटकर रो रहा था और बुढ़िया उसे गोद में लिये समझा रही थी बेटा, उस देवी के लिए क्यों रोते हो। जिन्दगी में उसके दुख-ही-दुख था। अब वह अपनी माँ की गोद में आराम कर रही है।

❐

11 गुल्ली डण्डा

स्कूल जीवन के सहपाठी मित्रों की ऐसी कहानी जो वस्तुतः जातिपातिवाद के प्रभाव की टीस को कहे-अनकहे ढंग से प्रतिपादित करती है। समय का अन्तराल भी दूरियां बढ़ा देता है।

हमारे अँग्रेजी दोस्त मानें या न मानें मैं तो यही कहूँगा कि गुल्ली-डंडा सब खेलों का राजा है। अब भी कभी लड़कों को गुल्ली-डंडा खेलते देखता हूँ, तो जी लोट-पोट हो जाता है कि इनके साथ जाकर खेलने लगूँ। न लान की जरूरत, न कोर्ट की, न नेट की, न थापी की। मजे से किसी पेड़ से एक टहनी काट ली, गुल्ली बना ली, और दो आदमी भी आ जाए, तो खेल शुरू हो गया।

विलायती खेलों में सबसे बड़ा ऐब है कि उसके सामान महँगे होते हैं। जब तक कम-से-कम एक सैकड़ा न खर्च कीजिए, खिलाड़ियों में शुमार ही नहीं हो पाता। यहाँ गुल्ली-डंडा है कि बिना हर्र-फिटकरी के चोखा रंग देता है; पर हम अँगरेजी चीजों के पीछे ऐसे दीवाने हो रहे हैं कि अपनी सभी चीजों से अरुचि हो गई। स्कूलों में हरेक लड़के से तीन-चार रुपये सालाना केवल खेलने की फीस ली जाती है। किसी को यह नहीं सूझता कि भारतीय खेल खिलाएँ, जो बिना दाम-कौड़ी के खेले जाते हैं। अँगरेजी खेल उनके लिए है, जिनके पास धन है। गरीब लड़कों के सिर क्यों यह व्यसन मढ़ते हो? ठीक है, गुल्ली से आँख फूट जाने का भय रहता है, तो क्या क्रिकेट से सिर फूट जाने, तिल्ली फट जाने, टाँग टूट जाने का भय नहीं रहता! अगर हमारे माथे में गुल्ली का दाग आज तक बना हुआ है, तो हमारे कई दोस्त ऐसे भी हैं, जो थापी को बैसाखी से बदल बैठे। यह अपनी-अपनी रुचि है। मुझे गुल्ली ही सब खेलों से अच्छी लगती है और बचपन की मीठी स्मृतियों में गुल्ली ही सबसे मीठी है।

वह प्रातःकाल घर से निकल जाना, वह पेड़ पर चढ़कर टहनियाँ काटना और गुल्ली-डंडे बनाना, वह उत्साह, वह खिलाड़ियों के जमघटे, वह पदना और पदाना, वह लड़ाई-झगड़े, वह सरल स्वभाव, जिससे छूत्-अछूत, अमीर-गरीब का बिल्कुल भेद न रहता था, जिसमें अमीराना चोचलों की, प्रदर्शन की, अभिमान की गुंजाइश ही न थी, यह उसी वक्त भूलेगा जब .... जब ...। घरवाले बिगड़ रहे हैं, पिताजी चौके पर बैठे वेग से रोटियों पर अपना क्रोध उतार रहे हैं, अम्माँ की दौड़ केवल द्वार तक है, लेकिन उनकी विचारधारा में मेरा अंधकारमय भविष्य टूटी हुई नौका की तरह डगमगा रहा है; और मैं हूँ कि पदाने में मस्त हूँ, न नहाने की सुधि है, न खाने की। गुल्ली है तो जरा-सी, पर उसमें दुनिया-भर की मिठाइयों की मिठास और तमाशों का आनंद भरा हुआ है।

मेरे हमजोलियों में एक लड़का गया नाम का था। मुझसे दो-तीन साल बड़ा होगा। दुबला, बंदरों की-सी लम्बी-लम्बी, पतली-पतली उँगलियाँ, बंदरों की-सी चपलता, वही झल्लाहट। गुल्ली कैसी ही हो, पर इस तरह लपकता था, जैसे छिपकली कीड़ों पर लपकती है। मालूम नहीं, उसके माँ-बाप थे या नहीं, कहाँ रहता था, क्या खाता था; पर था हमारे गुल्ली-क्लब का चैम्पियन। जिसकी

तरफ वह आ जाए, उसकी जीत निश्चित थी। हम सब उसे दूर से आते देख, उसका दौड़कर स्वागत करते थे और अपना गोइयाँ बना लेते थे।

एक दिन मैं और गया दो ही खेल रहे थे। वह पदा रहा था। मैं पद रहा था, मगर कुछ विचित्र बात है कि पदाने में हम दिन-भर मस्त रह सकते हैं; पदना एक मिनट का भी अखरता है। मैंने गला छुड़ाने के लिए सब चालें चलीं, जो ऐसे अवसर पर शास्त्र-विहित न होने पर भी क्षम्य हैं, लेकिन गया अपना दाँव लिए बगैर मेरा पिंड न छोड़ता था।

मैं घर की ओर भागा। अनुनय-विनय का कोई असर न हुआ था।

गया ने मुझे दौड़कर पकड़ लिया और डंडा तानकर बोला—मेरा दाँव देकर जाओ। पदाया तो बड़े बहादुर बनके, पदने के बेर क्यों भागे जाते हो।

'तुम दिन-भर पदाओ तो मैं दिन-भर पदता रहूँ?'

'हाँ, तुम्हें दिन-भर पदना पड़ेगा।'

'न खाने जाऊँ, न पीने जाऊँ?'

'हाँ! मेरा दाँव दिये बिना कहीं नहीं जा सकते।'

'मैं तुम्हारा गुलाम हूँ?'

'हाँ, मेरे गुलाम हो।'

'मैं घर जाता हूँ, देखूँ मेरा क्या कर लेते हो!'

'घर कैसे जाओगे; कोई दिल्लगी है। दाँव दिया है, दाँव लेंगे।'

'अच्छा, कल मैंने अमरूद खिलाया था। वह लौटा दो।

'वह तो पेट में चला गया।'

'निकालो पेट से। तुमने क्यों खाया मेरा अमरूद?'

'अमरूद तुमने दिया, तब मैंने खाया। मैं तुमसे माँगने न गया था।'

'जब तक मेरा अमरूद न दोगे, मैं दाँव न दूँगा।'

मैं समझता था, न्याय मेरी ओर है। आखिर मैंने किसी स्वार्थ से ही उसे अमरूद खिलाया होगा। कौन नि:स्वार्थ किसी के साथ सलूक करता है। भिक्षा तक तो स्वार्थ के लिए देते हैं। जब गया ने अमरूद खाया, तो फिर उसे मुझसे दाँव लेने का क्या अधिकार है? रिश्वत देकर तो लोग खून पचा जाते हैं, यह मेरा अमरूद यों ही हजम कर जाएगा? अमरूद पैसे के पाँचवाले थे, जो गया के बाप को भी नसीब न होंगे। यह सरासर अन्याय था।

गया ने मुझे अपनी ओर खींचते हुए कहा—मेरा दाँव देकर जाओ, अमरूद-समरूद मैं नहीं जानता।

मुझे न्याय का बल था। वह अन्याय पर डटा हुआ था। मैं हाथ छुड़ाकर भागना चाहता था। वह मुझे जाने न देता! मैंने उसे गाली दी, उसने उससे कड़ी गाली दी, और गाली-ही नहीं, एक चाँटा

जमा दिया। मैंने उसे दाँत काट लिया। उसने मेरी पीठ पर डंडा जमा दिया। मैं रोने लगा! गया मेरे इस अस्त्र का मुकाबला न कर सका। मैंने तुरन्त आँसू पोंछ डाले, डंडे की चोट भूल गया और हँसता हुआ घर जा पहुँचा! मैं थानेदार का लड़का एक नीच जात के लौंडे के हाथों पिट गया, यह मुझे उस समय भी अपमानजनक मालूम हआ; लेकिन घर में किसी से शिकायत न की।

उन्हीं दिनों पिताजी का वहाँ से तबादला हो गया। नई दुनिया देखने की खुशी में ऐसा फूला कि अपने हमजोलियों से बिछुड़ जाने का बिलकुल दुःख न हुआ। पिताजी दुःखी थे। वह बड़ी आमदनी की जगह थी। अम्माँजी भी दुःखी थीं यहाँ सब चीज सस्ती थीं, और मुहल्ले की स्त्रियों से घराव-सा हो गया था, लेकिन मैं मारे खुशी के फूला न समाता था। लड़कों में जीट उड़ा रहा था, वहाँ ऐसे घर थोड़े ही होते हैं। ऐसे-ऐसे ऊँचे घर हैं कि आसमान से बातें करते हैं। वहाँ के अँगरेजी स्कूल में कोई मास्टर लड़कों को पीटे, तो उसे जेहल हो जाए। मेरे मित्रों की फैली हुई आँखें और चकित मुद्रा बतला रही थी कि मुझसे उनकी निगाह में कितनी स्पर्द्धा हो रही थी! मानो कह रहे थे-तू भागवान हो भाई, जाओ। हमें तो इसी ऊजड़ ग्राम में जीना भी है और मरना भी।

बीस साल गुजर गए। मैंने इंजीनियरी पास की और उसी जिले का दौरा करता हुआ उसी कस्बे में पहुँचा और डाकबँगले में ठहरा। उस स्थान को देखते ही इतनी मधुर बाल-स्मृतियाँ हृदय में जाग उठीं कि मैंने छड़ी उठाई और कस्बे की सैर करने निकला। आँखें किसी प्यासे पथिक की भाँति बचपन के उन क्रीड़ा-स्थलों को देखने के लिए व्याकुल हो रही थीं; पर उस परिचित नाम के सिवा वहाँ और कुछ परिचित न था। जहाँ खँडहर था, वहाँ पक्के मकान खड़े थे। जहाँ बरगद का पुराना पेड़ था, वहाँ अब एक सुन्दर बगीचा था। स्थान की काया पलट हो गई थी। अगर उसके नाम और स्थिति का ज्ञान न होता, तो मैं उसे पहचान भी न सकता। बचपन की संचित और अमर स्मृतियाँ बाँहें खोले अपने उन पुराने मित्रों से गले मिलने को अधीर हो रही थीं; मगर वह दुनिया बदल गई थी। ऐसा जी होता था कि उस धरती से लिपटकर रोऊँ और कहूँ, तुम मुझे भूल गई! मैं तो अब भी तुम्हारा वही रूप देखना चाहता हूँ।

सहसा एक खुली जगह में मैंने दो-तीन लड़कों को गुल्ली-डंडा खेलते देखा। एक क्षण के लिए मैं अपने को बिल्कुल भूल गया। भूल गया कि मैं एक ऊँचा अफसर हूँ, साहबी ठाठ में, रौब और अधिकार के आवरण में।

जाकर एक लड़के से पूछा—क्यों बेटे, यहाँ कोई गया नाम का आदमी रहता है?

एक लड़के ने गुल्ली-डंडा समेटकर सहमे हुए स्वर में कहा—कौन गया? गया चमार?

मैंने यों ही कहा—हाँ-हाँ वही। गया नाम का कोई आदमी है तो? शायद वही हो।

'हाँ, है तो।'

'जरा उसे बुला सकते हो?'

लड़का दौड़ता हुआ गया और एक क्षण में एक पाँच हाथ के काले देव को साथ लिए आता दिखाई दिया। मैं दूर से ही पहचान गया। उसकी ओर लपकना चाहता था कि उसके गले लिपट जाऊँ, पर कुछ सोचकर रह गया। बोला—कहो गया, मुझे पहचानते हो?

गया ने झुककर सलाम किया—हाँ मालिक, भला पहचानूँगा क्यों नहीं! आप मजे में हो?

'बहुत मजे में। तुम अपनी कहो।'

'डिप्टी साहब का साईस हूँ।'

'मतई, मोहन, दुर्गा सब कहाँ हैं? कुछ खबर है?

'मतई तो मर गया, दुर्गा और मोहन दोनों डाकिया हो गए हैं। आप?'

'मैं तो जिले का इंजीनियर हूँ।'

'सरकार तो पहले ही बड़े जहीन थे?

'अब कभी गुल्ली-डंडा खेलते हो?'

गया ने मेरी ओर प्रश्न-भरी आँखों से देखा—अब गुल्ली-डंडा क्या खेलूँगा सरकार, अब तो धंधे से छुट्टी नहीं मिलती।

'आओ, आज हम-तुम खेलें। तुम पदाना, हम पदेंगे। तुम्हारा एक दाँव हमारे ऊपर है। वह आज ले लो।'

गया बड़ी मुश्किल से राजी हुआ। वह ठहरा टके का मजदूर, मैं एक बड़ा अफसर। हमारा और उसका क्या जोड़? बेचारा झेंप रहा था। लेकिन मुझे भी कुछ कम झेंप न थी; इसलिए नहीं कि मैं गया के साथ खेलने जा रहा था, बल्कि इसलिए कि लोग इस खेल को अजूबा समझकर इसका तमाशा बना लेंगे और अच्छी-खासी भीड़ लग जाएगी। उस भीड़ में वह आनंद कहाँ रहेगा, पर खेले बगैर तो रहा नहीं जाता। आखिर निश्चय हुआ कि दोनों जने बस्ती से बहुत दूर खेलेंगे और बचपन की उस मिठाई को खूब रस ले-लेकर खाएंगे। मैं गया को लेकर डाकबँगले पर आया और मोटर में बैठकर दोनों मैदान की ओर चले। साथ में एक कुल्हाड़ी ले ली। मैं गंभीर भाव धारण किए हुए था, लेकिन गया इसे अभी तक मजाक ही समझ रहा था। फिर भी उसके मुख पर उत्सुकता या आनंद का कोई चिह्न न था। शायद वह हम दोनों में जो अंतर हो गया था, यही सोचने में मगन था।

मैंने पूछा—तुम्हें कभी हमारी याद आती थी गया? सच कहना।

गया झेंपता हुआ बोला—मैं आपको याद करता हजूर, किस लायक हूँ। भाग में आपके साथ कुछ दिन खेलना बदा था; नहीं मेरी क्या गिनती?

मैंने कुछ उदास होकर कहा—लेकिन मुझे तो बराबर, तुम्हारी याद आती थी। तुम्हारा वह डंडा, जो तुमने तानकर जमाया था, याद है न?

गया ने पछताते हुए कहा—वह लड़कपन था सरकार, उसकी याद न दिलाओ।

'वाह! वह मेरे बाल-जीवन की सबसे रसीली याद है। तुम्हारे उस डंडे में जो रस था, वह तो अब न आदर-सम्मान में पाता हूँ, न धन में।'

इतनी देर में हम बस्ती से कोई तीन मील निकल आये। चारों तरफ सन्नाटा है। पश्चिम ओर कोसों तक भीमताल फैला हुआ है, जहाँ आकर हम किसी समय कमल पुष्प तोड़ ले जाते थे और उसके झूमक बनाकर कानों में डाल लेते थे। जेठ की संध्या केसर में डूबी चली आ रही है। मैं लपककर एक पेड़ पर चढ़ गया और एक टहनी काट लाया। चटपट गुल्ली-डंडा बन गया।

खेल शुरू हो गया। मैंने गुच्ची में गुल्ली रखकर उछाली। गुल्ली गया के सामने से निकल गई। उसने हाथ लपकाया, जैसे मछली पकड़ रहा हो। गुल्ली उसके पीछे जाकर गिरी। यह वही गया है, जिसके हाथों में गुल्ली जैसे आप ही आकर बैठ जाती थी। वह दाहिने-बाएँ कहीं हो, गुल्ली उसकी हथेली में ही पहुँचती थी। जैसे गुल्लियों पर वशीकरण डाल देता हो। नयी गुल्ली, पुरानी गुल्ली, छोटी गुल्ली, बड़ी गुल्ली, नोकदार गुल्ली, सपाट गुल्ली सभी उससे मिल जाती थी। जैसे उसके हाथों में कोई चुम्बक हो, गुल्लियों को खींच लेता हो; लेकिन आज गुल्ली को उससे वह प्रेम नहीं रहा। फिर तो मैंने पदाना शुरू किया। मैं तरह-तरह की धाँधलियाँ कर रहा था। अभ्यास की कसर बेईमानी से पूरी कर रहा था। हुच जाने पर भी डंडा खेले जाता था। हालाँकि शास्त्र के अनुसार गया की बारी आनी चाहिए थी। गुल्ली पर ओछी चोट पड़ती और वह जरा दूर पर गिर पड़ती, तो मैं झपटकर उसे खुद उठा लेता और दोबारा टाँड़ लगाता। गया यह सारी बे-कायदगियाँ देख रहा था; पर कुछ न बोलता था, जैसे उसे वह सब कायदे-कानून भूल गए। उसका निशाना कितना अचूक था। गुल्ली उसके हाथ से निकलकर टन से डंडे से आकर लगती थी। उसके हाथ से छूटकर उसका काम था डंडे से टकरा जाना, लेकिन आज वह गुल्ली डंडे में लगती ही नहीं! कभी दाहिने जाती है, कभी बाएँ, कभी आगे, कभी पीछे।

आध घंटे पदाने के बाद एक गुल्ली डंडे में आ लगी। मैंने धाँधली की—गुल्ली डंडे में नहीं लगी। बिल्कुल पास से गई; लेकिन लगी नहीं।

गया ने किसी प्रकार का असंतोष प्रकट नहीं किया।

'न लगी होगी।'

'डंडे में लगती तो क्या मैं बेईमानी करता?'

'नहीं भैया, तुम भला बेईमानी करोगे?'

बचपन में मजाल था कि मैं ऐसा घपला करके जीता बचता! यही गया गर्दन पर चढ़ बैठता, लेकिन आज मैं उसे कितनी आसानी से धोखा दिए चला जाता था। गधा है! सारी बातें भूल गया।

सहसा गुल्ली फिर डंडे से लगी और इतनी जोर से लगी, जैसे बन्दूक छूटी हो। इस प्रमाण के सामने अब किसी तरह की धाँधली करने का साहस मुझे इस वक्त भी न हो सका, लेकिन क्यों न एक बार सबको झूठ बताने की चेष्टा करूँ? मेरा हरज ही क्या है। मान गया तो वाह-वाह, नहीं दो-चार हाथ पदना ही तो पड़ेगा। अँधेरे का बहाना करके जल्दी से छुड़ा लूँगा। फिर कौन दाँव देने आता है।

गया ने विजय के उल्लास में कहा—लग गई, लग गई। टन से बोली।

मैंने अनजान बनने की चेष्टा करके कहा—तुमने लगते देखा? मैंने तो नहीं देखा।

'टन से बोली है सरकार!'

'और जो किसी ईंट से टकरा गई हो?

मेरे मुख से यह वाक्य उस समय कैसे निकला, इसका मुझे खुद आश्चर्य है। इस सत्य को झुठलाना वैसा ही था, जैसे दिन को रात बताना। हम दोनों ने गुल्ली को डंडे में जोर से लगते देखा था; लेकिन गया ने मेरा कथन स्वीकार कर लिया।

'हाँ, किसी ईंट में ही लगी होगी। डंडे में लगती तो इतनी आवाज न आती।'

मैंने फिर पदाना शुरू कर दिया; लेकिन इतनी प्रत्यक्ष धाँधली कर लेने के बाद गया की सरलता पर मुझे दया आने लगी; इसीलिए जब तीसरी बार गुल्ली डंडे में लगी, तो मैंने बड़ी उदारता से दाँव देना तय कर लिया।

गया ने कहा—अब तो अँधेरा हो गया है भैया, कल पर रखो।

मैंने सोचा, कल बहुत-सा समय होगा, यह न जाने कितनी देर पदाए, इसलिए इसी वक्त मुआमला साफ कर लेना अच्छा होगा।

'नहीं, नहीं। अभी बहुत उजाला है। तुम अपना दाँव ले लो।'

'गुल्ली सूझेगी नहीं।'

'कुछ परवाह नहीं।'

गया ने पदाना शुरू किया; पर उसे अब बिलकुल अभ्यास न था। उसने दो बार टाँड लगाने का इरादा किया; पर दोनों ही बार हुच गया। एक मिनिट से कम में वह दाँव खो बैठा। मैंने अपनी हृदय की विशालता का परिचय दिया।

'एक दाँव और खेल लो। तुम तो पहले ही हाथ में हुच गए।'

'नहीं भैया, अब अँधेरा हो गया।'

'तुम्हारा अभ्यास छूट गया। कभी खेलते नहीं?'

'खेलने का समय कहाँ मिलता है भैया!'

हम दोनों मोटर पर जा बैठे और चिराग जलते-जलते पड़ाव पर पहुँच गए। गया चलते-चलते बोला—कल यहाँ गुल्ली-डंडा होगा। सभी पुराने खिलाड़ी खेलेंगे। तुम भी आओगे? जब तुम्हें फुरसत हो, तभी खिलाड़ियों को बुलाऊँ।

मैंने शाम का समय दिया और दूसरे दिन मैच देखने गया। कोई दस-दस आदमियों की मंडली थी। कई मेरे लड़कपन के साथी निकले! अधिकांश युवक थे, जिन्हें मैं पहचान न सका। खेल शुरू हुआ। मैं मोटर पर बैठा-बैठा तमाशा देखने लगा। आज गया का खेल, उसका नैपुण्य देखकर मैं चकित हो गया। टाँड़ लगाता, तो गुल्ली आसमान से बातें करती। कल की-सी वह झिझक, वह हिचकिचाहट, वह बेदिली आज न थी। लड़कपन में जो बात थी, आज उसने प्रौढ़ता प्राप्त कर ली

थी। कहीं कल इसने मुझे इस तरह पदाया होता, तो मैं जरूर रोने लगता। उसके डंडे की चोट खाकर गुल्ली दो सौ गज की खबर लाती थी।

पदने वालों में एक युवक ने कुछ धाँधली की। उसने अपने विचार में गुल्ली लपक ली थी। गया का कहना था—गुल्ली जमीन मे लगकर उछली थी। इस पर दोनों में ताल ठोकने की नौबत आई है। युवक दब गया। गया का तमतमाया हुआ चेहरा देखकर डर गया। अगर वह दब न जाता, तो जरूर मार-पीट हो जाती।

मैं खेल में न था; पर दूसरों के इस खेल में मुझे वही लड़कपन का आनन्द आ रहा था, जब हम सब कुछ भूलकर खेल में मस्त हो जाते थे। अब मुझे मालूम हुआ कि कल गया ने मेरे साथ खेला नहीं, केवल खेलने का बहाना किया। उसने मुझे दया का पात्र समझा। मैंने धाँधली की, बेईमानी की, पर उसे जरा भी क्रोध न आया। इसलिए कि वह खेल न रहा था, मुझे खेला रहा था, मेरा मन रख रहा था। वह मुझे पदाकर मेरा कचूमर नहीं निकालना चाहता था। मैं अब अफसर हूँ। यह अफसरी मेरे और उसके बीच में दीवार बन गई है। मैं अब उसका लिहाज पा सकता हूँ, अदब पा सकता हूँ, साहचर्य नहीं पा सकता। लड़कपन था, तब मैं उसका समकक्ष था। यह पद पाकर अब मैं केवल उसकी दया योग्य हूँ। वह मुझे अपना जोड़ नहीं समझता। वह बड़ा हो गया है, मैं छोटा हो गया हूँ।

❐

12 ईदगाह

स्थितियां-परिस्थितियां बालक हामिद को उम्र से पहले ही परिपक्व कर देती हैं। बाल मनोविज्ञान की रोचक कहानी।

रमजान के पूरे तीस रोजों के बाद ईद आयी है। कितना मनोहर, कितना सुहावना प्रभाव है। वृक्षों पर अजीब हरियाली है, खेतों में कुछ अजीब रौनक है, आसमान पर कुछ अजीब लालिमा है। आज का सूर्य देखो, कितना प्यारा, कितना शीतल है, यानी संसार को ईद की बधाई दे रहा है। गाँव में कितनी हलचल है। ईदगाह जाने की तैयारियाँ हो रही हैं। किसी के कुरते में बटन नहीं है, पड़ोस के घर में सुई-धागा लेने दौड़ा जा रहा है। किसी के जूते कड़े हो गए हैं, उनमें तेल डालने के लिए तेली के घर पर भागा जाता है। जल्दी-जल्दी बैलों को सानी-पानी दे दें। ईदगाह से लौटते-लौटते दोपहर हो जायगी। तीन कोस का पैदल रास्ता, फिर सैकड़ों आदमियों से मिलना-भेंटना, दोपहर के पहले लौटना असम्भव है। लड़के सबसे ज्यादा प्रसन्न हैं। किसी ने एक रोजा रखा है, वह भी दोपहर तक, किसी ने वह भी नहीं, लेकिन ईदगाह जाने की खुशी उनके हिस्से की चीज है। रोजे बड़े-बूढ़ों के लिए होंगे। इनके लिए तो ईद है। रोज ईद का नाम रटते थे, आज वह आ गयी। अब जल्दी पड़ी है कि लोग ईदगाह क्यों नहीं चलते। इन्हें गृहस्थी की चिंताओं से क्या प्रयोजन! सेवैयों के लिए दूध और शक्कर घर में है या नहीं, इनकी बला से, ये तो सेवैयाँ खायेंगे। वह क्या जानें कि अब्बाजान क्यों बदहवास चौधरी कायम अली के घर दौड़े जा रहे हैं। उन्हें क्या खबर कि चौधरी आँखें बदल लें, तो यह सारी ईद मुहर्रम हो जाय। उनकी अपनी जेबों में तो कुबेर का धन भरा हुआ है। बार-बार जेब से अपना खजाना निकालकर गिनते हैं और खुश होकर फिर रख लेते हैं। महमूद गिनता है, एक-दो, दस,-बारह, उसके पास बारह पैसे हैं। मोहसिन के पास एक, दो, तीन, आठ, नौ, पंद्रह पैसे हैं। इन्हीं अनगिनती पैसों में अनगिनती चीजें लायेंगे—खिलौने, मिठाइयाँ, बिगुल, गेंद और जाने क्या-क्या। और सबसे ज्यादा प्रसन्न है हामिद। वह चार-पाँच साल का गरीब—सूरत, दुबला-पतला लड़का, जिसका बाप गत वर्ष हैजे की भेंट हो गया और माँ न जाने क्यों पीली होती-होती एक दिन मर गयी। किसी को पता नहीं क्या बीमारी है। कहती तो कौन सुनने वाला था? दिल पर जो कुछ बीतती थी, वह दिल में ही सहती थी और जब न सहा गया तो संसार से विदा हो गयी। अब हामिद अपनी बूढ़ी दादी अमीना की गोद में सोता है और उतना ही प्रसन्न है। उसके अब्बाजान रुपये कमाने गए हैं। बहुत-सी थैलियाँ लेकर आयेंगे। अम्मीजान अल्लाह मियाँ के घर से उसके लिए बड़ी अच्छी-अच्छी चीजें लाने गयी हैं, इसलिए हामिद प्रसन्न है। आशा तो बड़ी चीज है, और फिर बच्चों की आशा! उनकी कल्पना तो राई का पर्वत बना लेती है। हामिद के पाँव में जूते नहीं हैं, सिर पर एक पुरानी-धुरानी टोपी है, जिसका गोटा काला पड़ गया है, फिर भी वह प्रसन्न है। जब उसके अब्बाजान थैलियाँ और अम्मीजान नियामतें लेकर आयेंगी, तो वह दिल से अरमान निकाल लेगा। तब देखेगा, मोहसिन, नूरे और सम्मी कहाँ से उतने पैसे निकालेंगे। अभागिन अमीना अपनी

कोठरी में बैठी रो रही है। आज ईद का दिन, उसके घर में दाना नहीं! आज आबिद होता, तो क्या इसी तरह ईद आती और चली जाती! इस अंधकार और निराशा में वह डूबी जा रही है। किसने बुलाया था इस निगोड़ी ईद को? इस घर में उसका काम नहीं, लेकिन हामिद! उसे किसी के मरने-जीने से क्या मतलब? उसके अन्दर प्रकाश है, बाहर आशा। विपत्ति अपना सारा दल-बल लेकर आये, हामिद की आनंद-भरी चितवन उसका विध्वंस कर देगी।

हामिद भीतर जाकर दादी से कहता है—तुम डरना नहीं अम्माँ, मैं सबसे पहले आऊँगा। बिल्कुल न डरना।

अमीना का दिल कचोट रहा है। गाँव के बच्चे अपने-अपने बाप के साथ जा रहे हैं। हामिद का बाप अमीना के सिवा और कौन है! उसे कैसे अकेले मेले जाने दे? उस भीड़-भाड़ में बच्चा कहीं खो जाय तो क्या हो? नहीं, अमीना उसे यों न जाने देगी। नन्ही-सी जान! तीन कोस चलेगा कैसे? पैर में छाले पड़ जायेंगे। जूते भी तो नहीं हैं। वह थोड़ी-थोड़ी दूर पर उसे गोद में ले लेती, लेकिन यहाँ सेवैयाँ कौन पकायेगा? पैसे होते तो लौटते-लौटते सब सामग्री जमा करके चटपट बना लेती। यहाँ तो घंटों चीजें जमा करते लगेंगे। माँगे का ही तो भरोसा ठहरा। उस दिन फहीमन के कपड़े सिले थे। आठ आने पैसे मिले थे। उस अठन्नी को ईमान की तरह बचाती चली आती थी इसी ईद के लिए लेकिन कल ग्वालन सिर पर सवार हो गयी तो क्या करती? हामिद के लिए कुछ नहीं है, तो दो पैसे का दूध तो चाहिए ही। अब तो कुल दो आने पैसे बच रहे हैं। तीन पैसे हामिद की जेब में, पाँच अमीना के बटवे में। यही तो बिसात है और ईद का त्यौहार, अल्लाह ही बेड़ा पार लगावे। धोबन और नाइन और मेहतरानी और चुड़िहारिन सभी तो आयेंगी। सभी को सेवैयाँ चाहिए और थोड़ा किसी को आँखों नहीं लगता। किस-किस से मुँह चुरायेगी? और मुँह क्यों चुराये? साल भर का त्यौहार है। ज़िंदगी ख़ैरियत से रहे, उनकी तकदीर भी तो उसी के साथ है। बच्चे को खुदा सलामत रखे, ये दिन भी कट जायँगे।

गाँव से मेला चला। और बच्चों के साथ हामिद भी जा रहा था। कभी सबके सब दौड़कर आगे निकल जाते। फिर किसी पेड़ के नीचे खड़े होकर साथ वालों का इंतज़ार करते। यह लोग क्यों इतना धीरे-धीरे चल रहे हैं? हामिद के पैरों में तो जैसे पर लग गए हैं। वह कभी थक सकता है? शहर का दामन आ गया। सड़क के दोनों ओर अमीरों के बगीचे हैं। पक्की चारदीवारी बनी हुई है। पेड़ो में आम और लीचियाँ लगी हुई हैं। कभी-कभी कोई लड़का कंकड़ी उठाकर आम पर निशान लगाता है। माली अंदर से गाली देता हुआ निकलता है। लड़के वहाँ से एक फर्लांग पर हैं। खूब हँस रहे हैं। माली को कैसा उल्लू बनाया है।

बड़ी-बड़ी इमारतें आने लगीं। यह अदालत है, यह कालेज है, यह क्लब—घर है। इतने बड़े कालेज में कितने लड़के पढ़ते होंगे? सब लड़के नहीं हैं जी! बड़े-बड़े आदमी हैं, सच! उनकी बड़ी-बड़ी मूँछें हैं। इतने बड़े हो गए, अभी तक पढ़ने जाते हैं। न जाने कब तक पढ़ेंगे और क्या करेंगे इतना पढ़कर! हामिद के मदरसे में दो-तीन बड़े-बड़े लड़के हैं, बिल्कुल तीन कौड़ी के। रोज मार खाते हैं, काम से जी चुराने वाले। इस जगह भी उसी तरह के लोग होंगे ओर क्या। क्लब-घर में जादू होता है। सुना है, यहाँ मुर्दो की खोपड़ियाँ दौड़ती हैं। और बड़े-बड़े तमाशे होते हैं, पर किसी

को अंदर नहीं जाने देते। और वहाँ शाम को साहब लोग खेलते हैं। बड़े-बड़े आदमी खेलते हैं, मूँछों दाढ़ी वाले। और मेमें भी खेलती हैं, सच! हमारी अम्माँ को यह दे दो, क्या नाम है, बैट, तो उसे पकड़ ही न सकें। घुमाते ही लुढ़क जायँ।

महमूद ने कहा—हमारी अम्मीजान का तो हाथ काँपने लगे, अल्ला कसम।

मोहसिन बोला—चलो, मनों आटा पीस डालती हैं। ज़रा-सा बैट पकड़ लेंगी, तो हाथ काँपने लगेंगे! सैकड़ों घड़े पानी रोज निकालती हैं। पाँच घड़े तो तेरी भैंस पी जाती है। किसी मेम को एक घड़ा पानी भरना पड़े, तो आँखों तले अँधेरा आ जाय।

महमूद—लेकिन दौड़ती तो नहीं, उछल-कूद तो नहीं सकतीं।

मोहसिन—हाँ, उछल-कूद तो नहीं सकतीं; लेकिन उस दिन मेरी गाय खुल गयी थी और चौधरी के खेत में जा पड़ी थी, अम्माँ इतना तेज दौड़ीं कि मैं उन्हें न पा सका, सच।

आगे चले। हलवाइयों की दुकानें शुरू हुईं। आज खूब सजी हुई थीं। इतनी मिठाइयाँ कौन खाता है? देखो न, एक-एक दूकान पर मनों होंगी। सुना है, रात को जिन्नात आकर खरीद ले जाते हैं। अब्बा कहते थे कि आधी रात को एक आदमी हर दुकान पर जाता है और जितना माल बचा होता है, वह तुलवा लेता है और सचमुच के रुपये देता है, बिल्कुल ऐसे ही रुपये।

हामिद को यकीन न आया—ऐसे रुपये जिन्नात को कहाँ से मिल जायेंगे?

मोहसिन ने कहा—जिन्नात को रुपये की क्या कमी? जिस खजाने में चाहें चले जायँ। लोहे के दरवाजे तक उन्हें नहीं रोक सकते जनाब, आप हैं किस फेर में! हीरे-जवाहरात तक उनके पास रहते हैं। जिससे खुश हो गये, उसे टोकरों जवाहरात दे दिये। अभी यहीं बैठे हैं, पाँच मिनट में कलकत्ता पहुँच जायँ।

हामिद ने फिर पूछा—जिन्नात बहुत बड़े-बड़े होते हैं?

मोहसिन—एक-एक सिर आसमान के बराबर होता है जी! जमीन पर खड़ा हो जाय तो उसका सिर आसमान से जा लगे, मगर चाहे तो एक लोटे में घुस जाय।

हामिद—लोग उन्हें कैसे खुश करते होंगे? कोई मुझे यह मंतर बता दे तो एक जिन्न को खुश कर लूँ।

मोहसिन—अब यह तो मै नहीं जानता, लेकिन चौधरी साहब के काबू में बहुत-से जिन्नात हैं। कोई चीज चोरी जाय चौधरी साहब उसका पता लगा देंगे ओर चोर का नाम बता देंगे। जुमराती का बछवा उस दिन खो गया था। तीन दिन हैरान हुए, कहीं न मिला तब झख मारकर चौधरी के पास गये। चौधरी ने तुरन्त बता दिया, मवेशीखाने में है और वहीं मिला। जिन्नात आकर उन्हें सारे जहान की खबर दे जाते हैं।

अब उसकी समझ में आ गया कि चौधरी के पास क्यों इतना धन है और क्यों उनका इतना सम्मान है।

आगे चले। यह पुलिस लाइन है। यहीं सब कानिसटिबिल कवायद करते हैं। रैटन! फाय फो! रात को बेचारे घूम-घूमकर पहरा देते हैं, नहीं चोरियाँ हो जायँ। मोहसिन ने प्रतिवाद किया—यह कानिसटिबिल पहरा देते हैं? तभी तुम बहुत जानते हो अजी हजरत, यह चोरी करते हैं। शहर के जितने चोर-डाकू हैं, सब इनसे मिले रहते हैं। रात को ये लोग चोरों से तो कहते हैं, चोरी करो और आप दूसरे मुहल्ले में जाकर 'जागते रहो! जागते रहो!' पुकारते हैं। तभी इन लोगों के पास इतने रुपये आते हैं। मेरे मामू एक थाने में कानिसटिबिल हैं। बीस रुपया महीना पाते हैं, लेकिन पचास रुपये घर भेजते हैं। अल्ला कसम! मैंने एक बार पूछा था कि मामू, आप इतने रुपये कहाँ से पाते हैं? हँसकर कहने लगे—बेटा, अल्लाह देता है। फिर आप ही बोले—हम लोग चाहें तो एक दिन में लाखों मार लायें। हम तो इतना ही लेते हैं, जिसमें अपनी बदनामी न हो और नौकरी न चली जाय।

हामिद ने पूछा—यह लोग चोरी करवाते हैं, तो कोई इन्हें पकड़ता नहीं?

मोहसिन उसकी नादानी पर दया दिखाकर बोला—अरे, पागल! इन्हें कौन पकड़ेगा! पकड़ने वाले तो यह लोग खुद हैं, लेकिन अल्लाह, इन्हें सजा भी खूब देता है। हराम का माल हराम में जाता है। थोड़े ही दिन हुए, मामू के घर में आग लग गयी। सारी लेई-पूँजी जल गयी। एक बरतन तक न बचा। कई दिन पेड़ के नीचे सोये, अल्ला कसम, पेड़ के नीचे! फिर न जाने कहाँ से एक सौ कर्ज लाये तो बरतन-भांडे आये।

हामिद-एक सौ तो पचास से ज्यादा होते हैं?

'कहाँ पचास, कहाँ एक सौ। पचास एक थैली-भर होता है। सौ तो दो थैलियों में भी न आएँ?

अब बस्ती घनी होने लगी। ईदगाह जानेवालों की टोलियाँ नजर आने लगी। एक से एक भड़कीले वस्त्र पहने हुए। कोई इक्के-ताँगे पर सवार, कोई मोटर पर, सभी इत्र में बसे, सभी के दिलों में उमंग। ग्रामीणों का यह छोटा-सा दल अपनी विपन्नता से बेखबर, सन्तोष और धैर्य में मगन चला जा रहा था। बच्चों के लिए नगर की सभी चीजें अनोखी थीं। जिस चीज की ओर ताकते, ताकते ही रह जाते और पीछे से बार-बार हार्न की आवाज होने पर भी न चेतते। हामिद तो मोटर के नीचे जाते-जाते बचा।

सहसा ईदगाह नजर आयी। ऊपर इमली के घने वृक्षों की छाया है। नीचे पक्का फर्श है, जिस पर जाजम बिछा हुआ है। और रोजेदारों की पंक्तियाँ एक के पीछे एक न जाने कहाँ तक चली गयी हैं, पक्की जगत के नीचे तक, जहाँ जाजम भी नहीं है। नये आने वाले आकर पीछे की कतार में खड़े हो जाते हैं। आगे जगह नहीं है। यहाँ कोई धन और पद नहीं देखता। इस्लाम की निगाह में सब बराबर हैं। इन ग्रामीणों ने भी वजू किया और पिछली पंक्ति में खड़े हो गये। कितना सुन्दर संचालन है, कितनी सुन्दर व्यवस्था! लाखों सिर एक साथ सिजदे में झुक जाते हैं, फिर सबके सब एक साथ खड़े हो जाते हैं, एक साथ झुकते हैं, और एक साथ घुटनों के बल बैठ जाते हैं। कई बार यही क्रिया होती है, जैसे बिजली की लाखों बत्तियाँ एक साथ प्रदीप्त हों और एक साथ बुझ जायँ, और यही क्रम चलता रहा। कितना अपूर्व दृश्य था, जिसकी सामूहिक क्रियाएँ, विस्तार और अनंतता हृदय

को श्रद्धा, गर्व और आत्मानंद से भर देती थीं, मानो भ्रातृत्व का एक सूत्र इन समस्त आत्माओं को एक लड़ी में पिरोये हुए है।

नमाज खत्म हो गयी है। लोग आपस में गले मिल रहे हैं। तब मिठाई और खिलौने की दूकान पर धावा होता है। ग्रामीणों का यह दल इस विषय में बालकों से कम उत्साही नहीं है। यह देखो, हिंडोला है एक पैसा देकर चढ़ जाओ। कभी आसमान पर जाते हुए मालूम होगें, कभी जमीन पर गिरते हुए। यह चर्खी है, लकड़ी के हाथी, घोड़े, ऊँट, छड़ों में लटके हुए हैं। एक पैसा देकर बैठ जाओ और पच्चीस चक्करों का मजा लो। महमूद और मोहसिन और नूरे और सम्मी इन घोड़ों और ऊँटों पर बैठते हैं। हामिद दूर खड़ा है। तीन ही पैसे तो उसके पास हैं। अपने कोष का एक तिहाई जरा-सा चक्कर खाने के लिए नहीं दे सकता।

सब चर्खियों से उतरते हैं। अब खिलौने लेंगे। इधर दूकानों की कतार लगी हुई है। तरह-तरह के खिलौने हैं—सिपाही और गुजरिया, राजा और वकील, भिश्ती और धोबिन और साधु। वाह! कितने सुन्दर खिलौने हैं। अब बोला ही चाहते हैं। महमूद सिपाही लेता है, खाकी वर्दी और लाल पगड़ीवाला, कंधे पर बंदूक रखे हुए, मालूम होता है, अभी कवायद किये चला आ रहा है। मोहसिन को भिश्ती पसंद आया। कमर झुकी हुई है, ऊपर मशक रखे हुए है। मशक का मुँह एक हाथ से पकड़े हुए है। कितना प्रसन्न है! शायद कोई गीत गा रहा है। बस, मशक से पानी उड़ेलना ही चाहता है। नूरे को वकील से प्रेम है। कैसी विद्वमता है उसके मुख पर! काला चोगा, नीचे सफेद अचकन, अचकन के सामने की जेब में घड़ी, सुनहरी जंजीर, एक हाथ में कानून का पोथा लिये हुए। मालूम होता है, अभी किसी अदालत से जिरह या बहस किये चले आ रहे हैं। यह सब दो-दो पैसे के खिलौने हैं। हामिद के पास कुल तीन पैसे हैं, इतने महँगे खिलौने वह कैसे ले? खिलौना कहीं हाथ से छूट पड़े तो चूर-चूर हो जाय। जरा पानी पड़े तो सारा रंग घुल जाय। ऐसे खिलौने लेकर वह क्या करेगा; किस काम के!

मोहसिन कहता है—मेरा भिश्ती रोज पानी दे जायगा साँझ-सबेरे।

महमूद—और मेरा सिपाही घर का पहरा देगा कोई चोर आयेगा, तो फौरन बंदूक से फैर कर देगा।

नूरे—और मेरा वकील खूब मुकदमा लड़ेगा।

सम्मी—और मेरी धोबिन रोज कपड़े धोयेगी।

हामिद खिलौनों की निंदा करता है—मिट्टी ही के तो हैं, गिरें तो चकनाचूर हो जायँ, लेकिन ललचाई हुई आँखों से खिलौनों को देख रहा है और चाहता है कि जरा देर के लिए उन्हें हाथ में ले सकता। उसके हाथ अनायास ही लपकते हैं, लेकिन लड़के इतने त्यागीं नहीं होते हैं, विशेषकर जब अभी नया शौक है। हामिद ललचाता रह जाता है।

खिलौने के बाद मिठाइयाँ आती हैं। किसी ने रेवड़ियाँ ली हैं, किसी ने गुलाबजामुन किसी ने सोहन हलवा। मजे से खा रहे हैं। हामिद बिरादरी से पृथक है। अभागे के पास तीन पैसे हैं। क्यों नहीं कुछ लेकर खाता? ललचायी आँखों से सबकी ओर देखता है।

मोहसिन कहता है—हामिद रेवड़ी ले जा, कितनी खुशबूदार है!

हामिद को संदेह हुआ, ये केवल क्रूर विनोद है, मोहसिन इतना उदार नहीं है, लेकिन यह जानकर भी वह उसके पास जाता है। मोहसिन दोने से एक रेवड़ी निकालकर हामिद की ओर बढ़ाता है। हामिद हाथ फैलाता है। मोहसिन रेवड़ी अपने मुँह में रख लेता है। महमूद, नूरे और सम्मी खूब तालियाँ बजा-बजाकर हँसते हैं। हामिद खिसिया जाता है।

मोहसिन—अच्छा, अबकी जरूर देंगे हामिद, अल्लाह कसम, ले जाव।

हामिद—रखे रहो। क्या मेरे पास पैसे नहीं हैं?

सम्मी—तीन ही पैसे तो हैं। तीन पैसे में क्या-क्या लोगे?

महमूद—हमसे गुलाबजामुन ले जाव हामिद। मोहसिन बदमाश है।

हामिद—मिठाई कौन बड़ी नेमत है। किताब में इसकी कितनी बुराइयाँ लिखी हैं।

मोहसिन—लेकिन दिल में कह रहे होंगे कि मिले तो खा लें। अपने पैसे क्यों नहीं निकालते?

महमूद—हम समझते हैं, इसकी चालाकी। जब हमारे सारे पैसे खर्च हो जायेंगे, तो हमें ललचा-ललचाकर खायगा।

मिठाइयों के बाद कुछ दूकानें लोहे की चीजों की, कुछ गिलट और कुछ नकली गहनों की। लड़कों के लिए यहाँ कोई आकर्षण न था। वे सब आगे बढ़ जाते हैं, हामिद लोहे की दुकान पर रूक जाता है। कई चिमटे रखे हुए थे। उसे खयाल आया, दादी के पास चिमटा नहीं है। तवे से रोटियाँ उतारती हैं, तो हाथ जल जाता है। अगर वह चिमटा ले जाकर दादी को दे दे तो वह कितना प्रसन्न होंगी! फिर उनकी उंगलियाँ कभी न जलेंगी। घर में एक काम की चीज हो जायगी। खिलौने से क्या फायदा? व्यर्थ में पैसे खराब होते हैं। जरा देर ही तो खुशी होती है। फिर तो खिलौने को कोई आँख उठाकर नहीं देखता। यह तो घर पहुँचते-पहुँचते टूट-फूट बराबर हो जायेंगे या छोटे बच्चे जो मेले में नहीं आये हैं जिद कर के ले लेंगे और तोड़ डालेंगे। चिमटा कितने काम की चीज है। रोटियाँ तवे से उतार लो, चूल्हें में सेंक लो। कोई आग माँगने आये तो चटपट चूल्हे से आग निकालकर उसे दे दो। अम्माँ बेचारी को कहाँ फुरसत है कि बाजार आयें और इतने पैसे ही कहाँ मिलते हैं? रोज हाथ जला लेती हैं।

हामिद के साथी आगे बढ़ गये हैं। सबील पर सब-के-सब शर्बत पी रहे हैं। देखो, सब कितने लालची हैं। इतनी मिठाइयाँ लीं, मुझे किसी ने एक भी न दी। उस पर कहते हैं, मेरे साथ खेलो। मेरा यह काम करो। अब अगर किसी ने कोई काम करने को कहा, तो पूछूँगा। खायें मिठाइयाँ, आप मुँह सड़ेगा, फोड़े-फुन्सियाँ निकलेंगी, आप ही जबान चटोरी हो जायगी। तब घर से पैसे चुरायेंगे और मार खायेंगे। किताब में झूठी बातें थोड़े ही लिखी हैं। मेरी जबान क्यों खराब होगी? अम्माँ चिमटा देखते ही दौड़कर मेरे हाथ से ले लेंगी और कहेंगी—मेरा बच्चा अम्माँ के लिए चिमटा लाया है। कितना अच्छा लड़का है। इन लोगों के खिलौने पर कौन इन्हें दुआयें देगा? बड़ों की दुआयें सीधे अल्लाह के दरबार में पहुँचती हैं, और तुरंत सुनी जाती हैं। मेरे पास पैसे नहीं हैं। तभी तो मोहसिन और महमूद यों मिजाज दिखाते हैं। मैं भी इनसे मिजाज दिखाऊँगा। खेलें खिलौने और

खायें मिठाइयाँ। मै नहीं खेलता खिलौने, किसी का मिजाज क्यों सहूँ? मैं गरीब सही, किसी से कुछ माँगने तो नहीं जाता। आखिर अब्बाजान कभी न कभी आयेंगे। अम्मा भी आयेंगी ही। फिर इन लोगों से पूछूँगा, कितने खिलौने लोगे? एक-एक को टोकरियों खिलौने दूँ और दिखा दूँ कि दोस्तों के साथ इस तरह का सलूक किया जाता है। यह नहीं कि एक पैसे की रेवड़ियाँ लीं, तो चिढ़ा-चिढ़ाकर खाने लगे। सबके सब खूब हँसेंगे कि हामिद ने चिमटा लिया है। हँसें! मेरी बला से। उसने दुकानदार से पूछा—यह चिमटा कितने का है?

दुकानदार ने उसकी ओर देखा और कोई आदमी साथ न देखकर कहा—तुम्हारे काम का नहीं है जी!

'बिकाऊ है कि नहीं?'

'बिकाऊ क्यों नहीं है? और यहाँ क्यों लाद लाये हैं?'

तो बताते क्यों नहीं, कै पैसे का है?'

'छ: पैसे लगेंगे।'

हामिद का दिल बैठ गया।

'ठीक-ठीक पाँच पैसे लगेंगे, लेना हो लो, नहीं चलते बनो।'

हामिद ने कलेजा मजबूत करके कहा—तीन पैसे लोगे?

यह कहता हुआ वह आगे बढ़ गया कि दुकानदार की घुड़कियाँ न सुने। लेकिन दुकानदार ने घुड़कियाँ नहीं दी। बुलाकर चिमटा दे दिया। हामिद ने उसे इस तरह कंधे पर रखा, मानो बंदूक है और शान से अकड़ता हुआ संगियों के पास आया। जरा सुनें, सबके सब क्या-क्या आलोचनाएँ करते हैं!

मोहसिन ने हँसकर कहा—यह चिमटा क्यों लाया पगले, इसे क्या करेगा?

हामिद ने चिमटे को जमीन पर पटककर कहा—जरा अपना भिश्ती जमीन पर गिरा दो। सारी पसलियाँ चूर-चूर हो जायँ बच्चू की।

महमूद बोला—तो यह चिमटा कोई खिलौना है?

हामिद—खिलौना क्यों नही है! अभी कंधे पर रखा, बंदूक हो गयी। हाथ में ले लिया, फकीरों का चिमटा हो गया। चाहूँ तो इससे मजीरे का काम ले सकता हूँ। एक चिमटा जमा दूँ, तो तुम लोगों के सारे खिलौनों की जान निकल जाय। तुम्हारे खिलौने कितना ही जोर लगायें, मेरे चिमटे का बाल भी बाँका नही कर सकते। मेरा बहादुर शेर है चिमटा।

सम्मी ने खँजरी ली थी। प्रभावित होकर बोला—मेरी खँजरी से बदलोगे? दो आने की है।

हामिद ने खँजरी की ओर उपेक्षा से देखा—मेरा चिमटा चाहे तो तुम्हारी खँजरी का पेट फाड़ डाले। बस, एक चमड़े की झिल्ली लगा दी, ढब-ढब बोलने लगी। जरा-सा पानी लग जाय तो खत्म हो जाय। मेरा बहादुर चिमटा आग में, पानी में, आँधी में, तूफान में बराबर डटा खड़ा रहेगा।

चिमटे ने सभी को मोहित कर लिया, अब पैसे किसके पास धरे हैं? फिर मेले से दूर निकल आये हैं, नौ कब के बज गये, धूप तेज हो रही है। घर पहुँचने की जल्दी हो रही है। बाप से जिद भी करें, तो चिमटा नहीं मिल सकता। हामिद है बड़ा चालाक। इसीलिए बदमाश ने अपने पैसे बचा रखे थे।

अब बालकों के दो दल हो गये हैं। मोहसिन, महमूद, सम्मी और नूरे एक तरफ हैं, हामिद अकेला दूसरी तरफ। शास्त्रार्थ हो रहा है। सम्मी तो विधर्मी हो गया! दूसरे पक्ष से जा मिला, लेकिन मोहसिन, महमूद और नूरे भी हामिद से एक-एक, दो-दो साल बड़े होने पर भी हामिद के आघातों से आतंकित हो उठे हैं। उसके पास न्याय का बल है और नीति की शक्ति। एक ओर मिट्टी है, दूसरी ओर लोहा, जो इस वक्त अपने को फौलाद कह रहा है। वह अजेय है, घातक है। अगर कोई शेर आ जाय तो मियाँ भिश्ती के छक्के छूट जायँ, मियाँ सिपाही मिट्टी की बंदूक छोड़कर भागें, वकील साहब की नानी मर जाय, चोगे में मुँह छिपाकर जमीन पर लेट जायँ। मगर यह चिमटा, यह बहादुर, यह रूस्तमे-हिंद लपककर शेर की गरदन पर सवार हो जायगा और उसकी आँखें निकाल लेगा।

मोहसिन ने एड़ी-चोटी का जोर लगाकर कहा—अच्छा, पानी तो नहीं भर सकता?

हामिद ने चिमटे को सीधा खड़ा करके कहा—भिश्ती को एक डाँट बतायेगा, तो दौड़ा हुआ पानी लाकर उसके द्वार पर छिड़कने लगेगा।

मोहसिन परास्त हो गया, पर महमूद ने कुमुक पहुँचाई—अगर बच्चा पकड़ जायँ तो अदालत में बँधे-बँधे फिरेंगे। तब तो वकील साहब के पैरों पड़ेंगे।

हामिद इस प्रबल तर्क का जवाब न दे सका। उसने पूछा—हमें पकड़ने कौन आयेगा?

नूरे ने अकड़कर कहा—यह सिपाही बंदूकवाला।

हामिद ने मुँह चिढ़ाकर कहा—यह बेचारे हम बहादुर रूस्तमे-हिंद को पकड़ेंगे! अच्छा लाओ, अभी जरा कुश्ती हो जाय। इसकी सूरत देखकर दूर से भागेंगे। पकड़ेंगे क्या बेचारे!

मोहसिन को एक नयी चोट सूझ गयी—तुम्हारे चिमटे का मुँह रोज आग में जलेगा।

उसने समझा था कि हामिद लाजवाब हो जायगा, लेकिन यह बात न हुई। हामिद ने तुरंत जवाब दिया—आग में बहादुर ही कूदते हैं जनाब, तुम्हारे यह वकील, सिपाही और भिश्ती लौंडियों की तरह घर में घुस जायेंगे। आग में कूदना वह काम है, जो यह रूस्तमे-हिन्द ही कर सकता है।

महमूद ने एक जोर लगाया—वकील साहब कुरसी-मेज पर बैठेंगे, तुम्हारा चिमटा तो बावरचीखाने में जमीन पर पड़ा रहेगा।

इस तर्क ने सम्मी और नूरे को भी सजीव कर दिया! कितने ठिकाने की बात कही है पट्ठे ने! चिमटा बावरचीखाने में पड़ा रहने के सिवा और क्या कर सकता है?

हामिद को कोई फड़कता हुआ जवाब न सूझा, तो उसने धाँधली शुरू की—मेरा चिमटा बावरचीखाने में नही रहेगा। वकील साहब कुर्सी पर बैठेंगे, तो जाकर उन्हें जमीन पर पटक देगा और उनका कानून उनके पेट में डाल देगा।

बात कुछ बनी नहीं। खासी गाली-गलौज थी; लेकिन कानून को पेट में डालने वाली बात छा गयी। ऐसी छा गयी कि तीनों सूरमा मुँह ताकते रह गये मानो कोई धेलचा कनकौआ किसी गंडेवाले कनकौए को काट गया हो। कानून मुँह से बाहर निकलने वाली चीज है। उसको पेट के अंदर डाल दिया जाना बेतुकी-सी बात होने पर भी कुछ नयापन रखती है। हामिद ने मैदान मार लिया। उसका चिमटा रूस्तमे-हिन्द है। अब इसमें मोहसिन, महमूद नूरे, सम्मी किसी को भी आपत्ति नहीं हो सकती।

विजेता को हारनेवालों से जो सत्कार मिलना स्वाभविक है, वह हामिद को भी मिला। औरों ने तीन-तीन, चार-चार आने पैसे खर्च किए, पर कोई काम की चीज न ले सके। हामिद ने तीन पैसे में रंग जमा लिया। सच ही तो है, खिलौनों का क्या भरोसा? टूट-फूट जायँगे। हामिद का चिमटा तो बना रहेगा बरसों?

संधि की शर्तें तय होने लगीं। मोहसिन ने कहा—जरा अपना चिमटा दो, हम भी देखें। तुम हमारा भिश्ती लेकर देखो।

महमूद और नूरे ने भी अपने-अपने खिलौने पेश किये।

हामिद को इन शर्तों को मानने में कोई आपत्ति न थी। चिमटा बारी-बारी से सबके हाथ में गया, और उनके खिलौने बारी-बारी से हामिद के हाथ में आये। कितने खूबसूरत खिलौने हैं।

हामिद ने हारने वालों के आँसू पोंछे—मैं तुम्हे चिढ़ा रहा था, सच! यह चिमटा भला, इन खिलौनों की क्या बराबरी करेगा, मालूम होता है, अब बोले, अब बोले।

लेकिन मोहसिन की पार्टी को इस दिलासे से संतोष नहीं होता। चिमटे का सिक्का खूब बैठ गया है। चिपका हुआ टिकट अब पानी से नहीं छूट रहा है।

मोहसिन—लेकिन इन खिलौनों के लिए कोई हमें दुआ तो न देगा?

महमूद—दुआ को लिये फिरते हो। उल्टे मार न पड़े। अम्माँ जरूर कहेंगी कि मेले में यही मिट्टी के खिलौने मिले?

हामिद को स्वीकार करना पड़ा कि खिलौनों को देखकर किसी की माँ इतनी खुश न होंगी, जितनी दादी चिमटे को देखकर होंगी। तीन पैसों ही में तो उसे सब कुछ करना था ओर उन पैसों के इस उपयोग पर पछतावे की बिल्कुल जरूरत न थी। फिर अब तो चिमटा रूस्तमे-हिन्द है और सभी खिलौनों का बादशाह।

रास्ते में महमूद को भूख लगी। उसके बाप ने केले खाने को दिये। महमूद ने केवल हामिद को साझी बनाया। उसके अन्य मित्र मुँह ताकते रह गये। यह उस चिमटे का प्रसाद था।

ग्यारह बजे गाँव में हलचल मच गयी। मेलेवाले आ गये। मोहसिन की छोटी बहन ने दौड़कर भिश्ती उसके हाथ से छीन लिया और मारे खुशी के जा उछली, तो मियाँ भिश्ती नीचे आ रहे और सुरलोक सिधारे। इस पर भाई-बहन में मार-पीट हुई। दोनों खुब रोये। उनकी अम्माँ यह शोर सुनकर बिगड़ीं और दोनों को ऊपर से दो-दो चाँटे और लगाये।

मियाँ नूरे के वकील का अंत उनके प्रतिष्ठानुकूल इससे ज्यादा गौरवमय हुआ। वकील जमीन पर या ताक पर तो नहीं बैठ सकता। उसकी मर्यादा का विचार तो करना ही होगा। दीवार में खूँटियाँ गाड़ी गयीं। उन पर लकड़ी का एक पटरा रखा गया। पटरे पर कागज का कालीन बिछाया गया। वकील साहब राजा भोज की भाँति सिंहासन पर विराजे। नूरे ने उन्हें पंखा झलना शुरू किया। अदालतों में खस की टट्टियाँ और बिजली के पंखे रहते हैं। क्या यहाँ मामूली पंखा भी न हो! कानून की गर्मी दिमाग पर चढ़ जायगी कि नहीं? बाँस का पंखा आया और नूरे हवा करने लगे। मालूम नहीं, पंखे की हवा से या पंखे की चोट से वकील साहब स्वर्गलोक से मृत्युलोक में आ गये और उनका माटी का चोला माटी में मिल गया! फिर बड़े जोर-शोर से मातम हुआ और वकील साहब की अस्थि घूरे पर डाल दी गयी।

अब रहा महमूद का सिपाही। उसे चटपट गाँव का पहरा देने का चार्ज मिल गया, लेकिन पुलिस का सिपाही कोई साधारण व्यक्ति तो नहीं, जो अपने पैरों चले। वह पालकी पर चलेगा। एक टोकरी आयी, उसमें कुछ लाल रंग के फटे-पुराने चिथड़े बिछाये गये, जिसमें सिपाही साहब आराम से लेटे। नूरे ने यह टोकरी उठायी और अपने द्वार का चक्कर लगाने लगे। उनके दोनों छोटे भाई सिपाही की तरह 'छोनेवाले, जागते लहो' पुकारते चलते हैं। मगर रात तो अँधेरी ही होनी चाहिये। महमूद को ठोकर लग जाती है। टोकरी उसके हाथ से छूटकर गिर पड़ती है और मियाँ सिपाही अपनी बन्दूक लिये जमीन पर आ जाते हैं और उनकी एक टाँग में विकार आ जाता है।

महमूद को आज ज्ञात हुआ कि वह अच्छा डाक्टर है। उसको ऐसा मरहम मिल गया है जिससे वह टूटी टाँग को आनन-फानन जोड़ सकता है। केवल गूलर का दूध चाहिए। गूलर का दूध आता है। टाँग जवाब दे देती है। शल्य-क्रिया असफल हुई, तब उसकी दूसरी टाँग भी तोड़ दी जाती है। अब कम-से-कम एक जगह आराम से बैठ तो सकता है। एक टाँग से तो न चल सकता था, न बैठ सकता था। अब वह सिपाही संन्यासी हो गया है। अपनी जगह पर बैठा-बैठा पहरा देता है। कभी-कभी देवता भी बन जाता है। उसके सिर का झालरदार साफा खुरच दिया गया है। अब उसका जितना रूपांतर चाहो, कर सकते हो। कभी-कभी तो उससे बाट का काम भी लिया जाता है।

अब मियाँ हामिद का हाल सुनिए। अमीना उसकी आवाज सुनते ही दौड़ी और उसे गोद में उठाकर प्यार करने लगी। सहसा उसके हाथ में चिमटा देखकर वह चौंकी।

'यह चिमटा कहाँ था?'

'मैंने मोल लिया है।

'कै पैसे में?'

'तीन पैसे दिये।'

अमीना ने छाती पीट ली। यह कैसा बेसमझ लड़का है कि दोपहर हुआ, कुछ खाया न पिया। लाया क्या, चिमटा! 'सारे मेले में तुझे और कोई चीज न मिली, जो यह लोहे का चिमटा उठा लाया।

हामिद ने अपराधी भाव से कहा—तुम्हारी उँगलियाँ तवे से जल जाती थीं, इसलिए मैने इसे लिया।

बुढ़िया का क्रोध तुरन्त स्नेह में बदल गया, और स्नेह भी वह नहीं, जो प्रगल्भ होता है और अपनी सारी कसक शब्दों में बिखेर देता है। यह मूक स्नेह था, खूब ठोस, रस और स्वाद से भरा हुआ। बच्चे में कितना त्याग, कितना सद्भाव और कितना विवेक है! दूसरों को खिलौने लेते और मिठाई खाते देखकर इसका मन कितना ललचाया होगा? इतना जब्त इससे हुआ कैसे? वहाँ भी इसे अपनी बुढ़िया दादी की याद बनी रही। अमीना का मन गद्गद् हो गया।

और अब एक बड़ी विचित्र बात हुई। हामिद के इस चिमटे से भी विचित्र। बच्चे हामिद ने बूढ़े हामिद का पार्ट खेला था। बुढ़िया अमीना बालिका अमीना बन गयी। वह रोने लगी। दामन फैलाकर हामिद को दुआएं देती जाती थी और आँसू की बड़ी-बड़ी बूँदें गिराती जाती थी। हामिद इसका रहस्य क्या समझता!

❐

13 नशा

नशा क्षणभंगुर होता है, सत्ता का हो या मादक द्रव्यों का। स्थितियां जल्दी ही धरातल पर पटक देती हैं।

ईश्वरी एक बड़े जमींदार का लड़का था और मैं एक गरीब क्लर्क का, जिसके पास मेहनत-मजूरी के सिवा और कोई जायदाद न थी। हम दोनों में परस्पर बहसें होती रहती थीं। मैं जमींदारी की बुराई करता, उन्हें हिंसक पशु और खून चूसने वाली जोंक और वृक्षों की चोटी पर फूलने वाला बंझा कहता। वह जमींदारों का पक्ष लेता, पर स्वभावत: उसका पहलू कुछ कमजोर होता था, क्योंकि उसके पास जमींदारों के अनुकूल कोई दलील न थी। वह कहता कि सभी मनुष्य बराबर नहीं होते, छोटे-बड़े हमेशा होते रहते हैं और होते रहेंगे, लचर दलील थी। किसी मानुषीय या नैतिक नियम से इस व्यवस्था का औचित्य सिद्ध करना कठिन था। मैं इस वाद-विवाद की गर्मी में अक्सर तेज हो जाता और लगने वाली बात कह जाता, लेकिन ईश्वरी हारकर भी मुस्कराता रहता था। मैंने उसे कभी गर्म होते नहीं देखा। शायद इसका कारण यह था कि वह अपने पक्ष की कमजोरी समझता था। नौकरों से वह सीधे मुँह बात नहीं करता था। अमीरों में जो एक बेदर्दी और उद्दण्डता होती है, इसमें उसे भी प्रचुर भाग मिला था। नौकर ने बिस्तर लगाने में जरा भी देर की, दूध जरूरत से ज्यादा गर्म या ठंडा हुआ, साइकिल अच्छी तरह साफ नहीं हुई, तो वह आपे से बाहर हो जाता। सुस्ती या बदतमीजी उसे जरा भी बरदाश्त न थी, पर दोस्तों से और विशेषकर मुझसे उसका व्यवहार सौहार्द और नम्रता से भरा हुआ होता था। शायद उसकी जगह मैं होता, तो मुझमें भी वही कठोरताएँ पैदा हो जातीं, जो उसमें थीं, क्योंकि मेरा लोकप्रेम सिद्धांतों पर नहीं, निजी दशाओं पर टिका हुआ था, लेकिन वह मेरी जगह होकर भी शायद अमीर ही रहता, क्योंकि वह प्रकृति से ही विलासी और ऐश्वर्य-प्रिय था।

अबकी दशहरे की छुट्टियों में मैंने निश्चय किया कि घर न जाऊँगा। मेरे पास किराये के लिए रुपये न थे और न घरवालों को तकलीफ देना चाहता था। मैं जानता हूँ, वे मुझे जो कुछ देते हैं, वह उनकी हैसियत से बहुत ज्यादा है, उसके साथ ही परीक्षा का ख्याल था। अभी बहुत कुछ पढ़ना है, बोर्डिंग हाउस में भूत की तरह अकेले पड़े रहने को भी जी न चाहता था। इसलिए जब ईश्वरी ने मुझे अपने घर का नेवता दिया, तो मैं बिना आग्रह के राजी हो गया। ईश्वरी के साथ परीक्षा की तैयारी खूब हो जायगी। वह अमीर होकर भी मेहनती और जहीन है।

उसने इसके साथ ही कहा—लेकिन भाई, एक बात का ख्याल रखना। वहाँ अगर जमींदारों की निंदा की, तो मुआमिला बिगड़ जायगा और मेरे घरवालों को बुरा लगेगा। वह लोग तो असामियों पर इसी दावे से शासन करते हैं कि ईश्वर ने असामियों को उनकी सेवा के लिए ही पैदा किया है। असामी भी यही समझता है। अगर उसे सुझा दिया जाय कि जमींदार और असामी में कोई मौलिक भेद नहीं है, तो जमींदारी का कहीं पता न लगे।

मैंने कहा—तो क्या तुम समझते हो कि मैं वहाँ जाकर कुछ और हो जाऊँगा?

'हाँ, मैं तो यही समझता हूँ।'

'तुम गलत समझते हो।'

ईश्वरी ने इसका कोई जवाब न दिया। कदाचित् उसने इस मुआमले को मेरे विवेक पर छोड़ दिया। और बहुत अच्छा किया। अगर वह अपनी बात पर अड़ता, तो मैं भी जिद पकड़ लेता।

सेकेंड क्लास तो क्या , मैंने कभी इंटर क्लास में भी सफर न किया था। अबकी सेकेंड क्लास में सफर का सौभाग्य प्राप्त हुआ। गाड़ी तो नौ बजे रात को आती थी, पर यात्रा के हर्ष में हम शाम को स्टेशन जा पहुँचे। कुछ देर इधर-उधर सैर करने के बाद रिफ्रेशमेंट रूम में जाकर हम लोगों ने भोजन किया। मेरी वेश-भूषा और रंग-ढंग से पारखी खानसामों को यह पहचानने में देर न लगी कि मालिक कौन है और पिछलग्गू कौन; लेकिन न जाने क्यों मुझे उनकी गुस्ताखी बुरी लग रही थी। पैसे ईश्वरी की जेब से गये। शायद मेरे पिता को जो वेतन मिलता है, उससे ज्यादा इन खानसामों को इनाम—इकराम में मिल जाता हो। एक अठन्नी तो चलते समय ईश्वरी ही ने दी। फिर भी मैं उन सबों से उसी तत्परता और विनय की अपेक्षा करता था, जिससे वे ईश्वरी की सेवा कर रहे थे। ईश्वरी के हुक्म पर सब-के-सब दौडते हैं, लेकिन मैं कोई चीज माँगता हूँ, तो उतना उत्साह नहीं दिखाते! मुझे भोजन में कुछ स्वाद न मिला। यह भेद मेरे ध्यान को संपूर्ण रूप से अपनी ओर खींचे हुए था।

गाड़ी आयी, हम दोनों सवार हुए। खानसामों ने ईश्वरी को सलाम किया। मेरी ओर देखा भी नहीं।

ईश्वरी ने कहा—कितने तमीजदार हैं ये सब। एक हमारे नौकर हैं कि कोई काम करने का ढंग नहीं।

मैंने खट्टे मन से कहा—इसी तरह अगर तुम अपने नौकरों को भी आठ आने रोज इनाम दिया करो, तो शायद इनसे ज्यादा तमीजदार हो जायें।

'तो क्या तुम समझते हो, यह सब केवल इनाम के लालच से इतना अदब करते हैं।'

'जी नहीं, कदापि नहीं! तमीज और अदब तो इनके रक्त में मिल गया है।'

गाड़ी चली। डाक थी। प्रयाग से चली तो प्रतापगढ़ जाकर रूकी। एक आदमी ने हमारा कमरा खोला। मैं तुरंत चिल्ला उठा—दूसरा दरजा है—सेकेंड क्लास है।

उस मुसाफिर ने डिब्बे के अंदर आकर मेरी ओर एक विचित्र उपेक्षा की दृष्टि से देखकर कहा—जी हाँ, सेवक इतना समझता है, और बीच वाले बर्थ पर बैठ गया। मुझे कितनी लज्जा आयी, कह नहीं सकता।

भोर होते-होते हम लोग मुरादाबाद पहुँचे। स्टेशन पर कई आदमी हमारा स्वागत करने के लिए खड़े थे। दो भद्र पुरुष थे। पाँच बेगार। बेगारों ने हमारा लगेज उठाया। दोनों भद्र पुरुष पीछे-

पीछे चले। एक मुसलमान था रियासत अली, दूसरा ब्राह्मण था रामहरख। दोनों ने मेरी ओर अपरिचित नेत्रों से देखा, मानो कह रहे हैं, तुम कौवे होकर हंस के साथ कैसे?

रियासत अली ने ईश्वरी से पूछा—यह बाबू साहब क्या आपके साथ पढ़ते हैं?

ईश्वरी ने जवाब दिया—हाँ, साथ पढ़ते भी हैं और साथ रहते भी हैं। यों कहिए कि आप ही की बदौलत मैं इलाहाबाद पड़ा हुआ हूँ, नहीं कब का लखनऊ चला आया होता। अबकी मैं इन्हें घसीट लाया। इनके घर से कई तार आ चुके थे, मगर मैंने इनकारी-जवाब दिलवा दिये। आखिरी तार तो अर्जेंट था, जिसकी फीस चार आने प्रति शब्द है, पर यहाँ से भी उसका जवाब इन्कारी ही गया।

दोनों सज्जनों ने मेरी ओर चकित नेत्रों से देखा। आतंकित हो जाने की चेष्टा करते जान पड़े।

रियासत अली ने अर्द्धशंका के स्वर में कहा—लेकिन आप बड़े सादे लिबास में रहते हैं।

ईश्वरी ने शंका निवारण की—महात्मा गाँधी के भक्त हैं साहब। खद्दर के सिवा कुछ पहनते ही नहीं। पुराने सारे कपड़े जला डाले। यों कहो कि राजा हैं। ढाई लाख सालाना की रियासत है, पर आपकी सूरत देखो तो मालूम होता है, अभी अनाथालय से पकड़कर आये हैं।

रामहरख बोले—अमीरों का ऐसा स्वभाव बहुत कम देखने में आता है। कोई भाँप ही नहीं सकता।

रियासत अली ने समर्थन किया—आपने महाराजा चाँगली को देखा होता तो दाँतों तले उंगली दबाते। एक गाढ़े की मिर्जई और चमरौधें जूते पहने बाजारों में घूमा करते थे। सुनते हैं, एक बार बेगार में पकड़े गये थे और उन्हीं ने दस लाख से कालेज खोल दिया।

मैं मन में कटा जा रहा था; पर न जाने क्या बात थी कि यह सफेद झूठ उस वक्त मुझे हास्यास्पद न जान पड़ा। उसके प्रत्येक वाक्य के साथ मानो मैं उस कल्पित वैभव के समीपतर आता जाता था।

मैं शहसवार नहीं हूँ। हाँ, लड़कपन में कई बार लद्दू घोड़ों पर सवार हुआ हूँ। यहाँ देखा तो दो कलाँ-रास घोड़े हमारे लिए तैयार खड़े थे। मेरी तो जान ही निकल गई। सवार तो हुआ, पर बोटियाँ काँप रही थीं। मैंने चेहरे पर शिकन न पड़ने दिया। घोड़े को ईश्वरी के पीछे डाल दिया। खैरियत यह हुई कि ईश्वरी ने घोड़े को तेज न किया, वरना शायद मैं हाथ-पैर तुड़वाकर लौटता। संभव है, ईश्वरी ने समझ लिया हो कि यह कितने पानी में है।

ईश्वरी का घर क्या था, किला था। इमामबाड़े का-सा फाटक, द्वार पर पहरेदार टहलता हुआ, नौकरों का कोई हिसाब नहीं, एक हाथी बँधा हुआ। ईश्वरी ने अपने पिता, चाचा, ताऊ आदि सबसे मेरा परिचय कराया और उसी अतिश्योक्ति के साथ। ऐसी हवा बाँधी कि कुछ न पूछिए। नौकर-चाकर ही नहीं, घर के लोग भी मेरा सम्मान करने लगे। देहात के जमींदार, लाखों का मुनाफा, मगर पुलिस कान्सटेबिल को अफसर समझने वाले। कई महाशय तो मुझे हुजूर-हुजूर कहने लगे।

जब जरा एकांत हुआ, तो मैंने ईश्वरी से कहा—तुम बड़े शैतान हो यार, मेरी मिट्टी क्यों पलीद कर रहे हो?

ईश्वरी ने दृढ़ मुस्कान के साथ कहा—इन गधों के सामने यही चाल जरूरी थी, वरना सीधे मुँह बोलते भी नहीं।

जरा देर के बाद नाई हमारे पाँव दबाने आया। कुंवर लोग स्टेशन से आये हैं, थक गये होंगे। ईश्वरी ने मेरी ओर इशारा करके कहा—पहले कुँवर साहब के पाँव दबा।

मैं चारपाई पर लेटा हुआ था। मेरे जीवन में ऐसा शायद ही कभी हुआ हो कि किसी ने मेरे पाँव दबाये हों। मैं इसे अमीरों के चोचले, रईसों का गधापन और बड़े आदमियों की मुटमरदी और जाने क्या-क्या कहकर ईश्वरी का परिहास किया करता और आज मैं पोतड़ों का रईस बनने का स्वाँग भर रहा था।

इतने में दस बज गये। पुरानी सभ्यता के लोग थे। नयी रोशनी अभी केवल पहाड़ की चोटी तक पहुँच पायी थी। अंदर से भोजन का बुलावा आया। हम स्नान करने चले। मैं हमेशा अपनी धोती खुद छाँट लिया करता हूँ; मगर यहाँ मैंने ईश्वरी की ही भाँति अपनी धोती भी छोड़ दी। अपने हाथों अपनी धोती छाँटते शर्म आ रही थी। अंदर भोजन करने चले। होस्टल में जूते पहले मेज पर जा डटते थे। यहाँ पाँव धोना आवश्यक था। कहार पानी लिये खड़ा था। ईश्वरी ने पाँव बढ़ा दिये। कहार ने उसके पाँव धोये। मैंने भी पाँव बढ़ा दिये। कहार ने मेरे पाँव भी धोये। मेरा वह विचार न जाने कहाँ चला गया था।

सोचा था, वहाँ देहात में एकाग्र होकर खूब पढ़ेंगे, पर यहाँ सारा दिन सैर-सपाटे में कट जाता था। कहीं नदी में बजरे पर सैर कर रहे हैं, कहीं मछलियों या चिड़ियों का शिकार खेल रहे हैं, कहीं पहलवानों की कुश्ती देख रहे हैं, कहीं शतरंज पर जमे हैं। ईश्वरी खूब अंडे मँगवाता और कमरे में 'स्टोव' पर आमलेट बनते। नौकरों का एक जत्था हमेशा घेरे रहता। अपने हाथ-पाँव हिलाने की कोई जरूरत नहीं। केवल जबान हिला देना काफी है। नहाने बैठो तो आदमी नहलाने को हाजिर, लेटो तो आदमी पंखा झलने को खड़े। मैं महात्मा गाँधी का कुँवर चेला मशहूर था। भीतर से बाहर तक मेरी धाक थी। नाश्ते में जरा भी देर न होने पाये, कहीं कुँवर साहब नाराज न हो जायें; बिछावन ठीक समय पर लग जाय, कुँवर साहब के सोने का समय आ गया। मैं ईश्वरी से भी ज्यादा नाजुक दिमाग बन गया था या बनने पर मजबूर किया गया था। ईश्वरी अपने हाथ से बिस्तर बिछाले लेकिन कुँवर मेहमान अपने हाथों से कैसे अपना बिछावन बिछा सकते हैं! उनकी महानता में बट्टा लग जायगा।

एक दिन सचमुच यही बात हो गयी। ईश्वरी घर में था। शायद अपनी माता से कुछ बातचीत करने में देर हो गयी। यहाँ दस बज गये। मेरी आँखें नींद से झपक रही थीं, मगर बिस्तर कैसे लगाऊँ? कुँवर जो ठहरा। कोई साढ़े ग्यारह बजे महरा आया। बड़ा मुँहलगा नौकर था। घर के धंधों में मेरा बिस्तर लगाने की उसे सुधि ही न रही। अब जो याद आयी, तो भागा हुआ आया। मैंने ऐसी डाँट बतायी कि उसने भी याद किया होगा।

ईश्वरी मेरी डाँट सुनकर बाहर निकल आया और बोला—तुमने बहुत अच्छा किया। यह सब हरामखोर इसी व्यवहार के योग्य हैं।

इसी तरह ईश्वरी एक दिन एक जगह दावत में गया हुआ था। शाम हो गयी, मगर लैम्प मेज पर रखा हुआ था। दियासलाई भी थी, लेकिन ईश्वरी खुद कभी लैम्प नहीं जलाता था। फिर कुँवर साहब कैसे जलायें? मैं झुँझला रहा था। समाचार-पत्र आया रखा हुआ था। जी उधर लगा हुआ था, पर लैम्प नदारद। दैवयोग से उसी वक्त मुंशी रियासत अली आ निकले। मैं उन्हीं पर उबल पड़ा, ऐसी फटकार बतायी कि बेचारा उल्लू हो गया—तुम लोगों को इतनी फिक्र भी नहीं कि लैम्प तो जलवा दो! मालूम नहीं, ऐसे कामचोर आदमियों का यहाँ कैसे गुजर होता है। मेरे यहाँ घंटे-भर निर्वाह न हो। रियासत अली ने काँपते हुए हाथों से लैम्प जला दिया।

वहाँ एक ठाकुर अक्सर आया करता था। कुछ मनचला आदमी था, महात्मा गाँधी का परम भक्त। मुझे महात्मा जी का चेला समझकर मेरा बड़ा लिहाज करता था; पर मुझसे कुछ पूछते संकोच करता था। एक दिन मुझे अकेला देखकर आया और हाथ बाँधकर बोला—सरकार तो गाँधी बाबा के चेले हैं न? लोग कहते हैं कि यहाँ सुराज हो जायेगा तो जमींदार न रहेंगे।

मैंने शान जमायी—जमींदारों के रहने की जरूरत ही क्या। है? यह लोग गरीबों का खून चूसने के सिवा और क्या करते है?

ठाकुर ने फिर पूछा—तो क्यों , सरकार, सब जमींदारों की जमीन छीन ली जाएगी। मैंने कहा—बहुत-से लोग तो खुशी से दे देंगे। जो लोग खुशी से न देंगे, उनकी जमीन छीननी ही पड़ेगी। हम लोग तो तैयार बैठे हुए हैं। ज्यों ही स्वराज्य हुआ, अपने इलाके असामियों के नाम हिब्बा कर देंगे।

मैं कुरसी पर पाँव लटकाये बैठा था। ठाकुर मेरे पाँव दबाने लगा। फिर बोला—आजकल जमींदार लोग बड़ा जुलुम करते हैं सरकार! हमें भी हुजूर, अपने इलाके में थोड़ी-सी जमीन दे दें, तो चलकर वहीं आपकी सेवा में रहें।

मैंने कहा—अभी तो मेरा कोई अख्तियार नहीं है भाई; लेकिन ज्यों ही अख्तियार मिला, मैं सबसे पहले तुम्हें बुलाऊँगा। तुम्हें मोटर-ड्राइवरी सिखा कर अपना ड्राइवर बना लूँगा।

सुना, उस दिन ठाकुर ने खूब भंग पी और अपनी स्त्री को खूब पीटा और गाँव के महाजन से लड़ने पर तैयार हो गया।

छुट्टी इस तरह तमाम हुई और हम फिर प्रयाग चले। गाँव के बहुत-से लोग हम लोगों को पहुँचाने आये। ठाकुर तो हमारे साथ स्टेशन तक आया। मैनें भी अपना पार्ट खूब सफाई से खेला और अपनी कुबेरोचित विनय और देवत्व की मुहर हरेक हृदय पर लगा दी। जी तो चाहता था, हरेक नौकर को अच्छा इनाम दूँ, लेकिन वह सामर्थ्य कहाँ थी? वापसी टिकट था ही, केवल गाड़ी में बैठना था; पर गाड़ी आयी तो ठसाठस भरी हुई। दुर्गापूजा की छुट्टियाँ भोगकर सभी लोग लौट रहे थे। सेकेंड क्लास में तिल रखने की जगह नहीं। इंटर क्लस की हालत उससे भी बदतर। यह आखिरी गाड़ी थी। किसी तरह रूक न सकते थे। बड़ी मुश्किल से तीसरे दरजे में जगह मिली।

हमारे ऐश्वर्य ने वहाँ अपना रंग जमा लिया, मगर मुझे उसमें बैठना बुरा लग रहा था। आये थे आराम से लेटे-लेटे, जा रहे थे सिकुड़े हुए। पहलू बदलने की भी जगह न थी।

कई आदमी पढ़े-लिखे भी थे। वे आपस में अंग्रेजी राज्य की तारीफ करते जा रहे थे। एक महाशय बोले—ऐसा न्याय तो किसी राज्य में नहीं देखा। छोटे-बड़े सब बराबर। राजा भी किसी पर अन्याय करे, तो अदालत उसकी गर्दन दबा देती है।

दूसरे सज्जन ने समर्थन किया—अरे साहब, आप खुद बादशाह पर दावा कर सकते हैं। अदालत में बादशाह पर डिग्री हो जाती है।

एक आदमी, जिसकी पीठ पर बड़ा गट्ठर बँधा था, कलकत्ते जा रहा था। कहीं गठरी रखने की जगह न मिलती थी। पीठ पर बाँधे हुए था। इससे बेचैन होकर बार-बार द्वार पर खड़ा हो जाता। मैं द्वार के पास ही बैठा हुआ था। उसका बार-बार आकर मेरे मुँह को अपनी गठरी से रगड़ना मुझे बहुत बुरा लग रहा था। एक तो हवा यों ही कम थी, दूसरे उस गँवार का आकर मेरे मुँह पर खड़ा हो जाना, मानो मेरा गला दबाना था। मैं कुछ देर तक जब्त किये बैठा रहा। एकाएक मुझे क्रोध आ गया। मैंने उसे पकड़कर पीछे ठेल दिया और दो तमाचे जोर-जोर से लगाये।

उसने आँखें निकालकर कहा—क्यों मारते हो बाबूजी, हमने भी किराया दिया है!

मैंने उठकर दो-तीन तमाचे और जड़ दिये।

गाड़ी में तूफान आ गया। चारों ओर से मुझ पर बौछार पड़ने लगी।

'अगर इतने नाजुक मिजाज हो, तो अव्वल दर्जे में क्यों नहीं बैठे।'

'कोई बड़ा आदमी होगा, तो अपने घर का होगा। मुझे इस तरह मारते तो दिखा देता।'

'क्या कसूर किया था बेचारे ने। गाड़ी में साँस लेने की जगह नहीं, खिड़की पर जरा साँस लेने खड़ा हो गया, तो उस पर इतना क्रोध! अमीर होकर क्या आदमी अपनी इन्सानियत बिलकुल खो देता है।

'यह भी अंग्रेजी राज है, जिसका आप बखान कर रहे थे।'

एक ग्रामीण बोला—दफ्तरन माँ घुसन तो पावत नहीं, उस पर इत्ता मिजाज!

ईश्वरी ने अंग्रेजी मे कहा—What an idiot you are, Bir! (बीर, तुम कितने मूर्ख हो !) और मेरा नशा अब कुछ-कुछ उतरता हुआ मालूम होता था।

❐

14 दूध का दाम

प्रेमचंद ने जातिगत भेद-भाव को दर्शाती बहुत सी कहानियां लिखी हैं। 'दूध का दाम' अद्भुत कहानी है। जो लोग लेखक पर यह आपेक्ष लगाते हैं कि उसने दलितों के पक्ष को नहीं उभारा; 'दूध का दाम' कहानी का उन्हें नोटिस लेना चाहिए।

अब बड़े-बड़े शहरों में दाइयाँ, नर्सें और लेडी डाक्टर, सभी पैदा हो गयी हैं; लेकिन देहातों में जच्चेखानों पर अभी तक भंगिनों का ही प्रभुत्व है और निकट भविष्य में इसमें कोई तब्दीली होने की आशा नहीं। बाबू महेशनाथ अपने गाँव के जमींदार थे, शिक्षित थे और जच्चेखानों में सुधार की आवश्यकता को मानते थे, लेकिन इसमें जो बाधाएँ थीं, उन पर कैसे विजय पाते ? कोई नर्स देहात में जाने पर राजी न हुई और बहुत कहने-सुनने से राजी भी हुई, तो इतनी लम्बी-चौड़ी फीस माँगी कि बाबू साहब को सिर झुकाकर चले आने के सिवा और कुछ न सूझा। लेडी डाक्टर के पास जाने की उन्हें हिम्मत न पड़ी। उसकी फीस पूरी करने के लिए तो शायद बाबू साहब को अपनी आधी जायदाद बेचनी पड़ती; इसलिए जब तीन कन्याओं के बाद वह चौथा लड़का पैदा हुआ, तो फिर वही गूदड़ था और वही गूदड़ की बहू। बच्चे अक्सर रात ही को पैदा होते हैं। एक दिन आधी रात को चपरासी ने गूदड़ के द्वार पर ऐसी हाँक लगायी कि पास-पड़ोस में भी जाग पड़ गयी। लड़की न थी कि मरी आवाज से पुकारता।

गूदड़ के घर में इस शुभ अवसर के लिए महीनों से तैयारी हो रही थी। भय था तो यही कि फिर बेटी न हो जाय, नहीं तो वही बँधा हुआ एक रुपया और एक साड़ी मिलकर रह जायगी। इस विषय में स्त्री-पुरुष में कितनी ही बार झगड़ा हो चुका था, शर्त लग चुकी थी। स्त्री कहती थी, 'अगर अबकी बेटा न हो तो मुँह न दिखाऊँ; हाँ-हाँ, मुँह न दिखाऊँ, सारे लच्छन बेटे के हैं। और गूदड़ कहता था, 'देख लेना, बेटी होगी और बीच खेत बेटी होगी। बेटा निकले तो मूँछें मुँड़ा लूँ, हाँ-हाँ, मूँछें मुड़ा लूँ।' शायद गूदड़ समझता था कि इस तरह अपनी स्त्री में पुत्र-कामना को बलवान् करके वह बेटे की अवाई के लिए रास्ता साफ कर रहा है।

भूंगी बोली, 'अब मूँछ मुँड़ा ले दाढ़ीजार ! कहती थी, बेटा होगा। सुनता ही न था। अपनी ही रट लगाये जाता था। मैं आज तेरी मूँछें मूँड़ूँगी, खूँटी तक तो रखूँगी ही नहीं।'

गूदड़ ने कहा, 'अच्छा मूँड़ लेना भलीमानस ! मूँछें क्या फिर निकलेंगी ही नहीं ? तीसरे दिन देख लेना, फिर ज्यों-की-त्यों हैं, मगर जो कुछ मिलेगा,उसमें आधा रखा लूँगा, कहे देता हूँ।

भूँगी ने अँगूठा दिखाया और अपने तीन महीने के बालक को गूदड़ के सुपुर्द कर सिपाही के साथ चल खड़ी हुई।

गूदड़ ने पुकारा, 'अरी ! सुन तो, कहाँ भागी जाती है ? मुझे भी बधाई बजाने जाना पड़ेगा। इसे कौन सँभालेगा ?'

भूँगी ने दूर ही से कहा, 'इसे वहीं धरती पर सुला देना। मैं आके दूध पिला जाऊँगी।'

महेशनाथ के यहाँ अब भी भूँगी की खूब खातिरदारियाँ होने लगीं। सबेरे हरीरा मिलता, दोपहर को पूरियाँ और हलवा, तीसरे पहर को फिर और रात को फिर और गूदड़ को भी भरपूर परोसा मिलता था। भूँगी अपने बच्चे को दिन-रात में एक-दो बार से ज्यादा न पिला सकती थी। उसके लिए ऊपर के दूध का प्रबन्ध था। भूँगी का दूध बाबूसाहब का भाग्यवान् बालक पीता था। और यह सिलसिला बारहवें दिन भी न बन्द हुआ। मालकिन मोटी-ताजी देवी थी; पर अबकी कुछ ऐसा संयोग कि उन्हें दूध हुआ ही नहीं। तीनों लड़कियों की बार इतने इफरात से दूध होता था कि लड़कियों को बदहजमी हो जाती थी। अबकी एक बूँद नहीं। भूँगी दाई भी थी और दूध-पिलाई भी। मालकिन कहतीं 'भूँगी, हमारे बच्चे को पाल दे, फिर जब तक तू जिये, बैठी खाती रहना। पाँच बीघे माफी दिलवा दूंगी। नाती-पोते तक चैन करेंगे। और भूँगी का लाड़ला ऊपर का दूध हजम न कर सकने के कारण बार-बार उलटी करता और दिन-दिन दुबला होता जाता था।

भूँगी कहती, 'बहूजी, मूँड़न में चूड़े लूँगी, कहे देती हूँ।'

बहूजी, उत्तर देतीं, 'हाँ हाँ, चूड़े लेना भाई, धमकाती क्यों है ? चाँदी के लेगी या सोने के।'

'वाह बहूजी! चाँदी के चूड़े पहन के किसे मुँह दिखाऊँगी और किसकी हँसी होगी ?'

'अच्छा, सोने के लेना भाई, कह तो दिया।'

'और ब्याह में कण्ठा लूँगी और चौधरी (गूदड़) के लिए हाथों के तोड़े।'

'वह भी लेना, भगवान् वह दिन तो दिखावे।'

घर में मालकिन के बाद भूँगी का राज्य था। महरियाँ, महराजिन, नौकर—चाकर सब उसका रोब मानते थे। यहाँ तक कि खुद बहूजी भी उससे दब जाती थीं। एक बार तो उसने महेशनाथ को भी डाँटा था। हँसकर टाल गये। बात चली थी भंगियों की। महेशनाथ ने कहा था दुनिया में और चाहे जो कुछ हो जाय, भंगी भंगी ही रहेंगे। इन्हें आदमी बनाना कठिन है। इस पर भूँगी ने कहा, था मालिक, भंगी तो बड़ों-बड़ों को आदमी बनाते हैं, उन्हें कोई क्या आदमी बनाये। यह गुस्ताखी करके किसी दूसरे अवसर पर भला भूँगी के सिर के बाल बच सकते थे ? लेकिन आज बाबूसाहब ठठाकर हँसे और बोले भूँगी बात बड़े पते की कहती है।

भूँगी का शासनकाल साल-भर से आगे न चल सका। देवताओं ने बालक के भंगिन का दूध पीने पर आपत्ति की, मोटेराम शास्त्री तो प्रायश्चित्त का प्रस्ताव कर बैठे। दूध तो छुड़ा दिया गया; लेकिन प्रायश्चित्त की बात हँसी में उड़ गयी। महेशनाथ ने फटकारकर कहा, 'प्रायश्चित्त की खूब कही शास्त्रीजी, कल तक उसी भंगिन का खून पीकर पला, अब उसमें छूत घुस गयी। वाह रे आपका धर्म। शास्त्रीजी शिखा फटकारकर बोले यह सत्य है,वह कल तक भंगिन का रक्त पीकर पला। मांस खाकर पला, यह भी सत्य है; लेकिन कल की बात कल थी, आज की बात आज। जगन्नाथपुरी में छूत-अछूत सब एक पंगत में खाते हैं; पर यहाँ तो नहीं खा सकते। बीमारी में तो हम भी कपड़े पहने खा लेते हैं, खिचड़ी तक खा लेते हैं बाबूजी;लेकिन अच्छे हो जाने पर तो नेम का

पालन करना ही पड़ता है। आपद्धर्म की बात न्यारी है। "तो इसका यह अर्थ है कि धर्म बदलता रहता है कभी कुछ, कभी कुछ ?'

'और क्या ! राजा का धर्म अलग, प्रजा का धर्म अलग, अमीर का धर्म अलग, गरीब का धर्म अलग, राजे-महाराजे जो चाहें खायँ, जिसके साथ चाहें खायँ, जिसके साथ चाहें शादी-ब्याह करें, उनके लिए कोई बन्धन नहीं। समर्थ पुरुष हैं। बन्धन तो मध्यवालों के लिए है।'

प्रायश्चित्त तो न हुआ; लेकिन भूँगी को गद्दी से उतरना पड़ा ! हाँ, दान-दक्षिणा इतनी मिली की वह अकेले ले न जा सकी और सोने के चूड़े भी मिले। एक की जगह दो नयी, सुन्दर साड़ियाँ मामूली नैनसुख की नहीं, जैसी लड़कियों की बार मिली थीं। इसी साल प्लेग ने जोर बाँधा और गूदड़ पहले ही चपेट में आ गया। भूँगी अकेली रह गयी; पर गृहस्थी ज्यों-की-त्यों चलती रही। लोग ताक लगाये बैठे थे कि भूँगी अब गयी। फलां भंगी से बातचीत हुई, फलां चौधरी आये,लेकिन भूँगी न कहीं आयी, न कहीं गयी, यहाँ तक कि पाँच साल बीत गये और उसका बालक मंगल, दुर्बल और सदा रोगी रहने पर भी, दौड़ने लगा। सुरेश के सामने पिद्दी-सा लगता था।

एक दिन भूँगी महेशनाथ के घर का परनाला साफ कर रही थी। महीनों से गलीज जमा हो रहा था। आँगन में पानी भरा रहने लगा था। परनाले में एक लम्बा मोटा बाँस डालकर जोर से हिला रही थी। पूरा दाहिना हाथ परनाले के अन्दर था कि एकाएक उसने चिल्लाकर हाथ बाहर निकाल लिया और उसी वक्त एक काला साँप परनाले से निकलकर भागा। लोगों ने दौड़कर उसे मार तो डाला; लेकिन भूँगी को न बचा सके। समझे, पानी का साँप है, विषैला न होगा, इसलिए पहले कुछ गफलत की गयी। जब विष देह में फैल गया और लहरें आने लगीं, तब पता चला कि वह पानी का साँप नहीं, गेहुँवन था।

मंगल अब अनाथ था। दिन-भर महेशबाबू के द्वार पर मँडराया करता। घर में जूठन इतना बचता था कि ऐसे-ऐसे दस-पाँच बालक पल सकते थे। खाने की कोई कमी न थी। हाँ, उसे तब बुरा जरूर लगता था, जब उसे मिट्टी के कसोरों में ऊपर से खाना दिया जाता था। सब लोग अच्छे-अच्छे बरतनों में खाते हैं, उसके लिए मिट्टी के कसोरे ! यों उसे इस भेदभाव का बिलकुल ज्ञान न होता था, लेकिन गाँव के लड़के चिढ़ा-चिढ़ाकर उसका अपमान करते रहते थे। कोई उसे अपने साथ खेलाता भी न था। यहाँ तक कि जिस टाट पर वह सोता था, वह भी अछूत था। मकान के सामने एक नीम का पेड़ था। इसी के नीचे मंगल का डेरा था। एक फटा-सा टाट का टुकड़ा,दो मिट्टी के कसोरे और एक धोती, जो सुरेश बाबू की उतारन थी, जाड़ा, गरमी, बरसात हरेक मौसम में वह जगह एक-सी आरामदेह थी और भाग्य का बली मंगल झुलसती हुई लू, गलते हुए जाड़े और मूसलाधार वर्षा में भी जिन्दा और पहले से कहीं स्वस्थ था। बस, उसका कोई अपना था, तो गाँव का एक कुत्ता, जो अपने सहवर्गियों के जुल्म से दुखी होकर मंगल की शरण आ पड़ा था। दोनों एक ही खाना खाते, एक ही टाट पर सोते, तबियत भी दोनों की एक-सी थी और दोनों एक-दूसरे के स्वभाव को जान गये थे। कभी आपस में झगड़ा न होता।

गाँव के धर्मात्मा लोग बाबूसाहब की इस उदारता पर आश्चर्य करते। ठीक द्वार के सामने पचास हाथ भी न होगा मंगल का पड़ा रहना उन्हें सोलहों आने धर्म-विरुद्ध जान पड़ा। छि: ! यही हाल रहा, तो थोड़े ही दिनों में धर्म का अन्त ही समझो। भंगी को भी भगवान् ने ही रचा है, यह हम भी जानते हैं। उसके साथ हमें किसी तरह का अन्याय न करना चाहिए, यह किसे नहीं मालूम ? भगवान् का तो नाम ही पतित-पावन है; लेकिन समाज की मर्यादा भी कोई वस्तु है ! उस द्वार पर जाते हुए संकोच होता है। गाँव के मालिक हैं, जाना तो पड़ता ही है; लेकिन बस यही समझ लो कि घृणा होती है।

मंगल और टामी में गहरी बनती थी। मंगल कहता देखो भाई टामी, जरा और खिसककर सोओ। आखिर मैं कहाँ लेटूँ ? सारा टाट तो तुमने घेर लिया। टामी कूँ-कूँ करता, दुम हिलाता और खिसक जाने के बदले और ऊपर चढ़ आता एवं मंगल का मुँह चाटने लगता। शाम को वह एक बार रोज अपना घर देखने और थोड़ी देर रोने जाता। पहले साल फूस का छप्पर गिर पड़ा, दूसरे साल एक दीवार गिरी और अब केवल आधी-आधी दीवारें खड़ी थीं, जिनका ऊपरी भाग नोकदार हो गया था। यही उसे स्नेह की सम्पत्ति मिली थी। वही स्मृति, वही आकर्षण, वही प्यार उसे एक बार उस ऊजड़ में खींच ले जाता था और टामी सदैव उसके साथ होता था। मंगल नोकदार दीवार पर बैठ जाता और जीवन के बीते और आनेवाले स्वप्न देखने लगता और बार-बार उछलकर उसकी गोद में बैठने की असफल चेष्टा करता।

एक दिन कई लड़के खेल रहे थे। मंगल भी पहुँचकर दूर खड़ा हो गया। या तो सुरेश को उस पर दया आयी, या खेलनेवालों की जोड़ी पूरी न पड़ती थी, कह नहीं सकते। जो कुछ भी हो, तजवीज की कि आज मंगल को भी खेल में शरीक कर लिया जाय। यहाँ कौन देखने आता है। 'क्यों रे मंगल, खेलेगा।' मंगल बोला, 'ना भैया, कहीं मालिक देख लें, तो मेरी चमड़ी उधेड़ दी जाय। तुम्हें क्या, तुम तो अलग हो जाओगे।'

सुरेश ने कहा, 'तो यहाँ कौन आता है देखने बे ? चल, हम लोग सवार-सवार खेलेंगे। तू घोड़ा बनेगा, हम लोग तेरे ऊपर सवारी करके दौड़ायेंगे ?'

मंगल ने शंका की, 'मैं बराबर घोड़ा ही रहूँगा, कि सवारी भी करूँगा ?यह बता दो।'

यह प्रश्न टेढ़ा था। किसी ने इस पर विचार न किया था। सुरेश ने एक क्षण विचार करके कहा, 'तुझे कौन अपनी पीठ पर बिठायेगा, सोच ?'

'आखिर तू भंगी है कि नहीं ?'

मंगल भी कड़ा हो गया। बोला, 'मैं कब कहता हूँ कि मैं भंगी नहीं हूँ, लेकिन तुम्हें मेरी ही माँ ने अपना दूध पिलाकर पाला है। जब तक मुझे भी सवारी करने को न मिलेगी, मैं घोड़ा न बनूँगा। तुम लोग बड़े चघड़ हो।

आप तो मजे से सवारी करोगे और मैं घोड़ा ही बना रहूँ।'

सुरेश ने डाँटकर कहा,'तुझे घोड़ा बनना पड़ेगा' और मंगल को पकड़ने दौड़ा। मंगल भागा। सुरेश ने दौड़ाया। मंगल ने कदम और तेज किया। सुरेश ने भी जोर लगाया; मगर वह बहुत खा-

खाकर थुल-थुल हो गया था। और दौड़ने में उसकी साँस फूलने लगती थी। आखिर उसने रुककर कहा, 'आकर घोड़ा बनो मंगल, नहीं तो कभी पा जाऊँगा, तो बुरी तरह पीटूँगा।'

'तुम्हें भी घोड़ा बनना पड़ेगा।'

'अच्छा हम भी बन जायँगे।'

'तुम पीछे से निकल जाओगे। पहले तुम घोड़ा बन जाओ। मैं सवारी कर लूँ, फिर मैं बनूँगा।'

सुरेश ने सचमुच चकमा देना चाहा था। मंगल का यह मुतालबा सुनकर साथियों से बोला, 'देखते हो इसकी बदमाशी, भंगी है न !'

तीनों ने मंगल को घेर लिया और उसे जबरदस्ती घोड़ा बना दिया। सुरेश ने चटपट उसकी पीठ पर आसन जमा लिया और टिकटिक करके, 'बोला, चल घोड़े, चल !

मंगल कुछ देर तक तो चला, लेकिन उस बोझ से उसकी कमर टूटी जाती थी। उसने धीरे से पीठ सिकोड़ी और सुरेश की रान के नीचे से सरक गया। सुरेश महोदय लद से गिर पड़े और भोंपू बजाने लगे। माँ ने सुना, सुरेश कहीं रो रहा है। सुरेश कहीं रोये, तो उनके तेज कानों में जरूर भनक पड़ जाती थी और उसका रोना भी बिलकुल निराला होता था, जैसे छोटी लाइन के इंजन की आवाज। महरी से बोली, 'देख तो, सुरेश कहीं रो रहा है, पूछ तो किसने मारा है।'

इतने में सुरेश खुद आँखें मलता हुआ आया। उसे जब रोने का अवसर मिलता था, तो माँ के पास फरियाद लेकर जरूर आता था। माँ मिठाई या मेवे देकर आँसू पोंछ देती थीं। आप थे तो आठ साल के, मगर थे बिलकुल गावदी। हद से ज्यादा प्यार ने उसकी बुद्धि के साथ वही किया था, जो हद से ज्यादा भोजन ने उसकी देह के साथ।

माँ ने पूछा, 'क्यों रोता है सुरेश, किसने मारा ?'

सुरेश ने रोकर कहा, 'मंगल ने छू दिया।'

माँ को विश्वास न आया। मंगल इतना निरीह था कि उससे किसी तरह की शरारत की शंका न होती थी; लेकिन जब सुरेश कसमें खाने लगा, तो विश्वास करना लाजिम हो गया। मंगल को बुलाकर डाँटा, 'क्यों रे मंगल, अब तुझे बदमाशी सूझने लगी। मैंने तुझसे कहा था, सुरेश को कभी मत छूना, याद है कि नहीं, बोल।'

मंगल ने दबी आवाज से कहा, 'याद क्यों नहीं है।'

'तो फिर तूने उसे क्यों छुआ ?'

'मैंने नहीं छुआ।'

'तूने नहीं छुआ, तो वह रोता क्यों था ?'

'गिर पड़े, इससे रोने लगे।'

चोरी और सीनाजोरी। देवीजी दाँत पीसकर रह गयीं। मारतीं, तो उसी दम स्नान करना पड़ता। छड़ी तो हाथ में लेनी ही पड़ती और छूत का विद्युत-प्रवाह इस छड़ी के रास्ते उनकी देह में पैवस्त हो जाता, इसलिए जहाँ तक गालियाँ दे सकीं, दीं और हुक्म दिया कि—'अभी-अभी यहाँ से निकल जा। फिर जो इस द्वार पर तेरी सूरत नजर आयी, तो खून ही पी जाऊँगी। मुफ्त की रोटियाँ खा-खाकर शरारत सूझती है,' आदि।

मंगल में गैरत तो क्या थी, हाँ, डर था। चुपके से अपने सकोरे उठाये, टाट का टुकड़ा बगल में दबाया, धोती कन्धों पर रखी और रोता हुआ वहाँ से चल पड़ा। अब वह यहाँ कभी न आयेगा। यही तो होगा कि भूखों मर जायेगा। क्या हरज है ? इस तरह जीने से फायदा ही क्या ? गाँव में उसके लिए और कहाँ ठिकाना था ? भंगी को कौन पनाह देता ? उसी खंडहर की ओर चला, जहाँ भले दिनों की स्मृतियाँ उसके आँसू पोंछ सकती थीं और खूब फूट-फूटकर रोया। उसी क्षण टामी भी उसे ढूँढ़ता हुआ पहुँचा और दोनों फिर अपनी व्यथा भूल गये।

लेकिन ज्यों-ज्यों दिन का प्रकाश क्षीण होता जाता था, मंगल की ग्लानि भी क्षीण होती जाती थी। बचपन को बेचैन करने वाली भूख देह का रक्त पी-पीकर और भी बलवान होती जाती थी। आँखें बार-बार कसोरों की ओर उठ जातीं। वहाँ अब तक सुरेश की जूठी मिठाइयाँ मिल गयी होतीं। यहाँ क्या धूल फाँके ? उसने टामी से सलाह की खाओगे क्या टामी ? मैं तो भूखा लेट रहूँगा। टामी ने कूँ-कूँ करके शायद कहा, 'इस तरह का अपमान तो जिन्दगी भर सहना है। यों हिम्मत हारोगे, तो कैसे काम चलेगा ? मुझे देखो न, कभी किसी ने डण्डा मारा, चिल्ला उठा, फिर जरा देर बाद दुम हिलाता हुआ उसके पास जा पहुँचा। हम-तुम दोनों इसीलिए बने हैं, भाई !' मंगल ने कहा,'तो तुम जाओ, जो कुछ मिले खा लो, मेरी परवाह न करो।'

टामी ने अपनी श्वान-भाषा में कहा, 'अकेला नहीं जाता, तुम्हें साथ लेकर चलूँगा।'

'मैं नहीं जाता।'

'तो मैं भी नहीं जाता।'

'भूखों मर जाओगे।'

'तो क्या तुम जीते रहोगे ?'

'मेरा कौन बैठा है, जो रोयेगा ?'

'यहाँ भी वही हाल है भाई, क्वार में जिस कुतिया से प्रेम किया था, उसने बेवफाई की और अब कल्लू के साथ है। खैरियत यही हुई कि अपने बच्चे लेती गयी, नहीं तो मेरी जान गाढ़े में पड़ जाती। पाँच-पाँच बच्चों को कौन पालता ?'

एक क्षण के बाद भूख ने एक दूसरी युक्ति सोच निकाली। 'मालकिन हमें खोज रही होंगी, क्या टामी ?'

'और क्या ? बाबूजी और सुरेश खा चुके होंगे। कहार ने उनकी थाली से जूठन निकाल लिया होगा और हमें पुकार रहा होगा।'

'बाबूजी और सुरेश दोनों की थालियों में घी खूब रहता है और वह मीठी-मीठी चीज हाँ मलाई।'

सब-का-सब घूरे पर डाल दिया जायगा।'

'देखें, हमें खोजने कोई आता है ?'

'खोजने कौन आयेगा; क्या कोई पुरोहित हो ? एक बार 'मंगल-मंगल' होगा और बस, थाली परनाले में उँड़ेल दी जायेगी।'

'अच्छा, तो चलो चलें। मगर मैं छिपा रहूँगा, अगर किसी ने मेरा नाम लेकर न पुकारा; तो मैं लौट आऊँगा। यह समझ लो।'

दोनों वहाँ से निकले और आकर महेशनाथ के द्वार पर अँधेरे में दबककर खड़े हो गये; मगर टामी को सब्र कहाँ ? वह धीरे से अन्दर घुस गया। देखा, महेशनाथ और सुरेश थाली पर बैठ गये हैं। बरोठे में धीरे से बैठ गया, मगर डर रहा था कि कोई डण्डा न मार दे। नौकर में बातचीत हो रही थी। एक ने कहा, 'आज मँगलवा नहीं दिखायी देता। मालकिन ने डाँटा था, इससे भागा है साइत।'

दूसरे ने जवाब दिया, 'अच्छा हुआ, निकाल दिया गया। सबेरे-सबेरे भंगी का मुँह देखना पड़ता था।

मंगल और अँधेरे में खिसक गया। आशा गहरे जल में डूब गयी। महेशनाथ थाली से उठ गये। नौकर हाथ धुला रहा है। अब हुक्का पीयेंगे और सोयेंगे। सुरेश अपनी माँ के पास बैठा कोई कहानी सुनता-सुनता सो जायगा ! गरीब मंगल की किसे चिन्ता है ? इतनी देर हो गयी, किसी ने भूल से भी न पुकारा।

कुछ देर तक वह निराश-सा वहाँ खड़ा रहा, फिर एक लम्बी साँस खींचकर जाना ही चाहता था कि कहार पत्तल में थाली का जूठन ले जाता नजर आया। मंगल अँधेरे से निकलकर प्रकाश में आ गया। अब मन को कैसे रोके ? कहार ने कहा, 'अरे, तू यहाँ था ? हमने समझा कि कहीं चला गया। ले, खा ले; मैं फेंकने ले जा रहा था।'

मंगल ने दीनता से कहा, 'मैं तो बड़ी देर से यहाँ खड़ा था।'

'तो बोला, क्यों नहीं ?'

'मारे डर के।'

'अच्छा, ले खा ले।'

उसने पत्तल को ऊपर उठाकर मंगल के फैले हुए हाथों में डाल दिया। मंगल ने उसकी ओर ऐसी आँखों से देखा, जिसमें दीन कृतज्ञता भरी हुई थी। टामी भी अन्दर से निकल आया था। दोनों वहीं नीम के नीचे पत्तल में खाने लगे। मंगल ने एक हाथ से टामी का सिर सहलाकर कहा, 'देखा, पेट की आग ऐसी होती है ! यह लात की मारी हुई रोटियाँ भी न मिलतीं,तो क्या करते ?' टामी ने दुम हिला दी।

'सुरेश को अम्माँ ने पाला था।'

टामी ने फिर दुम हिलायी।

'लोग कहते हैं, दूध का दाम कोई नहीं चुका सकता और मुझे दूध का यह दाम मिल रहा है।'

टामी ने फिर दुम हिलायी।

❐

15 बड़े भाई साहब

बड़ा भाई छोटे भाई का रक्षक एवं संरक्षक चित्रित किया गया है। अधिकार की भावना का सहज स्वाभाविक चित्रण भ्रातृत्व की गरिमा को रेखांकित करता है।

मेरे भाई साहब मुझसे पाँच साल बड़े थे, लेकिन केवल तीन दरजे आगे। उन्होंने भी उसी उम्र में पढ़ना शुरू किया था जब मैने शुरू किया था; लेकिन तालीम जैसे महत्व के मामले में वह जल्दबाजी से काम लेना पसंद न करते थे। इस भावना की बुनियाद खूब मजबूत डालना चाहते थे जिस पर आलीशान महल बन सके। एक साल का काम दो साल में करते थे। कभी-कभी तीन साल भी लग जाते थे। बुनियाद ही पुख्ता न हो, तो मकान कैसे पायेदार बने!

मैं छोटा था, वह बड़े थे। मेरी उम्र नौ साल की थी,वह चौदह साल के थे। उन्हें मेरी तंबीह और निगरानी का पूरा जन्मसिद्ध अधिकार था। और मेरी शालीनता इसी में थी कि उनके हुक्म को कानून समझूँ।

वह स्वभाव से बड़े अध्ययनशील थे। हरदम किताब खोले बैठे रहते और शायद दिमाग को आराम देने के लिए कभी कापी पर, कभी किताब के हाशियों पर चिड़ियों, कुत्तों, बिल्लियों की तस्वीरें बनाया करते थे। कभी-कभी एक ही नाम या शब्द या वाक्य दस-बीस बार लिख डालते। कभी एक शेर को बार-बार सुंदर अक्षर में नकल करते। कभी ऐसी शब्द-रचना करते, जिसमें न कोई अर्थ होता, न कोई सामंजस्य! मसलन एक बार उनकी कापी पर मैने यह इबारत देखी—स्पेशल, अमीना, भाइयों-भाइयों, दर-असल, भाई-भाई, राधेश्याम, श्रीयुत राधेश्याम, एक घंटे तक—इसके बाद एक आदमी का चेहरा बना हुआ था। मैंने चेष्टा की कि इस पहेली का कोई अर्थ निकालूँ; लेकिन असफल रहा और उनसे पूछने का साहस न हुआ। वह नवीं जमात में थे, मैं पाँचवी में। उनकी रचनाओं को समझना मेरे लिए छोटा मुँह बड़ी बात थी।

मेरा जी पढ़ने में बिल्कुल न लगता था। एक घंटा भी किताब लेकर बैठना पहाड़ था। मौका पाते ही होस्टल से निकलकर मैदान में आ जाता और कभी कंकरियाँ उछालता, कभी कागज की तितलियाँ उड़ाता, और कहीं कोई साथी मिल गया तो पूछना ही क्या कभी चारदीवारी पर चढ़कर नीचे कूद रहे हैं, कभी फाटक पर सवार, उसे आगे-पीछे चलाते हुए मोटरकार का आनंद उठा रहे हैं। लेकिन कमरे में आते ही भाई साहब का रौद्र रूप देखकर प्राण सूख जाते। उनका पहला सवाल होता—'कहाँ थे?' हमेशा यही सवाल, इसी ध्वनि में पूछा जाता था और इसका जवाब मेरे पास केवल मौन था। न जाने मुँह से यह बात क्यों न निकलती कि जरा बाहर खेल रहा था। मेरा मौन कह देता था कि मुझे अपना अपराध स्वीकार है और भाई साहब के लिए इसके सिवा और कोई इलाज न था कि स्नेह और रोष से मिले हुए शब्दों में मेरा सत्कार करें।

'इस तरह अंग्रेजी पढ़ोगे, तो जिंदगी-भर पढ़ते रहोगे और एक हर्फ़ न आयेगा। अंग्रेजी पढ़ना कोई हँसी-खेल नहीं है कि जो चाहे पढ़ ले, नहीं, ऐरा-गैरा नत्थू-खैरा सभी अंग्रेजी के विद्वान हो जाते। यहाँ रात-दिन आँखें फोड़नी पड़ती है और खून जलाना पड़ता है, तब कहीं यह विधा आती है। और आती क्या है, हाँ, कहने को आ जाती है। बड़े-बड़े विद्वान भी शुद्ध अंग्रेजी नहीं लिख सकते, बोलना तो दूर रहा। और मैं कहता हूँ, तुम कितने घोंघा हो कि मुझे देखकर भी सबक नहीं लेते। मैं कितनी मेहनत करता हूँ, तुम अपनी आँखों देखते हो, अगर नहीं देखते, जो यह तुम्हारी आँखों का कसूर है, तुम्हारी बुद्धि का कसूर है। इतने मेले-तमाशे होते है, मुझे तुमने कभी देखने जाते देखा है, रोज ही क्रिकेट और हाकी मैच होते हैं। मैं पास नहीं फटकता। हमेशा पढ़ता रहता हूँ, उस पर भी एक-एक दरजे में दो-दो, तीन-तीन साल पड़ा रहता हूँ फिर तुम कैसे आशा करते हो कि तुम यों खेल-कूद में वक्त, गँवाकर पास हो जाओगे? मुझे तो दो-ही-तीन साल लगते हैं, तुम उम्र-भर इसी दरजे में पड़े सड़ते रहोगे। अगर तुम्हें इस तरह उम्र गँवानी है, तो बेहतर है, घर चले जाओ और मजे से गुल्ली-डंडा खेलो। दादा की गाढ़ी कमाई के रुपये क्यों बरबाद करते हो?'

मैं यह लताड़ सुनकर आँसू बहाने लगता। जवाब ही क्या था। अपराध तो मैंने किया, लताड़ कौन सहे? भाई साहब उपदेश की कला में निपुण थे। ऐसी-ऐसी लगती बातें कहते, ऐसे-ऐसे सूक्ति-बाण चलाते कि मेरे जिगर के टुकड़े-टुकड़े हो जाते और हिम्मत छूट जाती। इस तरह जान तोड़कर मेहनत करने कि शक्ति मैं अपने में न पाता था और उस निराशा में जरा देर के लिए मैं सोचने लगता—क्यों न घर चला जाऊँ। जो काम मेरे बूते के बाहर है, उसमें हाथ डालकर क्यों अपनी जिंदगी खराब करूँ। मुझे अपना मूर्ख रहना मंजूर था; लेकिन उतनी मेहनत ! मुझे तो चक्कर आ जाता था। लेकिन घंटे-दो घंटे बाद निराशा के बादल फट जाते और मैं इरादा करता कि आगे से खूब जी लगाकर पढ़ूँगा। चटपट एक टाइम-टेबिल बना डालता। बिना पहले से नक्शा बनाये, बिना कोई स्कीम तैयार किये काम कैसे शुरू करूँ? टाइम-टेबिल में, खेल-कूद की मद बिलकुल उड़ जाती। प्रात:काल उठना, छ: बजे मुँह-हाथ धो, नाश्ता कर पढ़ने बैठ जाना। छ: से आठ तक अंग्रेजी, आठ से नौ तक हिसाब, नौ से साढ़े नौ तक इतिहास, फिर भोजन और स्कूल। साढ़े तीन बजे स्कूल से वापस होकर आधा घंटा आराम, चार से पाँच तक भूगोल, पाँच से छ: तक ग्रामर, आधा घंटा होस्टल के सामने टहलना, साढ़े छ: से सात तक अंग्रेजी कम्पोजीशन, फिर भोजन करके आठ से नौ तक अनुवाद, नौ से दस तक हिंदी, दस से ग्यारह तक विविध विषय, फिर विश्राम।

मगर टाइम-टेबिल बना लेना एक बात है, उस पर अमल करना दूसरी बात। पहले ही दिन से उसकी अवहेलना शुरू हो जाती। मैदान की वह सुखद हरियाली, हवा के वह हल्के-हल्के झोंके, फुटबाल की उछल-कूद, कबड्डी के वह दाँव-घात, बालीबाल की वह तेजी और फुरती मुझे अज्ञात और अनिवार्य रूप से खींच ले जाती और वहाँ जाते ही मैं सब कुछ भूल जाता। वह जानलेवा टाइम—टेबिल, वह आँखफोड़ पुस्तकें किसी की याद न रहती, और फिर भाई साहब को नसीहत और फजीहत का अवसर मिल जाता। मैं उनके साये से भागता, उनकी आँखों से दूर रहने कि चेष्टा करता। कमरे में इस तरह दबे पाँव आता कि उन्हें खबर न हो। उनकी नजर मेरी ओर उठी

और मेरे प्राण निकले। हमेशा सिर पर एक नंगी तलवार-सी लटकती मालूम होती। फिर भी जैसे मौत और विपत्ति के बीच में भी आदमी मोह और माया के बंधन में जकड़ा रहता है, मैं फटकार और घुड़कियाँ खाकर भी खेल-कूद का तिरस्कार न कर सकता।

सालाना इम्तहान हुआ। भाई साहब फेल हो गये, मैं पास हो गया और दरजे में प्रथम आया। मेरे और उनके बीच केवल दो साल का अंतर रह गया। जी में आया, भाई साहब को आड़े हाथों लूँ—आपकी वह घोर तपस्या कहाँ गयी? मुझे देखिए, मजे से खेलता भी रहा और दरजे में अव्वल भी हूँ। लेकिन वह इतने दु:खी और उदास थे कि मुझे उनसे दिली हमदर्दी हुई और उनके घाव पर नमक छिड़कने का विचार ही लज्जास्पद जान पड़ा। हाँ, अब मुझे अपने ऊपर कुछ अभिमान हुआ और आत्मसम्मान भी बढ़ा। भाई साहब का वह रोब मुझ पर न रहा। आजादी से खेल-कूद में शरीक होने लगा। दिल मजबूत था। अगर उन्होंने फिर मेरी फजीहत की, तो साफ कह दूँगा—आपने अपना खून जलाकर कौन-सा तीर मार लिया। मैं तो खेलते-कूदते दरजे में अव्वल आ गया। जबान से यह हेकड़ी जताने का साहस न होने पर भी मेरे रंग-ढंग से साफ जाहिर होता था कि भाई साहब का वह आतंक अब मुझ पर नहीं है। भाई साहब ने इसे भाँप लिया—उनकी सहज बुद्धि बड़ी तीव्र थी और एक दिन जब मैं भोर का सारा समय गुल्ली-डंडे की भेंट करके ठीक भोजन के समय लौटा, तो भाई साइब ने मानो तलवार खींच ली और मुझ पर टूट पड़े—देखता हूँ, इस साल पास हो गये और दरजे में अव्वल आ गये, तो तुम्हें दिमाग हो गया है; मगर भाईजान, घमंड तो बड़े-बड़े का नहीं रहा, तुम्हारी क्या हस्ती, है, इतिहास में रावण का हाल तो पढ़ा ही होगा। उसके चरित्र से तुमने कौन-सा उपदेश लिया? या यों ही पढ़ गये? महज इम्तहान पास कर लेना कोई चीज नहीं, असल चीज है बुद्धि का विकास। जो कुछ पढ़ो, उसका अभिप्राय समझो। रावण भूमंडल का स्वामी था। ऐसे राजाओं को चक्रवर्ती कहते हैं। आजकल अंग्रेजों के राज्य का विस्तार बहुत बढ़ा हुआ है, पर इन्हें चक्रवर्ती नहीं कह सकते। संसार में अनेकों राष्ट्र अंग्रेजों का आधिपत्य स्वीकार नहीं करते। बिल्कुल स्वाधीन हैं। रावण चक्रवर्ती राजा था। संसार के सभी महीप उसे कर देते थे। बड़े-बड़े देवता उसकी गुलामी करते थे। आग और पानी के देवता भी उसके दास थे; मगर उसका अंत क्या हुआ? घमंड ने उसका नाम-निशान तक मिटा दिया, कोई उसे एक चिल्लू पानी देनेवाला भी न बचा। आदमी जो कुकर्म चाहे करे; पर अभिमान न करे, इतराये नहीं। अभिमान किया और दीन-दुनिया से गया।

शैतान का हाल भी पढ़ा ही होगा। उसे यह अभिमान हुआ था कि ईश्वर का उससे बढ़कर सच्चा, भक्त कोई है ही नहीं। अंत में यह हुआ कि स्वर्ग से नरक में ढकेल दिया गया। शाहेरूम ने भी एक बार अहंकार किया था। भीख माँग-माँगकर मर गया। तुमने तो अभी केवल एक दरजा पास किया है और अभी से तुम्हारा सिर फिर गया, तब तो तुम आगे बढ़ चुके। यह समझ लो कि तुम अपनी मेहनत से नहीं पास हुए, अंधे के हाथ बटेर लग गयी। मगर बटेर केवल एक बार हाथ लग सकती है, बार-बार नहीं। कभी-कभी गुल्ली-डंडे में भी अंधा-चोट निशाना पड़ जाता है। उससे कोई सफल खिलाड़ी नहीं हो जाता। सफल खिलाड़ी वह है, जिसका कोई निशान खाली न जाय। मेरे फेल होने पर न जाओ। मेरे दरजे में आओगे, तो दाँतों पसीना आ जायगा। जब अलजबरा

और जामेट्री के लोहे के चने चबाने पड़ेंगे और इंगलिस्तान का इतिहास पढ़ना पड़ेगा! बादशाहों के नाम याद रखना आसान नहीं। आठ-आठ हेनरी ही गुजरे हैं। कौन-सा कांड किस हेनरी के समय हुआ, क्या यह याद कर लेना आसान समझते हो? हेनरी सातवें की जगह हेनरी आठवाँ लिखा और सब नंबर गायब! सफाचट। सिफर भी न मिलेगा, सिफर भी! हो किस ख्याल में! दरजनों तो जेम्स हुए हैं, दरजनों विलियम, कोड़ियों चार्ल्स! दिमाग चक्कर खाने लगता है। आँधी रोग हो जाता है। इन अभागों को नाम भी न जुड़ते थे। एक ही नाम के पीछे दोयम, सोयम, चहारुम, पंजुम लगाते चले गये। मुझसे पूछते, तो दस लाख नाम बता देता। और जामेट्री तो बस खुदा की पनाह! अ ब ज की जगह अ ज ब लिख दिया और सारे नंबर कट गये। कोई इन निर्दयी मुमतहिनों से नहीं पूछता कि आखिर अ ब ज और अ ज ब में क्या फर्क है और व्यर्थ की बात के लिए क्यों छात्रों का खून करते हो। दाल-भात-रोटी खायी या भात-दाल-रोटी खायी, इसमें क्या रखा है; मगर इन परीक्षकों को क्या परवाह! वह तो वही देखते हैं, जो पुस्तक में लिखा है। चाहते हैं कि लड़के अक्षर-अक्षर रट डालें। और इसी रटंत का नाम शिक्षा रख छोड़ा है और आखिर इन बे-सिर-पैर की बातों के पढ़ने से क्या फायदा?

इस रेखा पर वह लंब गिरा दो, तो आधार लंब से दुगुना होगा। पूछिए, इससे प्रयोजन? दुगुना नहीं, चौगुना हो जाय, या आधा ही रहे, मेरी बला से, लेकिन परीक्षा में पास होना है, तो यह सब खुराफात याद करनी पड़ेगी। कह दिया—'समय की पाबंदी' पर एक निबंध लिखो, जो चार पन्नों से कम न हो। अब आप कापी सामने खोले, कलम हाथ में लिये, उसके नाम को रोइए। कौन नहीं जानता कि समय की पाबंदी बहुत अच्छी बात है। इससे आदमी के जीवन में संयम आ जाता है, दूसरों का उस पर स्नेह होने लगता है और उसके कारोबार में उन्नति होती है; लेकिन इस जरा-सी बात पर चार पन्ने कैसे लिखें? जो बात एक वाक्य में कही जा सके, उसे चार पन्ने में लिखने की जरूरत? मैं तो इसे हिमाकत समझता हूँ। यह तो समय की किफायत नहीं, बल्कि उसका दुरूपयोग है कि व्यर्थ में किसी बात को ठूँस दिया। हम चाहते हैं, आदमी को जो कुछ कहना हो, चटपट कह दे और अपनी राह ले। मगर नहीं, आपको चार पन्ने रंगने पड़ेंगे, चाहे जैसे लिखिए। और पन्ने, भी पूरे फुलस्केप आकार के। यह छात्रों पर अत्याचार नहीं तो और क्या है? अनर्थ तो यह है कि कहा जाता है, संक्षेप में लिखो। समय की पाबंदी पर संक्षेप में एक निबंध लिखो, जो चार पन्नों से कम न हो। ठीक! संक्षेप में चार पन्ने हुए, नहीं शायद सौ-दो सौ पन्ने लिखवाते। तेज भी दौड़िये और धीरे-धीरे भी। है उल्टी बात या नहीं? बालक भी इतनी-सी बात समझ सकता है, लेकिन इन अध्यापकों को इतनी तमीज भी नहीं। उस पर दावा है कि हम अध्यापक हैं। मेरे दरजे में आओगे लाला, तो ये सारे पापड़ बेलने पड़ेंगे और तब आटे-दाल का भाव मालूम होगा। इस दरजे में अव्वल आ गये हो, तो जमीन पर पाँव नहीं रखते। इसलिए मेरा कहना मानिए। लाख फेल हो गया हूँ, लेकिन तुमसे बड़ा हूँ, संसार का मुझे तुमसे ज्यादा अनुभव है। जो कुछ कहता हूँ, उसे गिरह बाँधिए नहीं पछताइयेगा।

स्कूल का समय निकट था, नहीं ईश्वर जाने, यह उपदेश-माला कब समाप्त होती। भोजन आज मुझे निःस्वाद-सा लग रहा था। जब पास होने पर यह तिरस्कार हो रहा है, तो फेल हो जाने

पर तो शायद प्राण ही ले लिए जायँ। भाई साहब ने अपने दरजे की पढ़ाई का जो भयंकर चित्र खींचा था; उसने मुझे भयभीत कर दिया। कैसे स्कूल छोड़कर घर नहीं भागा, यही ताज्जुब है; लेकिन इतने तिरस्कार पर भी पुस्तकों में मेरी अरुचि ज्यों—की-त्यों बनी रही। खेल-कूद का कोई अवसर हाथ से न जाने देता। पढ़ता भी था, मगर बहुत कम। बस, इतना कि रोज का टास्क पूरा हो जाय और दरजे में जलील न होना पड़े। अपने ऊपर जो विश्वास पैदा हुआ था, वह फिर लुप्त हो गया और फिर चोरों का-सा जीवन कटने लगा।

फिर सालाना इम्तहान हुआ, और कुछ ऐसा संयोग हुआ कि मैं फिर पास हुआ और भाई साहब फिर फेल हो गये। मैंने बहुत मेहनत न की पर न जाने कैसे दरजे में अव्वल आ गया। मुझे खुद अचरज हुआ। भाई साहब ने प्राणांतक परिश्रम किया था। कोर्स का एक-एक शब्द चाट गये थे; दस बजे रात तक इधर, चार बजे भोर से उभर, छः से साढ़े नौ तक स्कूल जाने के पहले। मुद्रा कांतिहीन हो गयी थी, मगर बेचारे फेल हो गये। मुझे उन पर दया आती थी। नतीजा सुनाया गया, तो वह रो पड़े और मैं भी रोने लगा। अपने पास होने वाली खुशी आधी हो गयी। मैं भी फेल हो गया होता, तो भाई साहब को इतना दु:ख न होता, लेकिन विधि की बात कौन टाले।

मेरे और भाई साहब के बीच में अब केवल एक दरजे का अंतर और रह गया। मेरे मन में एक कुटिल भावना उदय हुई कि कहीं भाई साहब एक साल और फेल हो जायँ, तो मैं उनके बराबर हो जाऊँ, फिर वह किस आधार पर मेरी फजीहत कर सकेंगे, लेकिन मैंने इस कमीने विचार को दिल से बलपूर्वक निकाल डाला। आखिर वह मुझे मेरे हित के विचार से ही तो डाँटते हैं। मुझे उस वक्त अप्रिय लगता है अवश्य, मगर यह शायद उनके उपदेशों का ही असर हो कि मैं दनादन पास होता जाता हूँ और इतने अच्छे नंबरों से।

अब भाई साहब बहुत कुछ नर्म पड़ गये थे। कई बार मुझे डाँटने का अवसर पाकर भी उन्होंने धीरज से काम लिया। शायद अब वह खुद समझने लगे थे कि मुझे डाँटने का अधिकार उन्हें नहीं रहा; या रहा तो बहुत कम। मेरी स्वच्छंदता भी बढ़ी। मैं उनकी सहिष्णुता का अनुचित लाभ उठाने लगा। मुझे कुछ ऐसी धारणा हुई कि मैं तो पास ही हो जाऊँगा, पढ़ूँ या न पढ़ूँ मेरी तकदीर बलवान है, इसलिए भाई साहब के डर से जो थोड़ा-बहुत पढ़ लिया करता था, वह भी बंद हुआ। मुझे कनकौए उड़ाने का नया शौक पैदा हो गया था और अब सारा समय पतंगबाजी की ही भेंट होता था, फिर भी मैं भाई साहब का अदब करता था, और उनकी नजर बचाकर कनकौए उड़ाता था। माँझा देना, कन्ने बाँधना, पतंग टूर्नामेंट की तैयारियाँ आदि समस्याएँ अब गुप्त रूप से हल की जाती थीं। भाई साहब को यह संदेह न करने देना चाहता था कि उनका सम्मान और लिहाज मेरी नजरों से कम हो गया है।

एक दिन संध्या समय होस्टल से दूर मैं एक कनकौआ लूटने बेतहाशा दौड़ा जा रहा था। आँखें आसमान की ओर थीं और मन उस आकाशगामी पथिक की ओर, जो मंद गति से झूमता पतन की ओर चला जा रहा था, मानो कोई आत्मा स्वर्ग से निकलकर विरक्त मन से नये संस्कार ग्रहण करने जा रही हो। बालकों की एक पूरी सेना लग गयी; और झाड़दार बाँस लिये उनका स्वागत करने को दौड़ी आ रही थी। किसी को अपने आगे-पीछे की खबर न थी। सभी मानो उस

पतंग के साथ ही आकाश में उड़ रहे थे, जहाँ सब कुछ समतल है, न मोटरकारें हैं, न ट्राम, न गाडियाँ।

सहसा भाई साहब से मेरी मुठभेड़ हो गयी, जो शायद बाजार से लौट रहे थे। उन्होंने वहीं मेरा हाथ पकड़ लिया और उग्र भाव से बोले—इन बाजारी लौंडो के साथ धेले के कनकौए के लिए दौड़ते तुम्हें शर्म नहीं आती? तुम्हें इसका भी कुछ लिहाज नहीं कि अब नीची जमात में नहीं हो, बल्कि आठवीं जमात में आ गये हो और मुझसे केवल एक दरजा नीचे हो। आखिर आदमी को कुछ तो अपनी पोजीशन का ख्याल करना चाहिए। एक जमाना था कि कि लोग आठवाँ दरजा पास करके नायब तहसीलदार हो जाते थे। मैं कितने ही मिडलचियों को जानता हूँ, जो आज अव्वल दरजे के डिप्टी मजिस्ट्रेट या सुपरिटेंडेंट हैं। कितने ही आठवीं जमात वाले हमारे लीडर और समाचार-पत्रों के संपादक हैं। बड़े-बड़े विद्वान उनकी मातहती में काम करते हैं और तुम उसी आठवें दरजे में आकर बाजारी लौंडों के साथ कनकौए के लिए दौड़ रहे हो। मुझे तुम्हारी इस कमअकली पर दु:ख होता है। तुम जहीन हो, इसमें शक नहीं; लेकिन वह जेहन किस काम का, जो हमारे आत्मगौरव की हत्या कर डाले? तुम अपने दिन में समझते होगे, मैं भाई साहब से महज एक दर्जा नीचे हूँ और अब उन्हें मुझको कुछ कहने का हक नहीं है; लेकिन यह तुम्हारी गलती है। मैं तुमसे पाँच साल बड़ा हूँ और चाहे आज तुम मेरी ही जमात में आ जाओ—और परीक्षकों का यही हाल है, तो निस्संदेह अगले साल तुम मेरे समकक्ष हो जाओगे और शायद एक साल बाद तुम मुझसे आगे निकल जाओ—लेकिन मुझमें और तुममें जो पाँच साल का अंतर है, उसे तुम क्या, खुदा भी नहीं मिटा सकता। मैं तुमसे पाँच साल बड़ा हूँ और हमेशा रहूँगा। मुझे दुनिया का और जिंदगी का जो तजरबा है, तुम उसकी बराबरी नहीं कर सकते, चाहे तुम एम. ए., डी. फिल. और डी. लिट्. ही क्यों न हो जाओ। समझ किताबें पढ़ने से नहीं आती है। हमारी अम्माँ ने कोई दरजा पास नहीं किया, और दादा भी शायद पाँचवी-छठी जमानत के आगे नहीं गये, लेकिन हम दोनों चाहे सारी दुनिया की विद्या पढ़ ले, अम्माँ और दादा को हमें समझाने और सुधारने का अधिकार हमेशा रहेगा। केवल इसलिए नहीं कि वे हमारे जन्मदाता हैं, बल्कि इसलिए कि उन्हें दुनिया का हमसे ज्यादा तजरबा है और रहेगा। अमेरिका में किस तरह की राज्य—व्यवस्था है और आठवें हेनरी ने कितने विवाह किये और आकाश में कितने नक्षत्र हैं, यह बाते चाहे उन्हें न मालूम हो, लेकिन हजारों ऐसी बातें हैं, जिनका ज्ञान उन्हें हमसे और तुमसे ज्यादा है।

दैव न करे, आज मैं बीमार हो जाऊँ, तो तुम्हारे हाथ-पाँव फूल जायँगे। दादा को तार देने के सिवा तुम्हें और कुछ न सूझेगा; लेकिन तुम्हारी जगह पर दादा हों, तो किसी को तार न दें, न घबरायें, न बदहवास हों। पहले खुद मरज पहचानकर इलाज करेंगे, उसमें सफल न हुए, तो किसी डाक्टर को बुलायेंगे। बीमारी तो खैर बड़ी चीज है। हम-तुम तो इतना भी नहीं जानते कि महीने भर का खर्च महीने भर कैसे चले। जो कुछ दादा भेजते हैं, उसे हम बीस-बाईस तक खर्च कर डालते हैं और पैसे-पैसे को मोहताज हो जाते हैं। नाश्ता बंद हो जाता है, धोबी और नाई से मुँह चुराने लगते हैं; लेकिन जितना आज हम और तुम खर्च कर रहे हैं, उसके आधे में दादा ने अपनी उम्र का बड़ा भाग इज्जत और नेकनामी के साथ निभाया है और एक कुटुंब का पालन किया है, जिसमें सब

मिलाकर नौ आदमी थे। अपने हेडमास्टर साहब ही को देखो। एम.ए. हैं कि नहीं; और यहाँ के एम.ए. नहीं, ऑक्सफोर्ड के। एक हजार रुपये पाते हैं, लेकिन उनके घर इंतजाम कौन करता है? उनकी बूढी माँ। हेडमास्टर साहब की डिग्री यहाँ आकर बेकार हो गयी। पहले खुद घर का इंतजाम करते थे। खर्च पूरा न पड़ता था। करजदार रहते थे। जब से उनकी माताजी ने प्रबंध अपने हाथ में ले लिया है, जैसे घर में लक्ष्मी आ गयी हैं। तो भाईजान, यह गरूर दिल से निकाल डालो कि तुम मेरे समीप आ गये हो और अब स्वतंत्र हो। मेरे देखते तुम बेराह नहीं चल पाओगे। अगर तुम यों न मानोगे, तो मैं (थप्पड़ दिखाकर) इसका प्रयोग भी कर सकता हूँ। मैं जानता हूँ, तुम्हें मेरी बातें जहर लग रही हैं...

मैं उनकी इस नयी युक्ति से नत-मस्तक हो गया। मुझे आज सचमुच अपनी लघुता का अनुभव हुआ और भाई साहब के प्रति मेरे मन में श्रद्धा उत्पन्न हुई। मैंने सजल आँखों से कहा—हरगिज नहीं। आप जो कुछ फरमा रहे हैं, वह बिलकुल सच है और आपको कहने का अधिकार है।

भाई साहब ने मुझे गले लगा लिया और बोले—मैं कनकौए उड़ाने को मना नहीं करता। मेरा जी भी ललचाता है, लेकिन क्या करूँ, खुद बेराह चलूँ तो तुम्हारी रक्षा कैसे करूँ? यह कर्तव्य भी तो मेरे सिर पर है!

संयोग से उसी वक्त एक कटा हुआ कनकौआ हमारे ऊपर से गुजरा। उसकी डोर लटक रही थी। लड़कों का एक गोल पीछे-पीछे दौड़ा चला आता था। भाई साहब लंबे हैं ही, उछलकर उसकी डोर पकड़ ली और बेतहाशा होस्टल की तरफ दौड़े। मैं पीछे-पीछे दौड़ रहा था।

❐

तीन कहानियों का आलोचनात्मक विश्लेषण

ईदगाह

बाल-मनोविज्ञान की अद्वितीय कहानी

'ईदगाह' बाल-मनोविज्ञान पर आधारित कहानी है। परिस्थितियां उम्र नहीं देखतीं। अनाथ बच्चा दादी मां की गोद में पलकर समय से पूर्व परिपक्व हो जाता है। बड़े बूढ़े तो बच्चों की समस्याओं को समझते एवं सुलझाते ही हैं परन्तु प्रस्तुत कहानी का नायक हामिद अपनी दादी की वास्तविक कठिनाई को समझता है तथा उसका निराकरण करने का प्रयत्न करता है।

अन्य कहानियों की भांति इसका कथानक भी संक्षिप्त है। रमज़ान के तीस रोज़ों के बाद ईद आई है। चारों तरफ उत्सव छाया है। बच्चे अपने मां-बाप से पैसे लेकर मेले में जाते हैं। हामिद के मां-बाप नहीं हैं, अकेली दादी है, जिसके पास धन का अभाव है। फिर भी वह हामिद को तीन पैसे देती है, ताकि वह अपने मित्रों के साथ मेले में जाकर कुछ खा-पी सके। हामिद की उम्र चार-पांच वर्ष है। महमूद, मोहसिन, नूरे और शम्मी आदि दूसरे साथी हैं, जो अपने धन-वैभव की धौंस दिखाते हैं, परन्तु हामिद इस बात से प्रसन्न है कि उसके अब्बाजान और अम्मीजान खूब पैसा कमाकर लायेंगे। वह आश्वस्त है क्योंकि 'आशा तो बड़ी चीज़ है और फिर बच्चों की आशा। उनकी कल्पना तो राई का पर्वत बना लेती है। हामिद के पांव में जूते नहीं हैं, सिर पर एक पुरानी-धुरानी टोपी है, जिसका गोटा काला पड़ गया है, फिर भी वह प्रसन्न है।'

बच्चे मेले में जा रहे हैं। कभी जिन्नों की बात करते हैं, कभी मिठाइयों की। कल्पना ही कल्पना में जिन्न आकार लेने लगते हैं। हामिद की जिज्ञासा का उत्तर देता हुआ मोहसिन कहता है– 'एक एक आसमान के बराबर होता है जी। ज़मीन पर खड़ा हो जाए तो उसका सिर आसमान से जा लगे, मगर चाहे तो लोटे में घुस जाए।'

फिर वे सिपाहियों की बातें करने लगते हैं। उनके कर्तव्य के अपने-अपने अनुमान लगाने लगते हैं। वे पुलिस की रिश्वत एवं चोरी की बात भी करते हैं। हामिद को विश्वास नहीं आता कि चोरों को पकड़ने वाले ही चोरी भी करते हैं। मोहसिन उसकी नादानी पर दया दिखाकर बोला–'अरे, पागल इन्हें कौन पकड़ेगा?' पकड़ने वाले तो ये लोग खुद हैं। लेकिन अल्ला इनको सज़ा भी खूब देता है। हराम का माल हराम में ही जाता है। थोड़े ही दिन हुए, मामू के घर आग लग गई। सारी लेई-पूंजी जल गई। एक बरतन तक न बचा। कई दिन पेड़ की नीचे सोए, अल्ला कसम पेड़ के नीचे। फिर न जाने कहां से एक सौ कर्ज़ लाए तो बर्तन-मांडे लाए।'

नमाज़ के बाद सब खेल-खिलौनों एवं खाने-पीने में लग गए। अहमद सिपाही लेता है, खाकी वर्दी और लाल पगड़ी वाला, कंधे पर बंदूक रखे हुए मालूम होता है। अभी क्वायद किये चला जा रहा है। मोहसिन ने भिश्ती खरीद लिया। नूरे को वकील अच्छा लगा। हामिद ने कुछ नहीं खरीदा। उसके पास तीन पैसे ही तो थे। सब बच्चे अपने-अपने खिलौने की प्रशंसा करते हैं परन्तु हामिद अपने आप को तसल्ली देने के लिए खिलौनों की निंदा करता है। खिलौनों के बाद

मिठाइयां आई। किसी ने गुलाब जामुन, किसी ने सोहन हलुवा और किसी ने रेवडियां लीं। हामिद ने कुछ नहीं लिया। वे उसे दिखा-दिखाकर स्वयं खाते रहे, उसे चिढ़ाते रहे। मोहसिन, अहमद, नूरे आदि ने उसपर कटाक्ष भी किये परन्तु वह शांत रहा।

फिर लोहे की चीज़ों की दुकानें आईं। हामिद मन ही मन सोचने लगा यदि वह चिमटा खरीद ले, तो घर में काम आएगा। मिठाइयां खाने से तो फोड़े-फुंसियां निकलते हैं। वह आत्मविश्लेषण करता है। उनके अब्बाजान आएंगे, अम्मी आएंगी, तो वह सब खरीदेगा। उन दोस्तों को भी खेलने देगा, जो अभी उन्हें हाथ नहीं लगाने देते। उसने डरते-डरते दुकानदार से चिमटे का भाव पूछ ही लिया। चिमटे की कीमत पैसे थी। हामिद यह कहकर आगे बढ़ गया कि यदि तीन पैसे लेने हों तो ले लो। दुकानदार ने उसे बुलाकर तीन पैसे में ही चिमटा दे दिया।

उसके साथी उसपर हंसने लगे कि पागल चिमटा क्यों खरीद लाए क्योंकि यह तो खिलौना नहीं था। हामिद ने गर्व से उत्तर दिया—खिलौना क्यों नहीं है। अभी कंधे पर रखा तो बंदूक बन गई, और हाथ में लिया तो फकीरों का चिमटा हो गया। चाहूं तो इससे मंजीरे का काम ले सकता हूं। एक चिमटा जमा दूं तो तुम लोगों के सारे खिलौनों की ताकत निकल जाए। तुम्हारे खिलौने कितना ही जोर लगावें, मेरे चिमटे का बाल भी बांका नहीं कर सकते— मेरा बहादुर शेर है चिमटा।'

चिमटे ने सभी को मोहित कर लिया। अब सभी दोस्त उसे अपने खिलौने दिखाने लगे। उन्हें हामिद से ईर्ष्या होने लगी। मोहसिन ने कहा—तुम्हारे चिमटे का मुंह रोज आग में जलेगा। हामिद ने तुरंत जवाब दिया—'आग में बहादुर ही कूदते हैं जनाब, तुम्हारे पे वकील, सिपाही और भिश्ती लेड़ियों की तरह घर में घुस जाएंगे। आग में कूदना वह काम है, जो रूस्तमे हिन्द ही कर सकता है।'

हामिद अपनी दादी के पास चिमटा लेकर पहुंचता है। उसे दुख होता है कि बच्चे ने तीन पैसे अपने लिए न खर्च करके उसके लिए चिमटा खरीद लाया। अमीना उसे घुड़कती है , तो वह मासूमियत से कहता है – "तुम्हारी उंगलियां तवे से जल जाया करती थीं इसलिए मैंने इसे लिया।"

बच्चे ने बूढ़े हामिद का पार्ट खेला था और बुढ़िया अमीना बालिका अमीना बन गई थी।

हामिद अमीना के टप-टप गिरते आंसुओं का रहस्य न समझ सका।

हामिद के समय पूर्व बुद्धिमान हो जाने की कहानी :—प्रेमचंद ने हामिद में एक ऐसे पात्र की अवतारणा की है, जो निर्मम परिस्थितियों के थपेड़े खाकर बहुत परिपक्व हो गया है, समय से बहुत पहले। कुल चार वर्ष का बालक। मां-बाप अल्लाह को प्यारे हो गए। दादी उसका पालन-पोषण करती है। वह दादी की सीमाओं को समझता है। वह रोटी पकाती है, तो उसका हाथ जलता है। घर में चिमटा है नहीं।

दोस्तों के साथ ईद के मेले में जाता है। कुल तीन पैसे हैं। वह खाने-पीने के लिए कुछ नहीं खरीदता। उसका मन ललचाता है मिठाइयां खाने क लिए लेकिन वह कोई न कोई तर्क देकर

उसे नियंत्रित करता है। खिलौने भी नहीं खरीदता। दोस्तों से शास्त्रार्थ करता है। अपने बुद्धि कौशल का परिचय देता है। अंत में दादी मां के लिए चिमटा खरीद कर सबको चौंकाता है।

लेखक ने पूरी सहानुभूति के साथ हामिद का चरित्र तराशा है, जो बड़ा रोचक एवं प्रासंगिक है। चिमटा खरीदना तो सही हो सकता है परन्तु शास्त्रार्थ में गंभीर तर्क देने में उसकी कुशलता से लगता है कि मुंशी प्रेमचंद हामिद के माध्यम से बोल रहे हैं। यथा-अगर कोई शेर आ जाए, तो मियां भिश्ती के छक्के छूट जाएं, मियां सिपाही मिट्टी की बंदूक छोड़कर भागें, वकील साहब की नानी मर जाए। चोगे में मुंह छिपाकर ज़मीन पर लेट जाएं, मगर यह चिमटा, यह बहादुर रूस्तमें हिन्द लपककर शेर की गर्दन पर सवार हो जाएगा और उसकी आंखें निकाल लेगा।

हामिद निर्धन, अनाथ के पक्ष को सार्थक रूप से प्रस्तुत करना लेखक का ध्येय रहा है। यही कारण है कि हर स्थिति में उसे बिजयी दर्शाया गया है। बाकी सारे साथी उसके सामने बौने दिखाई पड़ते हैं। 'ईदगाह' बाल मनोविज्ञान की अद्वितीय कहानी है।

❐

नशा

सामाजिक वैषम्य पर प्रहार करती कहानी

प्रेमचंद की कहानियां सामाजिक विसंगतियों को परत दर परत उघाड़ती चलती हैं। यथार्थ की भूमि पर टिकी कथावस्तु विभिन्न पात्रों के माध्यम से वांछित उत्कर्ष की ओर अग्रसर होती हैं। कहीं भावावेग तथा कहीं घटना की विलक्षणता कथानक को मोड़ देती है। और कहीं संवादों में आविष्ट विचार तन्तु को खोलने में सक्षम होते हैं। प्रेमचंद आस्थावादी कहानीकार हैं परन्तु किन्हीं कहानियों में वे अपने पात्रों को निर्मम यथार्थ की कठोर भूमि पर भी ला पटकते हैं।

'नशा' कहानी में लेखक का चिन्तक एवं विचारक सजग है। यही कारण है कि कहानी का ताना-बाना सुनियोजित एवं सुगठित लगता है। कहानी वस्तुत: ईश्वरी एवं बीर, दो मित्रों के वैचारिक टकराव से शुरू होती है तथा अन्त तक पहुंचते-पहुंचते मोहभंग को प्रदर्शित करती है। जमींदार का बेटा ईश्वरी तथा एक गरीब क्लर्क का पुत्र बीर। दोनों प्रयाग में पढ़ते हैं। दोनों में खूब छनती है। सुख-सुविधा एवं संपन्नता में पला ईश्वरी तर्क करता है कि समाज की पांचों उंगलियां कभी एक समान नहीं हो सकतीं। अमीर और गरीब का भेद सदा बना रहा है तथा बना रहेगा। बीर जमींदारों को शोषक कहकर उनकी तुलना जोंक से करता है, जो परजीवी बनी रहती है।

दशहरे की छुट्टियों में बीर ईश्वरी के आमंत्रण पर उसके साथ गांव चला गया। अपने घर जाने के लिए उसके पास पैसे नहीं थे। ईश्वरी ने उसे समझाया कि वह उसके घर जाकर जमींदारों की निंदा न करे। वे दोनों सेकण्ड क्लास रेलगाड़ी में गये। मुरादाबाद पहुंचे तो स्टेशन पर रियासत अली और रामहरख ईश्वरी के स्वागत के लिए खड़े थे। साथ पांच बेगार भी आए थे। ईश्वरी मित्र का परिचय एक रईस पुत्र के रूप में करवाता है और सादगी का कारण इस प्रकार बताता है—"महात्मा गांधी के भक्त हैं साहब। खद्दर के सिवा कुछ पहनते ही नहीं। पुराने सारे कपड़े जला डाले। यों कहो कि राजा हैं। ढाई लाख सालाना की रियासत है, पर आपकी सूरत देखो तो मालूम होता है, अभी अनाथालय से पकड़कर आये हैं।" वह अपने मित्र की गरीबी पर लीपापोती करके उसे बड़ा दिखाता है। पहले तो बीर को यह सब सुनने में संकोच होता है परन्तु उसके घर पहुंचकर वह ईश्वरी जैसा ही व्यवहार करने लगता है। कहार ईश्वरी के पांव धोता है, तो वह भी अपने पांव आगे कर देता है। इसी प्रकार कुंवर मेहमान अपने हाथ से बिस्तर कैसे बिछाए। ईश्वरी अपनी माता से बात कर रहा था दूसरे कमरे में। रात के दस बजे नौकर को बिस्तर लगाने की सुधि आई। बीर तो रईसों की तरह बिफर पड़ा।

एक और घटना का जिक्र है। बीर लैम्प भी खुद क्यों जलाए, यह तो बड़े लोगों को अच्छा नहीं लगता। उसने रियासत अली को फटकार लगा दी और कहा—"तुम लोगों को इतनी भी फिक्र नहीं कि लैम्प तो जला दो। मालूम नहीं यहां कामचोर आदमियों का कैसे गुजर होता है। मेरे यहां घंटे भर निर्वाह न हो।" वस्तुत: वह पराए रईसी ठाठ-बाट की चकाचौंध में, नशे में तैरने लगा था।

महात्मा गांधी के परम भक्त ठाकुर से भी वह झूठ बोलता है और उसे भविष्य में ड्राइवरी सिखाकर अपने पास रखने की डींग मारता है। इसी प्रसंग में दोनों सुराज की बात भी करते हैं। ठाकुर पूछता है—"लोग कहते हैं यहां सुराज हो जायेगा तो जमींदार नहीं रहेंगे।"

बीर अपनी पुरानी धुन में फूट पड़ा—"जमींदारों के रहने की जरूरत ही क्या है, यह लोग गरीबों का खून चूसने के सिवा और क्या करते हैं?"

बीर की शरण मिलने का आश्वासन पाकर ठाकुर तरंग में आ गया। भांग पीकर उसने अपनी पत्नी को पीटा तथा महाजन से लड़ने को भी तैयार हो गया।

छुट्टियां समाप्त हो गईं। रेलयात्रा के लिए वापसी का टिकट तो था परन्तु भीड़ बहुत होने के कारण उन्हें तीसरे दर्जे के डिब्बे में ही चढ़ना पड़ा। बुरा हाल था। बीर को फंसे फंसे जाना अब अखर रहा था। वह दरवाज़े के पास खड़ी एक सवारी से भिड़ गया और उसे तमाचे जड़ दिये। सवारी घबराई लेकिन दूसरे लोगों ने बीर को दबोच लिया और धुनाई कर दी। उसका सारा नशा काफूर हो गया। ईश्वरी ने भी उसे अंग्रेजी में इडियट कहकर दुत्कारा।

अब तक सत्ता के नशे पर सवार आसमान में उड़ रहा बीर एकाएक पृथ्वी पर आ गिरा... उसे अपनी औकात का भान हो गया था।

कथानक एकदम सुविचारित एवं संगठित है तथा व्यवहार में परिवेशगत परिवर्तन के थपेड़े खाकर आगे बढ़ता है।

पात्र एवं चरित्र चित्रण:—कहानी में मुख्य पात्र दो ही हैं—ईश्वरी तथा बीर। इन दो पात्रों के अतिरिक्त कुछ पात्र क्षणभर के लिए उपस्थित होते हैं। परन्तु अपनी अमिट छाप छोड़ जाते हैं। रियासत अली और रामहरख ऐसे ही पात्र हैं। उन्हें प्रथम दर्शन की बीर पर रईसी पर विश्वास नहीं होता परन्तु सारी बात को ईश्वरी संभालता है। एक अन्य पात्र ठाकुर भी बड़ा प्रभावशाली है। सुराज की चर्चा से वह अपने असंतोष को व्यक्त करता है तथा उस युग की प्रतीक्षा लगाए बैठा है, जब भूमि का आबंटन गरीब-अमीर में समान रूप से हो जाएगा।

बीर का चरित्र मनोवैज्ञानिकता से सम्पृक्त है। साधनहीन व्यक्ति को जब कोई बड़प्पन दर्शाने, वह छद्म ही क्यों न हो, का अवसर मिलता है, तो वह उसी में धंसता चला जाता है। उसे पुन: चेतना तब प्राप्त होती है जब वह यथार्थ की भूमि पर पटक दिया जाता है। यह उसके मोहपाश में फंसने की कहानी भी है तथा साथ ही अंत में अपनी औकात में लौटने का सच भी। यह निर्धन की नियति, ललक एवं फटकार की श्रेष्ठ रचना है। ईश्वरी का चरित्र तो एक पारम्परिक रईस का खाका है, जो अपने वर्ग को दैवी अधिकार का हकदार मानता है तथा सामाजिक विषमता को एक स्वाभाविक एवं परमावश्यक सत्य स्वीकार करता है।

संवाद:—'नशा' कहानी के संवाद बड़े चुटीले एवं अर्थ-गर्भित हैं। साधारण से साधारण पात्र भी सटीक संभाषण में तल्लीन दृष्टिगत होता है। यथा—ठाकुर ने फिर पूछा—तो खुशी से दे देगें। जो लोग खुशी से न देंगे, उनकी ज़मीन छीननी ही पड़ेगी। हम लोग तो तैयार बैठे हुए हैं।

शब्दों में ठाकुर की लार सहज ही टपकती दिखाई पड़ती है। यहीं संवादों की सार्थकता है। संक्षिप्त होते हुए भी ये चुटीले हैं।

कहानी बीर के माध्यम से आत्म-कथ्य में लिखी गई है, इसलिए नायक का मनन एवं चिंतन व्यवहार एवं वास्तविकता उसके संवादों से ही टपकती है।

भाषा:—पात्रों के अनुकूल है। कहीं कहीं उर्दू के शब्दों का प्रयोग मिलता है, जो रियासत अली जैसे पात्र के मुंह में सटीक लगता है और कहीं-कहीं लेखक की अप्रत्यक्ष टिप्पणी से नि:सृत जान पड़ता है। गुस्से में आकर ईश्वरी अंग्रेजी के एक वाक्य का भी प्रयोग करता है—बीर को डांटने के लिए, उसे स्थिति की भयावहता से परिचित करवाने के लिए।

कहानी की शैली सपाट न होकर दृष्टांत की है। पहले से अमीर-गरीब की खाई का विचार लेखक के मन में है। इसी के प्रतिपादन के लिए स्थितियों का चयन किया गया है, जिसमें फंसकर नायक पुन: अपनी औकात को पहचानता है। शैली की रोचकता ने कहानी के तथ्य को बल प्रदान किया है।

प्रेमचंद की सभी कहानियां सोद्देश्य हैं। उनका उद्देश्य समाज की विसंगतियों को उखाड़कर आस्थावादी संदेश देना होता है। झूठ एवं छद्म के मोहपाश में फंसकर वास्तविकताओं को भूलना जीवन में त्रासद स्थितियों को उत्पन्न करता है। बीर अपने ही जाल में फंसता चला जाता है। पहले उसे संकोच होता था। एक गरीब क्लर्क का बेटा पैसे के बल पर किसी को नाच नहीं नचा सकता। परन्तु ईश्वरी के वैभव के कंधे पर चढ़कर उस पर नशा छाने लगा। नौकरों को ईश्वरी के अंदाज में डांटना उसे सुहावना लगा। रेलवे कैंटीन में खानसामों का उसे उपेक्षा की दृष्टि से देखना बेहद बुरा लगा। ईश्वरी की संगत में उसकी भी इच्छा होती है कि उसके साथ रईसों सा व्यवहार हो परन्तु यह तो मिथ्या आकांक्षा थी। यही कारण है कि अन्त में वह गरीब बीर की आत्मा में लौट आता है। उसका नशा काफ़ूर हो जाता है।

लेखक ने सामाजिक वैषम्य पर प्रहार तो किया है परन्तु कहानी का चरम उत्कर्ष इस बात की ओर भी संकेत करता है कि इस खाई को पाटना इतना सहज एवं सरल नहीं। शताब्दियों से खड़ी हुई धनवान एवं निर्धन की दीवारें अभेद्य हैं। कभी सुराज के माध्यम से लेखक यह कहना चाहता है कि संभव है समान बंटवारे का समय आए। महात्मा गांधी का सपना साकार हो लेकिन अभी देश और काल की स्थितियां परिपक्व नहीं... उनमें परिवर्तन में अभी समय लगेगा।

इस प्रकार यह कहानी आदर्श की ओर अग्रसर होने के लिए लालायित होती हुई भी मोहभंग की कहानी बन गई। तंद्रा में बीर स्वप्न देखता रहा, क्षणभर के लिए ईश्वरी के घर में सुख-सुविधाएं भोगता रहा परंतु कब तक। वह मोहपाश से बाहर आते ही बिफर जाता है। यह निर्मम यथार्थ की सशक्त कहानी बन गई है... केवल कल्पना से ही कुछ प्राप्त नहीं होगा... अभी संघर्ष की यातना बाकी है। प्रेमचंद कहानी की चरम परिणति को प्रश्न चिह्न की स्थिति में लाकर खुला छोड़ देते हैं। इससे कहानी का अर्थ-गाम्भीर्य और भी बढ़ गया तथा यह कहानी कलात्मकता से परिपूर्ण हो गई है।

❐

पूस की रात

हल्कू किसान की दर्द-गाथा आज भी प्रासंगिक

कहानी सम्राट प्रेमचंद की कहानियां आम आदमी के दु:ख-दर्द की क्रूर कहानियां हैं। विकट परिस्थितियों में फंसे पात्र निरंतर शोषण की चक्की में पिसते हैं। बीच-बीच में विद्रोह की चिंगारियां भी भड़कती हैं। कभी ये चिंगारियां चरित्रों के अस्फुट स्वर के रूप में उभरती हैं, तो कभी लेखक का स्वर भी अस्फुट हो उठता है। किसान-मजदूरों की अभिशप्त नियति को दर्शाती अनेक कहानियां प्रेमचंद ने लिखी हैं परन्तु 'पूस की रात' आर्थिकता की दृष्टि से श्रेष्ठ कहानियों में परिगणित की जाएगी।

हल्कू ने एक-एक पैसा बचाकर तीन रुपये इकट्ठे किये थे ताकि माघ-पूस की ठंड में बचने के लिए कंबल खरीद सके परन्तु साहूकार सिर पर आ खड़ा होता है तथा ब्याज मांगता है। हल्कू की पत्नी मुन्नी भुनभुनाती है कि वे तो साहूकार की 'बाकी' चुकाते-चुकाते ही मर जाएंगे। उसके ये शब्द किसान की विवशता को रेखांकित करते हैं – 'मैं कहती हूं, तुम क्यों नहीं, खेती छोड़ देते ?' मर-मर कर काम करो, उपज हो तो बाकी दे दो, चलो छुट्टी हुई। बाकी चुकाने के लिए ही हमारा जन्म हुआ है। पेट के लिए मजूरी करो। ऐसी खेती से बाज आए। मैं रुपये न दूंगी – न दूंगी।" फिर यह सोचकर वह पैसे देती है कि रुपये न देने की स्थिति में साहूकार सहना उसके पति को गाली देगा, जो उससे सहन न होगा।

पूस की अंधेरी रात में हल्कू अपने खेत की रखवाली के लिए बांस के खटोले पर बैठा है। ठण्ड है कि उसकी हड्डियां कड़कड़ा रही हैं। उसका साथी जबरा भी बैठा कूं-कूं कर रहा है। उसे भी ठंड लग रही है। हल्कू निरीह जानवर से बतियाता है। कभी उसे न आने का परामर्श देता है तो कभी उसे अपने घुटनों में ले लेता है। दोनों को एक-दूसरे की गर्मी महसूस होती है। हल्कू बार-बार चिलम भरता है। शायद इससे ठण्ड हट जाए परन्तु यह तो क्षणिक राहत देती है। फिर वह पत्ते इकट्ठे करके अलाव सेंकता है, खेत से थोड़ा हटकर। उससे गर्मी मिलती है... फिर कुत्ते के भौंकने से उसे लगता है कि कुछ जानवर उसके खेत में घुस गए हैं...नीलगाय खेत चर रही हैं। वह उठना चाहता है परन्तु आग की गर्मी उसे उठने नहीं देती... वह वहीं सो जाता है। कुत्ता रात भर भौंकता रहता है ... फिर जबरा भी थककर लेट जाता है। प्रात: मुन्नी आई तो हल्कू को उठाया और बताया कि पशु सारा खेत चर गए हैं। हल्कू ने पेट दर्द का बहाना बनाया और कहा – वह तो मरते-मरते

बचा। मुन्नी ने चिंता जतायी – अब मजूरी करके माल गुजारी करनी पड़ेगी। हल्कू ने कहा – अब रात को ठण्ड में सोना तो न पड़ेगा।

'पूस की रात' निर्धन किसान की विपन्नता एवं विपन्नता से उपजी उपेक्षा की कहानी है।

'पूस की रात' आज भी उतनी ही प्रासंगिक

'पूस की रात कहानी आज भी उतनी ही प्रासंगिक है, जितनी उस समय थी जब मुंशी प्रेमचंद ने इसे लिखा था। साहूकार और किसान, शोषक और शोषित का शाश्वत संबंध। जमींदार और निर्धन किसान। 'पूस की रात' का हल्कू मेहनत करके भी न तो भरपेट अन्न जुटा पाता है, और न ही ब्याज की 'बाकी' उतार पाता है। हल्कू की पत्नी का कथन – 'मर-मर कर काम करो, उपज हो तो बाकी दे दो, चलो छुट्टी हुई।' बाकी चुकाने के लिए ही हमारा जन्म हुआ है।'

समकालीन संदर्भ में उक्त कहानी को देखें तो किसान आज भी ऋण के बोझ के नीचे दबा हुआ है। अब बैंक साहूकार हो गए हैं तथा दबदबे के साथ बाकी वसूली वसूलते हैं। आज की तथाकथित प्रगतिशील योजनाएं किसान को उधार का प्रलोभन देकर उसे मकड़जाल में फंसा लेती हैं। पैदावार भी ठीक-ठाक हो जाए तो विपणन की व्यवस्था ठीक न होने के कारण बिचौलिए शोषण करते हैं। किसान को तो प्रताड़ित एवं शोषित रहना ही है। यही कारण है कि आज किसान ऋण न चुका पाने की स्थिति में आत्महत्या करने लगे हैं। कही-कहीं तो सामूहिक आत्महत्या के द्वारा पूरे के पूरे परिवार परलोक की शरण लेते हैं।

हल्कू कम्बल के लिए तीन रुपये जुटाता है परन्तु वह भी सहना साहूकार ले जाता है और 'पूस की रात' उसे ग्रस लेती है। यह पता लगने पर भी कि नीलगाय उसके खेत को चर रही है, वह लेटा ही रहता है। पत्नी ने जब उसे चेताया तो वह बहाना ही बनाता है तथा सच भी बोलता है। फसल नष्ट हो गयी अब रखवाली के लिए ठण्ड में तो न ठिठुरना पड़ेगा।

हल्कू के एक-एक वाक्य में व्यंग्य है। अमीर और गरीब में जो खाई है, उसका सटीक चित्रण है। देखें –

'यह खेती का मज़ा है। और एक-एक भग.वान ऐसे पड़े हैं, जिनके पास जाड़ा जाए तो गर्मी से घबराकर भागे। मोटे-मोटे गद्दे, लिहाफ, कम्बल। मज़ाल है जाड़े का गुजर हो जाए। तकदीर की खूबी है। मजूरी हम करें मजा दूसरे लूटें।'

'जबरा अपना गला फाड़े डालता था, नीलगायें खेत का सफाया किए डालती थीं और हल्कू गर्म राख के पास शांत बैठा हुआ था। अकर्मण्यता ने रस्सियों की भांति उसे चारों तरफ से जकड़ रखा था।'

गरीब का भाई-चारा गरीब से

हार में बैठा हल्कू ठिठुरता है, तो वहां उसका साथ जबरा कुत्ता ही देता है। हल्कू उसी से बातचीत करता है। हल्कू ने घुटनियों को गर्दन में चिपकाते हुए कहा – 'क्यों जबरा, जाड़ा लगता है ?' कहता तो था, घर में पुआल पर लेट रहो। यहां क्या लेने आए थे ? अब खाओ, ठण्ड, मैं क्या करूं ? जानते थे, मैं यहां हलवा-पूरी खाने आ रहा हूं, दौड़े-दौड़े चले आए। अब रोओ नानी के नाम को।' जबरा ने उसके मुंह की ओर प्रेम से छलकती हुई आंखों से देखा।

हल्कू – आज और जाड़ा खा ले। कल से मैं यहां पुआल बिछा दूंगा। उसी में घुसकर बैठना, तब जाड़ा न लगेगा।

हल्कू भी ठिठुर रहा था, जबरा भी। अन्ततः हल्कू ने जबरा को उठाकर अपनी गोद में सुला लिया... 'जबरा शायद समझ रहा था, कि स्वर्ग यहां है, और हल्कू की पवित्र आत्मा में तो उसे कुत्ते के प्रति घृणा की गंध तक न थी। अपने किसी अभिन्न मित्र या भाई को भी वह इतनी ही तत्परता से गले लगाता। वह अपनी दीनता से आहत न था, जिसने उसे इस दशा में पहुंचा दिया। नहीं, इस अनोखी मैत्री ने जैसे उसकी आत्मा के सब द्वार खोल दिए थे और उसका एक-एक अणु प्रकाश से चमक रहा था।'

पूरी कहानी में हल्कू तथा जबरा सर्वाधिक निकट हैं। जबरा मौन होकर भी अपनी भावनाओं को कूं कूं के माध्यम से हल्कू तक पहुंचाता है। जबरा की उपस्थिति कहानी को वाणी देती है। जबरा इतना वफादार था कि वह खेत की रखवाली के लिए निरन्तर भौंकता रहा... तथा नीलगायों की उपस्थिति की खबर हल्कू को देता रहा... 'एक क्षण के लिए आ भी जाता तो तुरन्त ही फिर दौड़ता। कर्तव्य हृदय में अरमान की भांति उछल रहा था।'

प्रेमचंद की कहानियों में आम आदमी का दर्द पूरी भयावहता के साथ उभरता है। हल्कू और मुन्नी की कथा भी प्रस्तुत कहानी में पूरी सार्थकता के साथ चित्रांकित हुई है। जबरा की बराबर उपस्थिति कहानी के कथ्य को और भी मार्मिक बनाता है। साहूकार शोषक का प्रतीक पहले भी था, अब भी है। अब साहूकार का स्थान कहीं-कहीं बैंक व्यवस्था ने ले लिया है लेकिन

दोनों की निर्ममता बराबर है। किसान पहले भी दबा-कुचला था, आज तो वह तंग आकर सामूहिक आत्महत्याओं की शरण में जाने लगा है।

'पूस की रात' मार्मिक कहानी है जो हल्कू के माध्यम से किसानों की दुर्दशा का चित्रण करती है।

❐